[강제동원&평화총서 24 연구총서 제6권]

일제 말기 조선의 민중과 징병

초판 1쇄 발행　2025년 4월 25일

저　자 | 히구치 유이치(樋口雄一)
편　역 | 허광무 · 정혜경 · 오일환 · 심재욱 · 조건
발행인 | 윤관백
발행처 | 선인

등　록 | 제5-77호(1998. 11. 4)
주　소 | 서울특별시 양천구 남부순환로 48길 1, 1층
전　화 | 02)718-6252 / 6257
팩　스 | 02)718-6253
E-mail | suninbook@naver.com

정가　30,000원
ISBN　979-11-6068-956-3　94900
ISBN　978-89-5933-473-5　(세트)

· 잘못된 책은 바꿔 드립니다.

일제 말기 조선의 민중과 징병

[강제동원&평화총서 24 연구총서 제6권]

일제 말기 조선의 민중과 징병

히구치 유이치(樋口雄一) 저
허광무 · 정혜경 · 오일환 · 심재욱 · 조건 편역

선인

머리말

이 책은 일제 말기 조선에서 실시된 조선인 징병의 실태를 규명하고자 한 것이다.

일본이 시행한 조선인 징병은 1944년과 1945년의 2년간에 불과했지만 육·해군 정규병 12만 명, 여기에 보충병·근무병, 학도병, 군사적 동원인 군속 등을 포함하면 40만 명에 육박하는 인원이 동원되어 그중 적어도 2만여 명이 희생되었다. 징병은 조선인 적령자 전원을 대상으로 실시되었으며, 동시에 일본과 '만주'의 노동자·개척농민 동원, 조선 내 징용 등이 병행하여 실시되었다. 이들 조선인 동원자에게는 희생이 강요되었을 뿐만 아니라 1945년 이후 조선사회 형성에도 상당한 영향을 미치고 있었다. 이 조선인 징병을 정점으로 하는 식민지 지배의 실태를 파악하는 일은 일본의 근대사와 조선관을 탐구하는 데 기본적인 작업이라 할 수 있겠다. 또한 아시아 여러 민족으로부터 요구되고 있는 역사 인식을 고민하는 데 있어서 유력한 방법이 될 수 있을 것이다.

그런데, 조선인 징병의 실시 과정이나 징병체제, 징병·희생자 수, 징병체제에 편입된 조선 민중의 상황에 대해서는 사실 규명이 전혀 이루어지고 있지 않다. 학도병, 황민화정책이라고 하는 개별 주제의 논문과 서지가 약간 존재하는 정도에 지나지 않는다. 조선인 징병을 주제로 한 것은 일반서는 커녕, 연구서도 없다. 이는 일본은 물론이거니와 한국에서도 일본군 병사가 된 것 자체가 명예롭지 않아 연구가 적은 것이다. 일본이 시행했던 징병이 한국인에게 있어서 정사에 기록되기에는 어울리지 않기 때문에 한국사에서도 자리매김을 하지 못하고 있다. 그리하여 먼저 제1부에서는 징병 실시에서 일본 패전에 따른 징병체제로부터 해방될 때까지의 경과를 확인하고 사실을 규명하는 것을 주요 과제로 삼았다. 이는 사실 규명을 바탕으로 해야 역사적인 자리매김과 평가가 가능해 질 것이라고 생각했기 때문이다.

제2부에서는 징병을 정점으로 하는 전시체제에 편입된 조선 민중의 징병과의 관련, 사회 상황과 저항, 조선인 동원의 메카니즘 등에 대해 언급했다. 특히 사상적으로는 일본의 전시체제에 편입될 수 없었던 조선 농민의 동향이 조선에 대한 일본의 전시 식민지 지배체제의 아킬레스건이 되어 일본 패전과 함께 일본 지배기구를 붕괴시키는 원인이 된 여러 요인을 다루었다.

자료로는 징병의 전제가 된 청년 연성 관계자료, 몇 가지의 징병자 수, 희생자 수, 연표, 문헌목록을 게재했다. 이중 희생자 수는 한일회담 당시 후생성이 작성했던 자료를 수록했으나 이 수치가 전부라고는 생각하지 않는다.

이 책에서는 사실 규명에 주력하였는데, 사실 확인을 통해 구체적인 전후 보상과 역사 이해에 일조할 수 있다면 다행이겠다.

2001년 5월 1일

한국어판 서문

조선 식민지 지배 중 전쟁 말기에 일본인은 조선인에게 가장 가혹한 희생을 강요했으며 그 대표적인 사실 중 하나가 일본군 병사로의 강제 동원이다. 그러나 이와 같은 실태에 대해 일본인은 관심을 가져오지 않았다. 조선인의 일본군 동원과 희생을 처음 기록한 이 책은 2001년에 발간했으니, 그로부터 25년의 세월이 흐른 것이다. 그동안 조선인 병사의 실태와 희생을 기록한 서적은 일본에서 단 한 권도 없었다. 그렇다고 해도 이책에서는 일본의 징병제가 해방 후의 조선 사회와 한국군으로 어떻게 계승되는지, 그리고 조선인 희생자 등에 대한 연구가 충분하지 않다. 또한 이오토(硫黄島) 등지에서 '옥쇄'했다고 보도된 조선인 군속들이 하와이 포로수용소에 수용되어 명부로 남은 점, 남양지역 조선인 해군 군속의 행방과 중국 전선의 후방 수송에 동원된 사람들, 전쟁 말기 조선 내 병력동원수로는 최대였던 제주도에서의 희생자 수 등 풀어야 할 과제가 산적해 있다.

현재 아시아태평양전쟁시기 노무자 미불금 문제가 최대 관심거리인데, 징병자·군속의 전시 보상 처리도 어떻게 되었는지 중요하다. 가령 강제동원된 노무자의 경우는 매월 월급에서 원천징수되어 강제저축이 이루어졌고, 재일 한인의 경우는 협화회를 통해 강제저축이 이루어졌다. 그런데 일본군으로 동원된 조선인 병사의 예금은 어떻게 처리되고 있었는지 이에 관한 연구는 없다.

일본인과 조선인 병사, 혹은 유족, 친족이 일본군이 된 것에 대해 어떻게 생각하고 있는지, 이에 대한 사회적·개인적 평가나 유족의 인식 등에 대한 연구도 과제이다.

일본인은 일본군이 된 사실을 긍정적으로 평가하여 굳이 숨기려 하지 않는다. 희생자 묘역을 보면 대부분 일본군 계급이나 전사한 사실 등을 적시한 경우가 많다고 생각된다. 즉, 일본군이었다는 사실이 치욕이 아닌 명예스럽다는 평가가 있기 때문이라고 생각된다.

이에 반해 조선인의 경우는 구체적인 조사에 기반하지는 않았지만, 일본군이었다는 사실이 명예로운 것은 아니었던 것으로 생각된다. 민족을 위해 싸우다 사망한 경우는 평가하지만 일본군을 상대로 싸우지 않았다는 것이 문제이다. 그러나, 조선인 입장에서 징병은 강제된 것으로, 부대 배속의 경우도 조선인 병사 간 소통되지 않도록 조직, 지도하고 있었다. 조선인 병사 집단은 일본인과는 다른 세계관의 집단이었음을 정립하는 연구가 필요하다.

조선인 징병은 노무 동원과 마찬가지로 강제동원체제 하에 집행되었다. 즉, 조선인 병사는 민족적인 면을 견지하며 조직된 존재로서, 일본의 군사적 붕괴가 목전이었던 시기에 조선인에게 취해진 강제동원의 한 형태였다.

2025년 4월

히구치 유이치

역자 인사말

히구치 유이치 선생님은 일제강점기 식민지 조선의 생활사와 강제동원 연구의 대표적인 연구자 중 한 명이다. 그뿐만이 아니라 연구 생활 중 수집한 사료를 자료집으로 집성하여 동료 학자나 후학들을 위해 편의를 제공해 왔다. 일본'제국'이 본토 내 거주 중인 조선인을 감시·통제하기 위해 설립한 협화회(協和會, 교와카이) 연구와 자료집은 대표적인 저작 중 하나이다.

역자가 히구치 선생님을 처음 만난 것은 고 박경식 선생님이 창설한 재일조선인운동사연구회 월례연구회에서였다. 당시 역자는 대학원 박사과정에서 일본'본토'에 도항한 조선인들의 삶과 생활환경을 연구중이었다. 재일조선인운동사연구회는 재일조선인의 역사를 연구하는 데 있어서 독보적이었다. 회원들의 연구가 다방면에 걸쳐 선구적이었기에 이 분야 연구자에게는 필수 코스였다고 할까. 비록 불의의 사고로 박경식 선생님은 세상에 없었지만, 그 자리를 히구치 선생님이 굳건하게 지키고 있었다. 그리하여 히구치 선생님으로부터 연구회 참석을 허락받고 처음 연구회에 얼굴을 보였던 날이 기억에 선명하다.

와세다대학 세미나실에서 개최되는 월례연구회(관동부회)에는 원로학자부터 젊은 대학생에 이르기까지 다양한 연령대의 사람들이 참가하고 있었다. 야마다 쇼지(山田昭次), 나가사와 시게루(長澤 秀), 고바야시 도모코(小林知子), 기무라 겐지(木村健二), 도노무라 마사루(外村 大), 기타하라 미치코(北原道子), 윤건차, 최석의, 김 호 등 『재일조선인사연구』에 수록된 논문의 연구자들이 즐비했다. 지금은 일본 학계의 대표적인 연구자가 된 인물들도 당시 풋풋한 대학원생으로 연구회에 함께하고 있었다. 이들과의 만남은 한일민족문제학회와 재일조선인운동사연구회의 국제교류로 이어지고 있지만, 기라성같은 원로 연구자들 틈에서 귀동냥으로 신세계를 탐구하고 도제식으로 연구를 흉내내던 그때가 새삼 소중하고 또 영광스럽다.

히구치 선생님이 집성한 강제동원 관련 자료를 참고하던 차에 조선인 징병을 천착한 서적을 번역하자는 제안이 들어 왔다. 번역은 일제강제동원&평화연구회 연구위원들이 분담하기로 했다.

제1부 서장, 제1장~제3장: 조건
머리말, 맺음말, 제4장~제8장: 허광무
제2부 제1장~제3장: 심재욱
제4장~제7장: 오일환

그리고 한글판 역서에는 원저에 없는 히구치 선생님의 일대기를 담기로 했다. 이를 위해 2023년 11월, 정혜경 대표 연구위원이 서울 종로 모처에서 히구치 선생님을 인터뷰했다. 인터뷰에는 일본'제국'의 민낯을 천착하는 연구의 시작 배경, 박경식 선생님과의 만남과 연구회 결성, 청년 히구치의 방황과 조선 연구의 시작 등 어디서도 볼 수 없는 주옥같은 이야기를 담고 있다. 독자들께 본문만이 아니라 히구치 선생님의 일대기를 꼭 읽어보기를 강추한다.

이제 와서 20여년 전에 집필한 조선인 징병 연구를 번역하다니, 많이 늦은 감이 있다. 동시에 히구치 선생님 외 그동안 누구도 이 문제를 심도있게 연구하지 않았다는 사실에 새삼 경악을 금할 길 없다. 부디 이 책이 조선인 징병이라고 하는 병력 동원 연구의 처음이자 마지막이 아니길 바라며, 강제동원 연구 확장의 신호탄이 되길 희망한다.

역자들을 대신하여 허광무가 씀

차례

머리말 | 5
한국어판 서문 | 7
역자 인사말 | 9
일러두기 | 16

제1부 조선인 징병 실시와 희생자 수

서장 징병 전사(前史) - 조선육군특별지원병- ······ 19

제1장 징병 발표 이전의 징병 준비 ······ 23
1. 조선청년 체력검사의 실시 ······ 24
2. 징병 발표 직전의 징병 준비 ······ 30
3. 징병 발표와 조선총독부 ······ 32

제2장 징병제 실시 과정(1) - 기류·호적정비를 중심으로 - ······ 39
1. 호적 정비 ······ 41
2. 기류령과 기류 촉진 운동 ······ 46
3. 기류 · 호적 정비의 실정 ······ 48
4. 기류 · 호적 정비의 결과 ······ 51

제3장 징병제의 실시 과정(2) - 청년 훈련을 중심으로- ······················· 55

1. 조선 청년의 연성(鍊成) 준비 ······················· 55
2. 조선청년특별연성령의 실시 ······················· 59
3. 청년훈련소 별과의 징병 준비 ······················· 66
4. 군무예비훈련소의 창설 ······················· 68
5. 조선여자청년연성령의 실시 ······················· 71
6. 징병준비훈련의 실시 상황 ······················· 75

제4장 징병검사 실시 ······················· 77

1. 징병사무 개시 ······················· 77
2. 징병검사 경과 ······················· 80
3. 징병검사 결과 ······················· 87

제5장 징병과 경찰·군 조직 ······················· 91

1. 징병 실시와 경찰 ······················· 91
2. 조선군 개요와 조선인 징병 ······················· 96

제6장 징병 실시와 징병자 수 ······················· 99

1. 징병자 수 ······················· 101
2. 조선인 보충병을 중심으로 한 보충대의 존재 ······················· 103
3. 근무대원으로 징병된 사람들 ······················· 104

제7장 조선인 희생자 수 ······················· 109

1. 군속 희생자 ······················· 112
2. 육군특별지원병 ······················· 115
3. 해군특별지원병 ······················· 116
4. 학도지원병 ······················· 118
5. 징병자들 ······················· 120
6. 기타 병과의 희생자 ······················· 121
7. 후생성이 제출한 '전사'자 자료에 대해 ······················· 122
8. 2만 2,182명이라고 하는 희생자 수 ······················· 124
9. 조선인 희생자 문제에 대해 ······················· 128

제8장 일본'본토'와 '만주국'의 징병 실시 ········ 129

1. 일본'본토' 조선인 징병 과정 ········ 130
2. '만주국'에서의 조선인 징병 ········ 132

제2부 조선 민중과 징병 체제

제1장 징병을 가능케 한 여러 요인 ········ 137

1. 조선인 인구 증가 압력 ········ 138
2. 교육 보급과 취직난 ········ 140
3. 농촌경제 통제의 강화 ········ 141
4. 경제 통제와 상업 · 공업 활동의 위축 ········ 143
5. 황민화정책과 조선 청년 ········ 148

제2장 병사들의 출신 계층 ········ 151

1. 초기 군속들의 출신 계층 ········ 152
2. 육군특별지원병의 출신 계층 ········ 154
3. 상층 계층의 학도병 ········ 159
4. 1944 · 45년도 징병자의 출신 계층 ········ 159
5. 태평양전쟁 하의 군속 · 군부 ········ 163
6. 청년층의 총동원과 구분 ········ 164

제3장 조선 민중에 대한 군사적 동원 - 군속·군요원 - ········ 167

1. 군사적 동원의 채용 형태와 직종 ········ 169
2. 군속 ········ 170

제4장 조선 민중에 대한 군수물자 동원 ········ 179

1. 저축 강화 ········ 180
2. 군(軍)의 직접동원 ········ 181

제5장 징병, 군사적 동원에 대한 조선인의 저항 ········ 189

1. 조선 민중의 저항 · · · · · · · · 190
2. 학도지원병의 저항 · · · · · · · · 195
3. 징병자의 저항 - 주로 도망에 관하여 · · · · · · · · 196
4. 한순간에 사라져버린 군사교육의 성과 · · · · · · · · 200
5. 조선인 저항의 의미 · · · · · · · · 202

제6장 조선인 징병 문제를 둘러싼 문제들 ········ 205

1. 조선인 징병, 노무동원과 농업 재편 · · · · · · · · 205
2. 조선총독부의 이중지배 구조 · · · · · · · · 209

제7장 징병 실현과 평가의 문제 ········ 221

1. 구 일본군 관계자의 평가 · · · · · · · · 221
2. 조선인의 평가 · · · · · · · · 224
3. 조선인 징병의 새로운 평가를 위해 · · · · · · · · 227
4. 향후 일본인의 대응 · · · · · · · · 229

맺음말 ········ 231

제3부 식민지 조선인 민중의 역사를 밝히는 길, 평생의 시무(時務)

히구치 유이치 선생님 인터뷰

부록

징병 관계 자료 | 285

참고문헌 | 342

연표 | 347

찾아보기 | 354

일러두기

1. 일본식 연호 표기는 연호(서력)으로 병기했다.
2. 외국어의 경우에는 처음 등장할 때 원어 발음과 원문을 병기했다.
3. 원문에는 각주 표기가 없으나 독자의 가독성을 돕기 위해 저자의 부연 설명과 출전을 각주로 표기했다.
4. 번역은 명백한 오기 등이 아닌 이상 가능한 한 원문 내용에 가깝게 진행했으며, 의미 전달이 어려운 경우에는 각주를 달아 설명했다.
5. 그간의 학계 연구 성과 소개, 용어나 개념 설명, 그밖에 본문 이해에 도움을 주기 위해 옮긴이들이 각각 역자주를 활용하여 부연 설명을 추가했다.

※ 이 책의 원저는 樋口雄一, 『戰時下朝鮮の民衆と徵兵』, 總和社, 2001년이다.

제1부

조선인 징병 실시와 희생자 수

서장
징병 전사(前史) - 조선육군특별지원병 -

조선에서는 1944년에 징병이 실시되었는데, 그 이전부터 조선인에 대한 병사 '채용(採用)'[1)]이 시행되고 있었다. 육군 병사로 징집하는 것에 대한 검토는 1937년 7월 7일 중일전쟁 개전 전후로 검토되었고, 미나미 지로(南次郎) 조선 총독이 적극적으로 추진하였다. 그러나 군 중앙의 소극적인 태도[2)]때문에, 1937년 12월 육군특별지원병제라고 하는 형태로 각의결정을 시행하고, 1938년 2월에 조선육군특별지원병령(칙령 제95호)이 공포되었다. 이것도 총독부가 '노력'한 결과로, 지원병 운영도 당초는 조선 내 부대에만 배치시킬 것이라고 하는 점에서 이를 상징하고 있다.

---

1) 〈역자주〉 저자는 지원병 동원을 '채용'으로 표기했다. 이는 당시 일본군이 조선인 지원자들을 '선발'했다는 의미로 '채용'이라는 용어를 사용했기 때문이다. 여기에서는 저자가 사용한 것을 그대로 두고 인용부를 첨가했다.

2) 당시는 일본군의 병력 부족이 아직 심화되지 않았고, 조선인에 대한 불신감, 천황의 '고굉지신(股肱之臣: 가장 충성스런 신하-역자)'으로써 황민화가 진행되지 않았다고 판단했을 것이다.

처음 조선군[3]에서는 '채용'을 400명[4]으로 하고 입영부대는 조선 내 부대로 한정했다.

조선총독부는 즉시 준비에 들어가, 경성부 근교(노해면, 蘆海面)에 육군지원병훈련소[5]를 설립하고 1939년 3월에 완성했다. 구체적인 학생모집은 1938년 4월부터 각 도에 추천을 의뢰하고, 6월부터 경성제국대학 구내에 설치된 임시교사에서 일본어, 군사훈련 등을 실시하여 12월에는 조선 내 부대에 입영시켰다. 총독부는 1939년 1월 윤치호를 회장으로 특별지원병후원회를 조직하는 등 체제를 정비해 나갔다. 그 후 특별지원병 '채용'을 계속 증가시켰는데, 〈표 1〉에서 보이듯 총 수는 16,830명에 달했다.

1942년부터는 수용해야할 생도(生徒)가 증가하여 평양에 제2지원병훈련소를 설립, 학생들을 수용하였다. 기독교계 여학교를 폐지한 후 개축한 건물이었다고 알려져 있다.[6]

이들은 조선군에 편성되었으나 소속 부대가 전출되면서 중국 전선에 보내지는 경우가 많았고, 중국전선에서 다시 남방으로 보내진 지원병도 많았다.

---

3) 〈역자주〉 한반도에 주둔했던 일본군을 말한다. 일본군은 1882년 임오군란의 후속조치로 맺어진 제물포조약에 따라 공사관수비대 명목으로 공식적인 주둔을 시작했다. 이후 한국주차대, 한국주차군 등의 명칭으로 주둔을 계속했으며, 1910년 한국병탄 이후에는 조선주차군으로 명칭을 바꿨다. 여기서 '주차'란 부대 본부가 아닌 곳에 '파병'되어 교대로 주둔하는 것을 일컫는다. 1918년 조선 사단 상주화에 따라 '주차'가 아닌 '상주'체제가 성립되었고 이때부터 한반도 주둔 일본군의 명칭은 조선군이 되었다. 조선군은 1918년부터 1945년 초 다시 편제와 명칭이 변경될 때까지 일본군의 공식 명칭이었다. 1945년에는 제17방면군과 조선군관구로 편제가 이원화되면서 명칭도 변경되었다.

4) 400명 중 200명은 보병, 치중병 100명, 고사포병이 100명이었다.

5) 〈역자주〉 공식명칭은 육군병지원자훈련소였다. 현재 서울시 노원구 화랑로에 있는 육군사관학교 자리에 설치되어 있었다.

6) 〈역자주〉 평양에는 제2훈련소가 설치된 적이 없다. 제2육군병지원자훈련소는 경기도 시흥에 설치되었다. 단, 평양의 숭실전문에서 시흥의 제2육군병지원자훈련소가 완공되기 전까지 훈련을 시행한 바 있다. 저자는 이 점을 혼동한 것으로 보인다.

〈표 1〉 특별지원병 지원수 및 배치표

	채용인 수	지원자 수	입영부대	병종
1938년	400	2,946	조선 내	보병, 치중병(輜重兵), 고사포병(高射砲兵)
1939년	600	12,348	조선 내	위와 같음
1940년	3,000	84,443	조선 내, 관동군(關東軍)	위와 같음
1941년	3,000	144,743	조선 내, 관동군	보병, 치중병, 고사포병, 야산포병(野山砲兵)
1942년	4,500	254,273	조선 내, 관동군, 북지군(北支軍)	모든 병종
1943년	5,330	303,394	일본 내 전군(全軍)	모든 병종

출전: 「朝鮮人志願兵 · 徵兵の概要」, 『朝鮮軍關係資料』(방위연구소도서관 소장)

특히 1942년 이후에는 중국 전선에 배치된 지원병 등의 희생자도 많아졌다. 또한 1943년의 지원병 중에는 남방으로 보내진 사람도 있어 희생이 컸다. 지원병 중 70%가 상등병이 되는 등 성적이 우수하다고 선전하기도 했다.

지원자 수가 해마다 증가하고 있는데, 이는 총독부 하부 기구인 도·군·면 등에서 지원자 수에 경쟁이 붙어 강력한 지원 장려 정책을 실시한 결과였다. 총독부는 의식적으로 지원자 수를 경쟁시키고, 지원열이 높다는 것을 선전하고 있었다. 〈표 1〉과 같이 1942, 1943년도에는 20만 명이 넘는 청년이 지원했다고 되어 있다. 총독부가 총력으로 나서지 않았다면 불가능한 숫자였다. 이러한 '실적' 만들기를 총독부가 의식적으로 하고 있었다고 할 수 있다. 총독부는 징병 전사(前史)로서 지원병 제도의 확충·정비를 도모해 징병의 확립에 대비하고 있었다고 규정할 수 있다. 징병 제도를 조선에서 실시할 때, '조선인의 청원'과 요망이 있었기 때문이라고 제국의회 등에서 설명하는 경우가 있는데, 이것은 총독부의 연출과 청원의 뒷받침이 없으면 할 수 없는 일이었다.

지원병제도는 징병제 실시를 위한 준비단계로 기능했다. 지원병들이 전장에서 '실적'을 인정 받자, 징병제도를 도입한 이후 이들에게 일정한 역할이 부여되었던 것이다. 총독부는 이미 퇴역했던 지원병을 이용해 향리에서 징병제도 강연을 하거나 전황에 대한 보고회를 열고 있었다. 또한 면 직원에 등용하는 등 우대조치를 취했다. 현역 지원병은 징병검사나 징병 후 부대 내 신병 교육 등에도 참가시켰다.

전사하여 야스쿠니신사에 안치된 조선인이 미담으로 크게 보도되었고, 전장에서 우수하게 활약했다는 부대장의 기록과 가족에게 송금한 일 등이 선전되었다.

징병제로 전환될 때 지원병제도는 조선민중에 대해 완충재 역할을 했을 뿐만 아니라 군부의 조선인에 대한 인식 등 징병 실시를 빠르게 시행할 수 있었던 가장 큰 요인이다. 특히 조선인을 징병하기 위한 사전 교육, 훈련 등은 지원병 교육의 경험이 전제되어 나중에 보듯 조선청년특별연성소, 군무예비훈련소에서 훈련을 할 수 있었다고 생각된다.

조선육군특별지원병제도는 그 자체로서도 1만 6천여 명의 조선인 병사를 배출했고, 일부에서 희생자가 나오는 등 조선사회의 역사 속에서도 독자적으로 자리매김해야 한다.[7] 동시에 아래에서 보듯, 지원병제도는 조선인 청년에 대한 징병 실시의 전사(前史), 준비 태세 마련에도 큰 역할을 한 점을 간과할 수 없다.

또한 지원병제도와는 다르지만 군속 등 조선인에 대한 군사적(軍事的) 동원도 징병 전에 존재하여 조직적으로 시행되었다. 이들은 징병 체제를 구축하는 데 일정한 역할을 했는데, 자세한 내용은 본문에 기술하겠다. 조선 내에서는 전시체제 편입과 징병준비 진행에 시간이 걸렸는데, 그나마 이러한 전제가 존재했기 때문에 징병실시를 결정할 수 있었다. 그 징병 실시의 주역은 아래에서 기술하듯 군과 조선총독부였다.

---

7) 조선인특별지원병제도 연구는 일본은 물론 한국에서도 거의 존재하지 않는다. 일부 지원병의 체험기가 존재할 뿐이다.

제1장
징병 발표 이전의 징병 준비

일본이 조선인을 징병한다고 발표한 것은 1942년 5월 8일의 일로, 그때까지 실시하고 있던 지원병제도의 조치를 시작으로 징병제도를 조선에서 실시할 수 있는지를 포함한 사전 준비가 필요했다. 아래에서 이 징병의 사전 준비 상황을 검증하겠다.

육군성이 구체적인 징병 준비에 들어간 것이 언제쯤인지는 명확하지 않지만, 1941년 초 도조 히데키(東條英機) 수상이 징병을 구상하고 있나는 짐을 제국의회에서 분명히 하고 있다. 이는 1941년 말 연합국과의 추가적인 전쟁 확대가 병력 부족을 심각하게 만들어 지원병, 군속, 포로감시원과 같은 조선인에 대한 변칙적인 병력적 이용 확대로는 만족할 수 없게 된 것이 가장 큰 요인일 것이다. 전선은 남쪽으로 단숨에 확대되어 갔고, 중국 전선의 병사 소모율은 예상과 달리 계속 높아졌다. 1944년이 되면 큰 폭의 병력 부족으로 퇴역한 노년의 병사들을 재징병해야 할 것으로 예상되었다. 병력 부족이 심해질 것은 불을 보듯 뻔한 일이었다. 시급히 병력을 보충할 수 있는 것은 일본 인구의 1/4을 차지하는 조선인 이외에는 생각할 수 없었다. 조선인의 일본어 이해도와 사상 상황이 신뢰할 수 없다고 판단되더라도, 어떻게든 일정의 병력을 증강하는 것이 지상 명령이 되었던 것이다. 이것이 조선인을 징병 대상으로 검토하고자 한 첫 번째 요인이었다.

군 당국에게는 징병이 가능한지 여부를 검토하는 과정에서, 조선에서 실제 징병검사가 가능한지, 또 체격과 일본어 이해도, 사상 상황과 같이 검토해야 할 과제가 많았다. 군은 무언가 데이터가 필요했지만, 조선에서는 조사가 이루어지지 않은 사항이 많아 생명표(生命表)[1]조차 정비가 늦어지고 있었다. 총독부는 시국 대책을 추진하는 과정에서도 청년 체력 조사의 필요성을 제기했지만 결국 실시되지 않았다.[2]

징병 발표 전에 반드시 징병검사와 비슷한 청년에 대한 예비조사가 필요해진 것이다. 이것이 징병제도가 조선에도 적용된다고 발표된 1942년 5월 8일 직전인 3월 1일부터 10일까지 실시된 징병대상 조선청년에 대한 일제(一齊)체력검사였다. 다음에서는 이 체력검사의 실시 과정을 검토함으로써 징병 발표 이전의 준비 상황을 밝히고자 한다.

1. 조선청년 체력검사의 실시

「조선청년 체력검사」의 공표는 1942년 2월 5일로 전날 총독부 후생

1) 〈역자주〉 생명표는 인구통계학에 의해 특정 연령층 및 성별에 대한 사망률과 평균여명(平均餘命)을 나타낸 표이다.

2) 朝鮮總督府, 『朝鮮總督府時局對策調査會 諮問答申書』(1938년) 중에 「반도 민중의 체위 향상 및 생활 쇄신에 관한 건(半島民衆の體位の向上及生活の刷新に關する件)」이라는 답신이 있고, 그 속에 「체위의 기본조사를 할 것(體位の基本調査を爲すこと)」이라는 내용이 있는데, 학교 재학 청소년의 극히 일부만 조사한 데 불과하므로 '全鮮에 걸친' 조사가 필요하다는 내용이 있다.
조선 청년의 체력 등에 대해서는 「조선 주민의 생존력」, 「지원병훈련소에서 본 반도 청년의 체력」, 「반도 청년 체위의 현재 상황」, 「네 가지 관점으로 본 시국 하 국민 체위 향상의 문제」 등 총독부 관계자의 글이 『朝鮮』 292호(1939년 8월호)에 게재되어 있는데, 모두 부분적인 자료에 근거하고 있다.

국으로부터 각 도(道) 등에 통달되었다. 이 조사의 목적은 지원병 모집과 노무동원에 따른 '적정체위자료'로 삼기 위해서라고 발표되었다. 그러나 구체적인 검사 내용은 다음과 같은 사항과 내용이었다.

대상연령: 만 18세와 19세의 청년일 것
검사사항: 신장, 체중, 가슴둘레, 시력, 호흡기 등
검 사 자: 군의(軍醫), 공의(公醫), 민간의(民間醫)
질문사항: 학력, 청년훈련소 종료 상황, 지원병 지원 실적, 특수기능
대상지역: 조선 전역

이 내용을 보면 명백하게, 대상은 징병적령자(徵兵適齡者)였고, 검사사항과 군의관 중심의 검사 등 모두 일본인에 대한 징병검사와 같은 것이었다. 이 검사가 군을 중심으로 실시된 것은 발표가 있던 당일, 5일 오전 9시부터 '검사 실시의 중대 협의'를 실시한 것을 보아도 분명하다. 조선군 참모총장, 군의부장(軍醫部長), 병무부장(兵務部長), 각지 주둔 부대의 병사부장이 모여 검사 준비 회의를 했다고 한다.[3] 실질적으로는 군 주도의 검사였음을 알 수 있다.

물론 총독부도 전면적으로 협력하여, 호적자료 제공, 애국반[4]의 조직석 동원을 시행했다.

이 체력검사 실시 과정에서는 '체력검사고지서'를 대상 청년에게 보내 소재불명자를 파악하기 위한 고지서를 배포해야 했으며, 애국반 내

3) 『京城日報』, 1942년 2월 6일자 다카하시(高橋) 조선군 참모장 담화 「지금 불태워라 순국의 불꽃(今ぞ燃やせ殉国の焔)」 기사에 의함. 같은 날짜 『每日新報』에도 유사한 기사가 있다.

4) 〈역자주〉 애국반이란 1938년 7월 7일 조직된 국민정신총동원 조선연맹의 각 정·동·리(町洞里) 부락연맹과 관공서, 학교, 은행, 기타 단체로 결성된 각종 연맹 산하에 10호 단위로 만들어진 주민조직을 말한다. 조선총독부는 전시 통제체제하 노동력과 자원 등을 체계적으로 동원하기 위한 말단조직으로서 애국반을 조직한 것인데, 이로서 일본'본토'에는 신체제-대정익찬운동-도나리구미가 있다면 식민지 조선은 조선신체제-국민총력운동-애국반으로 병립되는 통제체제가 성립된 것이다.

대상자는 검사장소로 보내야 했다. 징병검사 예행연습과 그 시행 과정의 문제점을 파악하기 위한 검사였음은 분명하다. 노동력 동원만 필요했다면 이런 검사는 필요하지 않았을 것이다. 이것이 징집과 연관지어 구상되었다는 것은 다음과 같은 언론 보도를 통해서도 알 수 있다.

> "다수의 내지 청년들은 제일선 전장에서 혹은 산업동원 전사로 결사의 각오로 일하고 있습니다. 우리 반도 청년들도 내선일체를 사실상 보여줄 절호의 기회입니다. 제대로 검사를 받읍시다. 그리고 나라를 위해 도움이 되도록 합시다." "이 몸으로 대동아건설에 헌신합시다."[5)]

또한 "봉공의 열의로 참여하자", "황국청년의 영예"라고 선전되었고, 태평양전쟁 시작 이후 전쟁이 더욱 전면적으로 전개되던 시기이기도 했다.[6)]

이것은 싱가포르 침공 중이라는 전황과 총독부에 의해 지원병 지원자 수 경쟁이 추진되고 있는 등의 상황 속에서 실시되었다. 신문은 물론, 라디오나 포스터, 영화관 방송 등에도 선전되었고, 선전 개시일이었던 3월 1일을 기해 조선 전체의 270개소에서 검사가 시작되었다.

검사는 "징병검사와 똑같이", 그리고 "군의(軍醫)의 정의관(正醫官)"에 의해 실시되었다. 총독부에서도 보험과장 등이 경성 내 검사장을 돌아다녔고, 군에서는 조선군 참모, 경성사단 군의부장이 마찬가지로 검사장을 순회했다. 검사회장은 "검사장에는 군에서 파견된 검사관의 위엄 있는 군복이 장내를 압도하여 마치 징병검사를 연상케 하며 정연한 규율 속에 첫날을 마쳤다"고 대대적으로 보도되었다.[7)]

그러나 나름대로 검사를 진행했음에도 사흘째가 되자 통지 누락으로

---

5) 『京城日報』, 1942년 2월 11, 21일자

6) 『每日新報』, 1942년 2월 16일자에 의함. 또한 『每日新報』에는 「조선청년체력검사를 앞두고」라는 기사가 6회에 걸쳐 연재되어 이 검사의 중요성을 호소하고 있다.

7) 『京城日報』, 1942년 3월 2일자

불참하거나 이전 신고가 없어 본인에게 고지서를 전달할 수 없었던 사례가 총독부에 보고되기 시작했다. 총독부는 조사 누락으로 불참하는 경우가 많기 때문에 "고지서가 없어도 검사에 참가하라. 분발하라 거주 불명자"라고 호소하고 있었다. 검사가 시작되자 미나미 총독, 이타가키 세이시로(板垣征四郎) 군사령관, 오노 로쿠이치로(大野緑一郎) 정무총감, 다카하시(高橋) 군참모장 등이 검사장을 방문했다. 이러한 독려에도 불구하고 5일에는 군 보도부장이「빛나는 영예를 더럽히지 마라」라고 하는 제목의 담화를 통해 "…더욱이 본 검사의 목적과 정신을 오해하고 이에 대해 우려와 불안의 마음을 품고 있는 것은 참으로 유감스럽다"고 밝혔다. 또한 누락된 수검자를 더 찾도록 지시하고 있다.[8)]

이 검사에 응모할 수 없는 자는 "경찰서장 또는 주재소 수석의 증명서를 첨부하여 부윤 또는 읍면장에게 신고"해야 하며, 검사 절차를 밟지 않거나 불출석한 자는 "처벌을 받게 되므로 본인은 물론 호주, 고용주, 동거인 등도 충분히 주의해야 한다"고 밝혔다. 또한, 고지는 애국반장을 통해 청년 본인에게 전달되고, 호주와 고용주는 출두시킬 의무가 있다고 되어 있다. 해당 연령임에도 불구하고 통보를 받지 못한 자는 애국반장을 통해 신고하도록 되어 있었다. 이는 청년체력검사실시요강[9)]에 규정되어 있으며, 경찰과 애국반장의 배급에 관한 권한 등을 고려하면 사실상 강제검사 그 자체였다.

이 검사 결과가 어떤 것이었는지는 일부 외에는 공개되지 않았는데, 군이 기대했던 성과에도 불구하고 징병제 적용에 어려운 점이 많이 드러났을 것으로 보인다. 이는 이전까지 조선에서 실시된 적이 없었던 갑작스런 전조선 청년체력검사로 인해 징병제 실시가 임박했음을 예상케

8) 『京城日報』, 1942년 3월 6일자

9) 朝鮮總督府, 『朝鮮』, 1942년 2월호 휘보, 「청년체력검사 3월 상순 실시」의 요강과 그 설명 참조.

하는 것이었다. 이 체력검사의 경과에 대해 검사가 군의 강력한 요구로 이루어졌음을 보여주는 다음과 같은 기록이 있다.

> "1942년 1월 각군 사단 징병주임참모 회동 당시 다나카 류키치(田中隆吉) 병무국장(육군 소장)으로부터 조선 장정의 체위, 국어(일본어-역자)[10] 보급 상황, 호적 정비 상황 등에 관한 조회가 있었다. 이런 종류의 실태조사에 대해서는 별도로 조선군과 조선총독부 간에 실무에 관한 여러차례 논의가 있었으나 예산상 실행이 어려워 결국 실현되지 못했다. 그런데 이번 조회를 계기로 학무국의 학도체력검사 예산을 기금으로 하고, 박흥식(朴興植), 김연수(金季洙)[11] 등 민간유력자의 기부금을 합하여 총액 70만 엔을 들여 조선 장정의 체력검사를 실시했다. 이를 통해 징병으로 나아가는 것에 대한 종합적 판결을 파악하기로 하였다.
> 즉, 군에서는 총독부와 밀접하게 협력, 예하 부대의 군의관을 총동원하여 약 270개 반의 검사반을 편성하고 징병검사 요령에 준하여 3월 1일부터 10일간 조선 전역에 걸쳐 일제히 만 18세 및 19세의 조선 장정을 대상으로 체격, 국어 이해도, 호적 정비 상황 등을 조사 검토하였다. 그 결과 조선인에 대한 징병검사 실시가 가능하다는 결정을 중앙에 보고했다"[12]

라고 했던 것이다. 조선청년체력검사는 징병의 사전준비로 실시되어 나름대로 '성과'를 올렸다고 이유를 댄 것이다. 예비조사가 가능해져 본격적으로 징병을 준비할 합리적인 데이터를 얻을 수 있었다는 것이다.

조선청년체력검사 실시 후 전라남도 지사는 "향후 필요에 따라 총력전 아래 인적 요소의 적정한 동원을 위한 필수적인 기본자료"가 될 뿐

10) 〈역자주〉 이 책에서 '국어'는 일본어를 지칭한다.

11) 〈역자주〉 저자는 '金季洙'로 기재했다. 이는 원자료의 오기(誤記)를 그대로 둔 것인데, 번역 과정에서 김연수로 바로 잡았다.

12) 『朝鮮軍關係資料』의 「朝鮮人志願兵·徵兵概要」 第4章 "徵兵制への飛躍"참조.(방위성 방위연구실 소장) 전 조선군 참모가 1945년 이후 조선의 징병관계에 대해 정리한 자료.
〈역자주〉 원 자료명은 「朝鮮人志願兵·徵兵梗概」이다. 자료 말미에 전 조선군 징병주임참모 요시다 도시쿠마(吉田俊隈)가 작성했다고 기재되어 있다.

만 아니라 청년층의 체력 향상 등에도 이용하도록 지시하고 있다.[13)]

또한 청년체력검사 결과는 총독부 담당 보험과장인 오카 히사오(岡久雄)가 조선총독부의 기관지라고 할 수 있는 잡지 『조선』 1942년 5월호에 「조선청년 체력검사를 마치고」라는 소논문을 썼는데 개요는 아래와 같다.

오카에 의하면, 의사 8백여 명, 보조원 3천 수 백 명을 동원해 조사했지만, "근거 법령도 없고", "한편으로는 여러 가지 사정으로 인해 시급히 실시할 필요가 있어 준비 기간이 지극히 짧았던 관계상 그 결과에 대해서는 적지 않게 위기의 마음"을 가지고 있었다고 한다. 그런데 그것은 완전히 기우에 그쳤고, "출석률은 해당 연령 예상자 수의 83.2%[14)], 고지한 자의 97%라는 양호한 성적을 올렸다"며 그 성공을 소개하고 있다. 애국반, 읍, 각종 업계 단체 등의 협력과 자발적 출두가 있었다는 점을 강조하고 있다. 또, 신장, 체중, 가슴둘레 등 모든 면에서 같은 세대의 일본인과 비교할 때 평균적으로 양호하다는 것을 조사 결과 수치를 들어 설명하고 있다.

조사 대상자의 학력은 19세의 경우 미취학자가 55.1%, 18세는 50%였다고 설명했다. 일본어 이해도의 경우는 전혀 이해하지 못하는 사람이 19세에 54.8%, 18세 49.4%라고 조사되었다. 또한 기혼율은 19세가 36%, 18세가 25.1%였다고 한다.

이러한 설명에서 예견할 수 있는 것은 이 체력검사가 성공했다고 평가했다는 점이며, 체력검사 결과 군과 총독부는 징병체제가 갖춰질 것이라는 확신을 품게 되었을 것이다.

---

13) 『府尹, 郡守會議諮問答申書』, 1942년 5월, 전라남도 「道知事指示」 문서. 한국정부기록보존소 소장 「地方行政」 마이크로필름 참조.

14) 83.2%라는 숫자는 적다고 평가할 수도 있지만, 호적·기류가 미비했다는 점을 고려할 때 상당한 비율의 출석률이었다고 할 수 있다. 이러한 조사를 바탕으로 기류·호적제도의 정비를 실시했다고 생각한다.

2. 징병 발표 직전의 징병 준비

검사가 시행되어 "징병검사 실시가 가능하다"는 판단이 서자 징병제 실시에 시동이 걸렸다. 이것은 1942년 5월 8일 징병 실시의 각의결정 이전에 준비되었는데, 조선총독부·조선군 내부에서는 징병이 가까운 것으로 예측했던 것이다.

조선군사령부와 조선총독부는 징병검사가 가능하다고 판단됨에 따라 즉시 징병준비에 들어갔다. 구체적인 검토사항을 살펴보자.[15)]

징병제 발표 이전, 가장 이른 시기인 1942년 4월 24일자로 진행된 제1차 갑위원회(甲委員會)는 조선군이 주체가 되어 다음과 같은 의제로 진행되었다.

제1방침(펜으로 쓴 메모에 의하면 징병제도의 시행시기 등의 일정이 검토되었다고 생각된다.)
제2 준비사항
1. 호적 정비
2. 국어 보급 (징병적령자에 대한 대응)
3. 반도인 조사 (주로 인구조사 등)
4. 선전계몽 (특히 여성에 대한 계몽)
5. 군사부조에 관한 준비
6. 제대자 지도 및 원조
7. 참정권 문제의 대책
8. 병사 관계 관공리 양성
제3 기구에 대하여 (총독부, 도 이하의 기구 검토)
제4 경비 문제 (각종 예산에 대하여)
제5 기타

15) 여기에서 사용하는 자료는 총독부 정무총감이었던 大野綠一郎文書 1204-1·2「甲委員會第1回打合事項」,「同第2回打合決定事項」(朝鮮軍司令部) 大野綠一郎文書 1200-1「戸籍整備の要項」(1942년 4월 27일) 참조. 국립국회도서관 소장.

1. 징병제 실시에 따른 지원병제도 폐지, 시설을 입영 전 준비교육으로 충당
2. 반도 외에 있는 반도인의 처우 (지금부터 조사 연구)[16)]

조선에서 징병이 실시될 때의 문제점을 제시하고 대응 방안을 총독부 관리와 협의하고 있는 것이다. 이 사항을 검토하고, 당면 방침을 결정한 것이 제2차 갑위원회이다. 28일 개최된 제2차 '갑위원회 결정사항'의 개요는 다음과 같다.

제1 방침 (본 건은 특히 기밀로 함)
1. 징수 실시연도 1944년 12월 이후 입영자의 징수를 실시하도록 준비
2. 병역 관계 법령의 시행 1943년 4월 1일부터 시행할 수 있도록 병역법 개정, 기타 관계 법령 정비를 필요
3. 징병 적령에 대한 특례 (내용 생략)

제2 준비
1. 호적 정비 (내용 생략)
2. 국어 보급 (내용 생략)

제3 기구
1. 징집사무 담당 계통
2. 총독부 기구 (지도 기관)
3. 도 이하 기구 (실시 기구)
4. 장징훈련소 (내용 생략)

제4 기타
1. 지원병제도의 문제 (내용 생략)
2. 참정권 문제의 대책 (내용 생략)
3. 군사부조 (내용 생략)
4. 제대자 지도 (내용 생략)
5. 선전계몽 (내용 생략)

16) ( ) 안은 펜으로 쓴 메모를 필자가 요약한 것. 이 메모가 오노 정무총감 자신의 것인지, 대리로 출석한 자의 기록인지는 검토가 필요하지만, 이 회의에 총독부의 고급 간부가 출석한 것은 확실하다. 제2차 갑위원회 문서에는 '극비(極祕)' 도장과 함께 '정무총감' 도장이 찍혀있고, 표지에 22부 중 2부라고 기재되어 있다. 오노의 정무총감 사임은 1942년 6월이다.

이 회의에서 징병 체제의 기본 방침이 결정되었고, 5월 1일 조선군 참모장이 일부 수정했으며, 그것이 도쿄 육군성에 제출되어 5월 8일의 각의결정으로 발표된 것이다. 물론 이에 대해서는 미나미 총독도 알고 있었을 것이다.

여기서 내용에 대해 상세하게 검증할 수는 없지만 구체적인 실시에 대해서는 강경한 방침이 특징이었다. 예를 들면 '일본어 보급'에서는 제3항에 "관공서 학교 등에서는 국어의 상용을 강제하고 일반으로 하여금 이에 따르도록 하며, 또한 그와 더불어 국어 상용자 우대 등 장려 방법에 대해서도 연구한다"라고 되어 있는 것처럼, 1942년 5월 징병 발표 이후 일본어 강요의 배경에는 이러한 군의 의향이 강하게 작용하고 있었던 것이다.

이 밖에 호적 정비에 대해서는 다음과 같은 요항이 작성되어 있었다. 작성된 것은 4월 27일 제1차 갑위원회가 개최된 직후였다. 먼저 "미취적자(未就籍者)의 수가 지나치게 많아 호적이 인구 동태에 부합하지 않는다"라고 하는 등 호적 정비의 문제점을 들고, 그것의 방책에 대하여 호적법의 조선 내 미적용을 명시하고 있다. 이후 호적 정비의 기본 방침은 여기에서 책정되어 급속히 실시되어 갔다.

이렇게 해서 징병의 기본방침은 각의결정 이전에 준비되어, 거의 이 기본노선에 따라 조선민중에 대한 징병 정책이 구체적으로 되었다.

3. 징병 발표와 조선총독부

징병제 제정 과정의 연구에 대해서는 미야타 세쓰코(宮田節子)[17]의

17) 〈역자주〉미야타 세쓰코(宮田節子, 1935~2023). 조선사 연구자. 1935년 지바현(千葉縣) 출생. 1958년 와세다 대학 문학부를 졸업했다. 1958년 우방협회 호즈미 신로쿠(穗

『조선 민중과 '황민화'정책』(1985년간)[18]이 있다. 미야타는 "징병제 결정은 조선인은 물론 총독부 당국자들에게조차 '경악스러운 심정'으로 받아들여졌다"고 했다. 그 증거로 제국의회설명자료에 "5월 9일 아무런 예고 없이 … 갑자기 발표가 있어 … 조속 실현에 경악"(97페이지)이라는 자료가 언급되어 있다. 총독부는 징병 사실을 사전에 알지 못했고, 오히려 총독부의 의지를 넘어 결정된 것이었다고 설명했다. 미야타는 황민화 정책이 추진되는 중에 당시 총독부 관계자와 일반 민중이 징병 발표를 어떻게 받아들이고 있었는지를 상징적으로 보여주는 언동을 예로 들었는데, 나름대로 일정 정도 의미가 있었다.

확실히 징병은 시기상조라는 인식이 재조일본인(在朝日本人)에게는 일반적이었고, 하물며 일부 사람을 제외하면 조선 민중도 모든 조선인 청년이 징병 대상이 된다고 생각하지 않는 사람들도 있었다. 일본인은 어렸을 때부터 군인이 되는 교육을 받았고, 따라서 군대에 가는 것은 당연한 일이라고 생각하였다. 반면 조선인들은 군인이 될 가능성이 없다고 생각해 이를 위한 교육도 받지 않았고, 무엇보다 일본어 이해도 징병 대상자 중 50% 안팎밖에 되지 않았다. 조선인 입장에서 보면 마른 하늘에 날벼락이었다. 민중적 차원에서는 일본인도 조선인도 갑작스럽고 '경악'하는 마음이었던 것이다.

그러나 첫째, 앞서 살펴본 체력검사에서 볼 수 있듯이 이미 징병에 따른 준비조사와 극비리에 총독부 차원의 대응을 시행하고 있었다. 징병은 군의 일방적인 주동과 요구에 근거하고는 있었지만 총독부도 사전에 동의·실행에 가담하고 있었던 것이다.

積眞六郎) 이사장의 제안으로 총독부 관계자와 가지무라 히데키, 강덕상(姜德相), 권영욱(權寧旭) 등과 같이 '조선근대사료연구회'를 발족하고 300회가 넘는 세미나를 개최했다. 대표 저서는『조선 민중과 황민화 정책』. 국제고려학회 일본지부·재일코리안사전편찬위원회,『재일코리안사전』, 155쪽.

18) 〈역자주〉 한국에서도 1997년 李熒娘 번역으로 일조각에서 출판되었다.

둘째, 황민화정책의 연장선상에서 말하면, 민중에게 내려진 천황의 '영단(英斷)'에 대해 '경악'하고, 일본 국민의 의무를 다할 수 있는 황군 병사가 된 것을 기뻐하고 찬양하지 않는다면, 이 후 징병 실시를 진행하는 일은 곤란할 것이었다. 제국의회 설명자료는 군·천황의 방침으로 결정되었음을 상기시키고 있으며, 정책적인 '영단'을 기뻐하고 환영하는 의미를 담은 '경악'의 표현이었다고 생각된다. 물론 징병은 일본어의 숙련도 등 여건이 되지 않는 가운데 실시되었기 때문에 성급한 결정이었다. 이 결정의 주요한 요인은 전년, 1941년 12월 8일의 미국, 영국 등과 개전으로 전선이 확대되어 시급히 병력을 보충해야만 했던 조건이 존재했다.

셋째, 일본군이 조선인 징병에 대해 검토하고 있다는 것은 총독부를 포함한 관계자들 사이에서는 공지된 사실이었다. 1941년 1월 30일 중의원(衆議院) 예산위원회에서 도조 총리는 이즈미 구니사부로(泉國三郎) 의원의 조선인에게 징병제를 적용하면 어떻겠느냐는 질문[19]에 대해 조선인 지원병 등의 순조로운 협력에 감사하면서 "징병제도를 지금 실시하면 어떻겠느냐는 점입니다만, 군으로서는 장래 필요한 경우를 고려하여 연구를 계속하고 있는 바입니다."라고 답변하고 있다. 징병을 연구·검토하고 있음을 명시한 것으로, 이러한 사실은 『京城日報』 등 조선에서 발행되고 있던 신문에도 게재되었으며,[20] 새롭게 전쟁 확대가 결정되었을 때 징병실시도 가능하다고 총독부 관계자, 일본인, 조선인도 생각할 수 있었다라고 일반적으로 판단할 수 있다.

사실 전후 증언이지만, 육군성에서 조선인 징병 준비를 맡았던 다나카 요시오(田中義男)는 1942년 초 조선인 징병에 대한 도조의 결재를 받

19) 第76회 제국의회 중의원 예산위원회 제4분과회(육군성 및 해군성 소관) 회의록 제1회 의사록 참조.

20) 『京城日報』, 1941년 1월 31일자

고 징병 준비에 들어갔다고 증언하고 있다. 그는 총독부나 관계 성(省) 등과 사전의 조정·협의가 곤란했다고도 회상하고 있다.[21]

징병 준비는 군의 독주뿐만 아니라 군과 총독부 조직의 협력 체제 속에서 추진이 준비되었고, 기본적인 방향을 설정했다. 적어도 총독부가 예고 없이 갑작스러운 발표라고 한 것은 징병 발표 시기에 대해, 혹은 일정에 대해 몰랐을지도 모른다는 정도에 지나지 않는다. 총독부의 의사를 무시하고 징병 발표가 이루어진 것이 아니라 합의와 그에 상응한 준비가 이루어지고 있었다고 할 수 있다.

京城日報

待望！朝鮮同胞に徵兵制施行

熾烈なる要望結實
十九年度より實施
內鮮一體茲に全し！

此光榮を肝銘大任完遂せよ
朝鮮總督談 半島統治上一大進展

徵兵制施行！忽ち沸く感激の萬歳

今ぞ果す晴の務め
普成專門喜びに爆發

修養、訓練努めよ
高橋朝鮮軍參謀長談

施行の意義大

『京城日報』, 1942년 5월 10일

또한 군과 총독부의 관계는 밀접했고, 미나미 총독은 전임 육군대장이기도 하여, 이와 무관하게 발표되었다는 것은 당시 일본군의 체제나 관료제 속에서는 생각할 수 없는 일이었다. 조선청년체력검사 종료 직후

21) 田中義男, 「朝鮮における徵兵制」, 『軍事史學』, 1968년 8권 4호 참조.

인 3월 13일에는 도조 수상과 미나미 조선 총독의 비공개 '간담'이 있었는데, 여기서 조선인 징병에 대한 기본적인 합의가 이루어졌다고 볼 수 있다. 이 간담회에서 도조 수상은 '반도의 애국 지성'에 감사의 뜻을 표명했다. 이런 상황에서 "대동아전쟁에 반도인 적극 참여, 전시하 국가 요구에 따라 청소년 망라·단체 동원"을 위해 16, 17일에는 경성에서 관계자 회의가 열린다고 보도되었다. 이 회의는 중요한 내용이 논의되었는데, '2,400만 반도인의 영광'에 관한 것으로 '반도 통치상 획기적'인 검토 내용을 가지고 있다고 보도되고 있었다.[22] 이것이 바로 징병 실시와 관련된 것인지에 대해 직접적인 자료의 뒷받침은 없지만, 징병 실시를 의식하고 있었던 것은 확실하다. 이른바 중앙정부와 총독부는 군의 요구에 부응해 징병체제에 합의하고 이를 구축하는 등의 발표를 검토하기 시작한 듯하다. 물론 조선 민중 중에서도 군 주도의 청년체력검사 상황이나 이후 보도를 본 사람 중 조선인에 대한 전면적인 징병제 적용이 임박했다고 판단한 사람도 있을 것이다. 오히려 조선인들은 식민지 지배의 체험으로 징병이 임박했다고 받아들인 사람도 많았다고 할 수 있다.

당시 치안 당국에 불온언동을 이유로 체포된 사람들이 많았는데 청년체력검사와 연관된 사안으로 몇 가지 사례가 거론되고 있다. 그 중 두 가지를 들어보자. 1942년 2월에 강원도 삼척군 소달면(所達面) 신기리(新基里)에서 농업에 종사하던 안전희유(安田熙侑, 73세)는 "이번 체력검사가 종료되면 즉시 전쟁터로 보내져 군의 마부로 사역될 것이다"고 발언하여 육군 형법 위반으로 집행유예 3년, 금고 4월에 처해 졌다. 또, 같은 해 2월 전라북도 완주군 고산면(高山面) 읍내리(邑內里)에서 농업에 종사하던 방원정숙(房原貞淑, 여성, 57세)은 "조만간 18, 19세 조선인 남자의 신체검사를 할 모양인데 군인으로 전장에 보내려는 것이

22) 『每日新報』, 1942년 3월 14일.

다"[23]고 하여, 조선임시보안령 위반으로서 벌금 30엔에 처해졌다. 이밖에도 "병정이 부족하기 때문에 체력검사에 합격한 자는 강제로 군대에 끌고 간다" 등의 발언도 있다. 체포된 것은 극히 일부로 실제는 많은 농민들이 이러한 인식을 하고 있었다고 생각할 수 있다.[24]

이 외에도 다양한 사례가 거론되고 있지만, 체포된 것은 빙산의 일각이었으며, 명확하게 청년체력검사를 징병과 연결시켜 인식하고 있던 사람들이 존재했다. 이러한 생각은 사람들에게 널리 퍼져 있었으며, 이 사태를 위험한 것으로 인식하고 있었던 것이다.

이상과 같은 요건 때문에 군과 총독부, 일본 정부는 이에 대응한 준비를 하고, 계획적으로 징병 준비를 시행하고 있었다고 판단된다. 전황의 추이와 조선 청년들이 처한 상황 등을 감안하여 조정이 있은 후, 호적 정비와 청년 훈련 등의 징병 준비 시간을 고려하여 조기에 발표할 필요가 있었고, 결국 5월 8일 징병 실시에 관한 각의결정이 발표된 것이다.

또한 황민화 정책과 관련하여 말하자면, 당시까지 추진해 온 조선인의 황민화 정책 정도와 동일하게 정책을 수행할만큼 전황에 여유가 없었기 때문에, 무리이고 모순이라는 것을 알면서도 징병 결단을 내렸던 것이다. 황민화의 역점은 징병대상자와 곧 징병될 젊은이에게 두어졌다. 게다가 일본어의 숙달 등 군인으로서 필요한 황민화를 위해 황민화 정책 자체가 일정한 변경을 강요당한 것이 징병제도 실시 시기의 특징이었다고 할 수 있다.

다음 장에서는 조선인 징병을 발표한 이후부터 호적 정리를 중심으로 한 징병 준비 경과를 살펴보도록 하겠다.

---

23) 朝鮮總督府 警察局, 『朝鮮不穩言論取締集計書』, 1942년판.

24) 이상의 조선인 이름은 창씨개명된 것.

제2장
징병제 실시 과정(1) - 기류·호적정비를 중심으로 -

1942년 5월 8일 각의에서 1944년부터 징병을 실시하기로 결정되어, 다음 날 9일에 발표되었다. 1941년 12월 8일 연합국과의 개전 이후 급속히 조선의 징병 준비 작업이 시작된 것이다. 이러한 군 주도의 결정은 병력 부족 때문이었지만 조선에서 징병을 실시하는 데는 큰 문제가 두 가지 있었다.

첫 번째 문제는 일본인 청년이 학교나 그 후 청년단 등에서 청년기의 모든 과정을 통해 군인이 되는 교육을 받고 있었던 데 반해, 대부분의 조선인 청년은 일본군 병사가 되기 위한 훈련을 받지 않았고 게다가 일본어를 못하는 청년이 많았다는 것이다. 무엇보다도 조선인들은 일본을 위해 목숨을 걸고 싸운다는 의미를 이해할 수 없었다. 일본어 교육과 군인으로서의 교육을 모든 조선인 청년을 대상으로 해야만 했다. 그리하여, 조선의 모든 청년들에게 훈련이 실시되었다.

〈표 2〉 총독부 징병관계 예산의 항목별 비교 1942년

과별 ( ) 안은 내역	금액		
	1942	1943	1944
경무과 관계 (병사과 설치비 등)	787,431	2,302,829	4,600,881
지방과 관계 (부읍면 호적정비 리원 증액 등)	5,779,890	5,628,110	5,628,110
학무과 관계 (장정 훈련, 국어강습 등)	17,469,022	9,340,030	9,340,030
민사과 관계 (총독부, 재판소 호적) (정비계 증원비) (재외조선인 시책비)	3,508,287	5,286,904	5,286,904
합계	27,544,630	22,557,873	24,855,925

출전: 「朝鮮同胞に對する徵兵制施行準備決定に伴う措置狀況並その反響」, 大野綠一郎文書 1262(國立國會圖書館 소장)에 수록된 「徵兵制施行準備及實施のための所要經費槪算」 참조. 1942년에 작성된 문서.

注: 1. 경무과의 1944년 금액이 많았던 것은 징병자에 대한 여비 지급 때문.
2. 물가 상승 등으로 인해 반드시 이 금액대로 시행되지는 않았다.

두 번째 문제는 징병을 실시하려면 본인 확인, 즉 생년월일이나 본적과 거주지를 확인해야 했다는 데 있다. 이 시기에는 조선에서도 강제동원이나 노동자로서의 국내 이동이 매우 많았기 때문에 징병대상자를 확정하고 징병명령서를 본인에게 전달하기 어려웠다. 이에 따라 조선인에 대한 호적·기류 정비를 서둘러 실시해야만 했다. 이들 청년들의 교화 훈련과 호적 정비가 최대의 과제였음은 징병 시 총독부의 예산 처리를 보면 분명하다. 〈표 2〉에서 보는 바와 같이, 예산 중에서 호적 사무를 중심으로 한 것은 지방과와 민사과가 담당하고, 청년에 대한 교육은 학무과가 담당하고 있었다. 징병 대책 비용의 대부분을 이 두 예산에서 차지하고 있었다. 호적 정비가 조선인 징병의 중요 과제였음이 분명하다.

이 호적·기류 정비는 단순한 징병을 위한 호적 정비의 문제에 그치지 않고 1940년 창씨개명에 이은 전시하 조선인에 대한 인구 동태 파악과 그에 근거한 동원, 통제 강화의 분기점이 되었다.

이러한 호적 정비 실태에 대한 규명은 병사에 대한 전후 보장이나 전시하 식민지 지배를 문제시하는 중에도 거의 검증되지 않았다. 특히 조선 내 전시하 호적정비, 기류계에 대한 일본 내 연구는 전무한 것 같다.

이에 이 장에서는 전시하 조선의 호적·기류 제도의 실시 과정과 전개에 대한 개요를 정리해 두고자 한다.[1)]

1. 호적 정비

조선의 호적 정비에 대해서는 역사적인 경과가 있지만 여기서는 징병과 관련하여 호적이 징병 체제를 정비하는 데 어떤 역할을 했는지에 국한하여 고찰하고자 한다. 조선 내 호적제도는 1909년 4월 1일에 민적법(民籍法)이 시행되어 식민지가 된 후인 1923년 7월 1일 조선호적령이 성립되었고, 이후 이 법령이 적용되었다. 그런데 실질적으로는 호적제도뿐만 아니라 기류제도도 정비되어 있지 않아 무적자가 다수 존재하는 실정이었다. 징병을 위한 조선청년특별연성제도 실시 당시 호출했더니 여성이 나오는 사태가 발생하는 일도 드물지 않았다. 조선 내 징병 적용은 일본 병역법을 개정하는 방법으로 실시했는데, 그 병역법의 규정에서 징병자는 "조선민사령 중 호적에 관한 규정의 적용을 받는 자"로 되어 있어 호적이 없으면 징병할 수 없는 구조로 되어 있었다. 즉, 호적과 기류제도의 정비가 없으면 중요한 징병을 실시 할 수 없으므로

1) 이 호적·기류제도의 정비에 대해서는 1992년 6월 10일 재일조선인운동사연구회 관서부회에서 실시한 水野直樹의 「在日朝鮮人の寄留届けについて-戰時期の一齊調査を中心に」라는 발표가 있는데, 1943년 3월 1일에 행해진 징병자의 확인 조사에 대해 역사적으로 논하고 있는 유일한 것으로 생각된다. 또한 1945년 이후 조선인 호적의 일본'본토' 취급에 대해 언급한 것으로는 上野爲友의 「朝鮮·臺灣關係の戸籍事務」(『戸籍』 12호, 1950년, 8월)가 있다.

총독부는 시급히 대책을 세우게 된 것이다.[2)]

일단, 조선민사령에는 호적의 규정이 있었지만 실제로는 다음과 같은 여러 문제가 있었다. 이것은 민사령이 조선과 일본의 가족제도 차이나 생활관행을 무시했기 때문에 나타난 것이기도 했지만, 실제로는 민사령이 정확하게 실시되지 않았기 때문에 일어난 문제였다.

1) 무적자 • 호적이 없는 자가 다수인 경우
애초에 새로 '이에(家)'[3)]를 설립하거나 혹은 분가(分家)[4)]해도 호적을 만드는 관행이 없기 때문에 신고하지 않은 것이 큰 원인이었을 것이다. 또한 농촌에서는 농민들이 생활의 어려움으로 이동이 빈번했고, 멀리 일본이나 중국 동북부에 가도 호적·기류 신고가 이루어지지 않는 것이 보통이었다.[5)]

2) 실제 연령과 호적상 연령이 다른 경우
여성은 호적 신고를 하지 않거나, 0~1세까지의 조선인 영유아 사망률이 극히 높아 성장할 가능성이 있을 때까지 신고를 하지 않는 등의 경우다.

3) 복합호적이나 이중호적, 유령호적이 있는 자의 경우
개폐 신고[6)]를 하지 않거나 사망한 경우에도 그대로 두는 등 사무절차가 실시되지 않아 발생한 문제이다.

4) 실제 가족 구성과 호적이 일치하지 않는 경우
조선에는 족보가 있고 그것을 기초로 생각하기 때문에 호적에 여성을 기재하지 않는 경우가 있다.

---

2) 조선이 식민지가 되기 전의 호적에 대해서는 山内弘一, 「李朝後期の戸籍編成について」(『朝鮮後期の慶尚道丹城縣に社會動態研究 2』, 學習院大學 1977년) 등이 있다.

3) 〈역자주〉 메이지 민법의 규정에 따른 가족제도로, 호주를 중심으로 가까운 친족관계의 사람들을 '이에'에 소속시켜 호주에게 '이에'의 통솔 권한을 부여한 제도이다.

4) 〈역자주〉 어떤 '이에'에 소속되었던 가족이 해당 '이에'로부터 분리하여 새로 '이에'를 창설하는 것을 말한다.

5) 농민 이동에 대해서는 히구치 유이치, 『戰時下朝鮮の農民生活誌』를 참조하기 바란다. 또한 조선인으로 일본 내 이주자는 자녀의 학교 입학 시 처음으로 기류 신고를 하는 경우가 많았고, 기본적인 이주자 관리는 경찰이 담당하고 있었다. 일본의 동사무소 호적계는 조선인을 대상으로 하지 않으며, 조선에서의 기류제도 실시 이후에 관공서에서 사무를 수행하게 되었다.

6) 〈역자주〉 호적을 창설하거나 폐설하는 것을 의미한다.

5) 호적상에 남녀 별도의 기재가 없는 경우
호적 사무가 중요한 사무로 인식되지 않고 적당히 처리되었기 때문이다.
조선인의 경우 호적상의 문자만으로는 남녀를 판별할 수 없다.

이상과 같이 징병 실시를 어렵게 하는 호적 정리 상태가 존재하여 "호적은 껍데기뿐이고 알맹이가 없는 것과 다름 없다"고 할 정도의 상황이었다.[7)]

호적 정비의 필요성을 기술한 일본 정부 역시 호적 정리 상황을 "조선인의 호적이 정비되지 않은 것은 주지의 사실이므로 이를 상세히 검토하면 80% 정도는 정비되지 못한 것으로 추정한다"[8)]고 하고 있었다.

〈표 3〉 경성지방법원 관내(경기도)의 조선인 호적 불비(不備) 상황 - 1941년 조사

불비사항	불비 추정수	경기도 인구와 대비
호주상속을 정비하지 않은 자	390,210	18.4%
절가(絕家) 절차를 정리하지 않은 자	283,670	10.7%
집안 소멸 절차를 정리하지 않은 자	360,700	13.6%
복본 호적을 가지고 있는 자	290,000	11.0%
호적을 취득해야하는 자	516,300	19.5%
연령에 착오가 있는 자	1,654,280	62.6%
호적 사항란의 기재에 착오나 누락이 있는 자	1,678,120	63.5%
계	5,173,280	195.8%

출전: 『公文類聚』 제66권. *경기도 인구는 1940년 말 현재 2,642,621명.

호적 불비 상황 조사에서 여러 종류의 불비 사항에 따른 추정치를 합하면 실제 인구의 두 배에 가까운 사람들의 호적이 불완전하다는 보고도 있다. 〈표 3〉은 '경성'을 포함한 경기도의 경우인데 불비 사항과 불비 수가 과다하게 되어 있다.

이 표에서 볼 수 있듯이 연령 착오가 있는 자가 인구의 60%를 넘고 있

7) 총독부 와타나베(渡邊) 민사과장의 1943년 8월 2일자 『京城日報』, 「徵兵과 戶籍을 말하다」 좌담회 발언 기사에서 인용.

8) 「朝鮮人の男女の戸籍および寄留調査整備に關し職員增員に關する件」(1942년 12월 22일), 『公文類聚』 제66권.

으며, 각 항목의 총계에서는 거주인구의 2배 가까이 오류가 있는 상황이었던 탓에 이를 정확하게 하지 않으면 징병 등은 할 수 없는 것이었다.

조선 내 호적 부정비(不整備)의 구체적인 숫자는 이상과 같은 상태였는데, 징병 대상자가 될 만한 젊은이를 중심으로 국외, 즉 일본이나 만주로 일하러 가거나 연행되어 간 사람들도 1942년 시점에서는 총인구의 10~20%에 이르고 있었다. 더구나 징병 대상자도 많았다. 이들의 호적은, 본적을 이동할 수 없었기 때문에 본래는 기류계를 내야 했지만 대부분은 기류 절차를 밟지 않았다. 일본'본토'에 거주하는 조선인의 경우 자녀가 학교에 갈 경우에만 기류계를 냈는데, 그 이외의 경우에는 필요하지 않아 주민 조사는 경찰이 관리하고, 한정된 기류계 이외에 관청은 호적 문제로 조선인과 관계를 가지는 일이 없었다. 이런 까닭에 일본 내에서 조선인에 대해 징용 동원을 실시한 결과 40%가 출두하지 않았다. 그것은 〈표 4〉와 같이, 대부분 '송달 불능' 때문이었다. 즉 징용령을 내렸지만 어디에 있는지 알 수 없었던 것이다. 기류, 호적상 파악이 불가능했음을 증명한다.[9]

〈표 4〉 조선인 징용 출결 상황-1942년 11월 5일 현재 후생성 조사(단위 인)

부현명	출두요구	불참	출두	징용	불참 사유
후쿠시마	95	22	73	20	송달 불능
도쿄	4,599	2,345	2,254	630	신고 491, 송달 불능 1435, 무신고 419
오이타	224	30	194	43	송달 불능
오사카	1,037	117	920	619	송달 불능, 징용자 619명 중 불참 15
사가	209	69	140	70	송달 불능
에히메	397	158	239	106	송달 불능 29, 질병 2, 부재자 4, 기타 34
사이타마	204	47	157	50	송달 불능 46, 질병 1
계	6,765	2,788	3,977	1,538	

9) 당시 조선인이 일본'본토'로 호적(본적)을 이동하는 것은 허용되지 않았다. 따라서 기류 신고가 없으면 조선인의 정확한 소재는 파악할 수 없었다. 그 전까지 재일동포에 대한 호구조사는 경찰의 담당이었지만, 그것도 "호구조사는 경찰 인력의 부족으로 인해 그 철저성을 결여"한 상태였다. 〈표 4〉는 재일조선인 통제를 실시하고 있던 협화회(경찰서가 담당하고 있던) 조사 명단에 따라 호출한 결과이다.

부현명	출두요구	불참	출두	징용	불참 사유
비율		41.2%	58.8%		

출전: 『公文類聚』 제66편 1942년 제16, 11월 27일부, 사법대신 이와무라(岩村)가 도조 수상에게 보낸 「朝鮮人男子の戸籍及寄留調査整備に關する職員增員の件」 참조.

주: 1. 원표(原表)에 11월 5일까지 보고되었던 것을 우선 집계했다고 한다. 최종 집계는 『社會運動の狀況』 1942년판 「在日朝鮮人の軍屬徵用關係資料」에 있는데 '불참 사유'의 기입이 없어 이 자료를 사용하였다.
2. 이 징용자는 해군의 요구에 의한 군속 징용자로 조선과 일본에서 동시에 징용되어 주로 남방 점령지의 건설 토목 작업에 동원된 사람들인 것으로 보인다. 실질적으로는 군사적 동원이었다.

〈표 4〉에 보는 바와 같이 '송달 불능'자가 많고, 더구나 소재 불명자가 다수를 점하고 있다. 이러한 상황 중에 정식으로 징병제를 시행한다면 모든 조선인 청년을 동원하는 것은 불가능했던 것이다. 조선에서도 징병대상자를 포함한 청년들이 일본과 조선 내 공장 등에 동원되어 있어, 그 동향을 파악해야만 했다. 이 때문에 조선인이 어디에 거주하는가 라는 신고(기류신고)를 철저히 할 필요가 생겼던 것이다. 참고로 조선 내 1941년 말 기류자 수를 제시하면 〈표 5〉와 같다.

〈표 5〉 각도별 기류자 조사 - 1941년 말 현재

도별	총인구	기류자 총수	기류자 비율
경기도	2,940,185	1,661,987	56.5
충청북도	911,672	308,915	33.8
충청남도	1,582,108	466,672	29.4
전라북도	1,624,200	486,750	29.9
전라남도	2,656,543	635,298	23.9
경상북도	240,783	790,342	31.8
경상남도	2,341,531	1,118,546	47.7
황해도	1,839,831	769,238	41.8
평안남도	1,694,697	1,207,132	71.2
평안북도	1,792,617	912,465	50.8
강원도	1,747,852	543,273	31.0
함경남도	1,936,717	753,450	38.7
함경북도	1,154,161	537,610	46.6
계	24,703,897	10,190,678	41.2

출전: 「寄留に關する統計」, 『戸籍』, 1943년 4월호.

주: 1. 자료의 표에는 기류의 종류 내역이 기재되어 있는데 생략했다.
2. 표의 기류자 통계 조사 방법에 대해서는 분명하지 않다.

이 표에서 볼 수 있듯이 총인구의 41%가 기류자로 인구 이동이 매우 심했음을 보여준다. 경성·부산 등 도시를 포함한 도(道)와 신흥 공업 지역의 도에 특히 기류자가 많았다. 실제 평안남도의 경우에는 70%를 넘고 있었다. 평안남도는 평양, 진남포를 포함하여 급속한 공업화가 진행되어 일본의 5대 공업지대[10]로 손꼽히기까지 했기 때문이다. 호적만으로는 인구의 흐름과 거주자의 파악이 불가능하므로 기류체제의 정비가 징병의 전제로서 반드시 필요하게 되었다. 게다가 기류 신고 체제가 전혀 갖춰져 있지 않아 실질적으로 정확한 인구 이동 상황은 인구 조사 이외에는 파악할 수 없었던 실정이었다.

이상과 같은 기류 현황을 바꾸지 않으면 조선인 청년 전체에 대한 징병은 불가능했기 때문에 총독부는 강력하게 호적 정비와 기류를 시행하게 된다. 먼저 조치한 것은 기류 추진 체제의 강화였다.

2. 기류령과 기류 촉진 운동

1942년 5월 조선인에 대한 징병 발표가 있은 후 조선기류령(제령 32호)이 1942년 9월 26일 공포되었다. 징병 대상자를 파악하기 위한 조치였다. 군과 총독부는 "1944년부터 징집이 가능하려면 즉시 호적 정비에 착수할 필요가 있다"고 말하고 있다.[11]

조선 내, 일본, 중국 동북지역 등에는 본적과 관계없이 거주하는 사람들이 다수 있었다. 대부분은 기류 신고를 하지 않아 어디에 몇 명이 거주하고 있는지 호적상으로는 파악할 수 없는 상태였다. 일본인에게는

10) 『朝鮮年鑑』, 1945년판

11) 「朝鮮人徵集に關する具體的硏究」, 大野綠一郎文書 1279-5(국립국회도서관 소장)

엄밀하게 행해지던 기류 신고를 조선인에게는 시행하지 않았다. 대부분의 조선인들은 새로운 거주지에서 신고를 하지 않고 살았다. 특히 일본에는 징병적령기였던 조선인이 많았음에도 불구하고, 본적지에서 어디로 이전하여 어디에 거주하고 있는지를 총독부는 파악하지 못했다. 그러나 징병검사를 받도록 되어 있었기 때문에 본적에서 어디로 이전하고 있는지를 정확히 파악할 필요가 있었다. 실제로는 이전지인 일본이나 중국 동북지역에서 징병이 이루어지게 되지만, 본적에서 징병 연령에 도달한 사람들 대부분이 본적 이외에 거주하고 있어, 기류 파악이 징병 성적에도 영향을 주었다.

조선기류령의 주요 개요는 다음과 같다.

- 본적 이외의 장소에 90일 이상 거주한 자는 모두 거주신고를 해야 한다(제1조) 라고 하는 것이 이 법의 기본이었다.
- 기류 사무를 담당하는 곳은 읍•면을 중심으로 한 행정 기관으로 호적 담당이 징병 적령자를 확정하기 위해 기류 사무도 함께 담당하였다. 호적 관리의 일환으로 자리 잡은 것이다.
- 기류령에는 벌칙규정이 있어, 기류신고를 게을리하면 10엔 이하의 과태료를 부과할 수 있었다.(제5조)

기류령은 1942년 10월 15일부터 시행되었는데 14일 이내에 신고를 해야 했다. 이 일을 실제로 수행한 것은 애국반 반장으로 그가 책임을 지고 읍·면 사무소에 신고하도록 되어 있었다. 애국반장은 각 가정의 실정을 파악하고 있어서 나름의 기류 작업은 진행되었던 것이다. 기류 신고 서류는 직접 기입하는 것이 원칙이었는데 글을 쓰지 못하는 사람도 있었기 때문에 대부분은 애국반장이 대신 기입하여 제출한 것으로 보인다. 그러나 그 정확성에 대해서는 많은 문제가 있고 기입하지 못한 사례도 있어, 징병이 실시된 1944년이 되어도 기입 장려가 강조되고 있었다. 예를 들어 1943년 6월 14일 『京城日報』에는 '호적기류강조주간'

이라는 각종 표어가 걸려 있는데, 그 중 하나는 '배급표도 기류부터' 였다. 다시 말해 배급을 받기 위해서는 기류 신고를 해야 한다는 것으로, 생계를 위해서는 반드시 기류 신고를 해야만 했는데 이는 기류 신고가 반강제적인 것이었음을 말한다. '거주하고 있을 것'을 요구하여, 결국 기류계를 내지 않은 사람에게 불이익을 주는 식으로 기류를 실시하게 된 것이다.

또한 도시 지역에서는 애국반 조직을 통해 기류 신고가 모아졌고, 기입 형식의 오류 등 문제는 많았으나 기초적인 기류 자료는 수집한 것으로 보인다. 그러나 원래 징병의 기본이 되는 중요한 호적 정비는 늦어졌다.

3. 기류·호적 정비의 실정

그때까지 호적 정비는 일본'본토'처럼 정비되어 있지 않았고, 그 사무를 수행할 인력도 배치되어 있지 않았다. 총독부는 우선 인력 확보부터 시작하였다. 총독부는 호적 정비 요원으로 부·읍·면 직원 증원분 2,449명, 징병 사무 수행을 위한 인원 3,229명, 합계 5,678명의 증원을 대장성(大蔵省)[12]에 요구하였다. 1944년 9월 현재 조선 내 부(21)·읍(122)·면(2,202)의 합계가 2,345개소였으므로, 군(郡)이나 섬의 요원을 포함해도 각 읍·면에 한 사람씩 배치를 예정했던 것이다. 징병 사무를 포함하면 각 읍·면에 약 2명이 증원된다는 것이었다. 대장성도 일정 정도 이를 인정해 일본 내에서 호적, 징병 사무 경험자·담당자였던 일본인이 대량으로 모집되었다. 급여에 50%를 더하거나 외지수당이 붙

12) 〈역자주〉 1868년 일본 정부의 예산 조달 기관으로 설치된 '금곡출납소(金穀出納所)'를 모체로 하며, 회계관 등으로 명칭이 변경되다가 1869년 대장성으로 정착되었다. 2001년 폐지되었으며 과거 대장성의 업무는 재무성과 금융청에서 나누어 집행하고 있다.

는 공모였다. 또한 호적계와는 별도로 1943년 6월에는 일본 내 전체에 「징병사무를 담임해야 할 조선 부촌 리원 모집의 건」이라는 통달이 제출되어 일본 내의 관청에서 징병사무를 경험하거나 담당했던 사람 200명을 모집하고 있었다. 가봉은 60%나 되었다. 여기에 임시수당이나 전시근면수당이 붙으면 본봉의 80% 정도를 가봉으로 지급받게 되어 있었다.[13)]

총독부는 인력 배치를 추진하면서 호적 정비와 징병 준비를 시작했다. 우선 조선 전 국토와 조선인이 살고 있는 일본'본토', 중국 동북지역을 포함해 호적 확인 조사가 실시되게 되었다. 이 조사는 우선 징병 대상자인 20세 이하를 대상으로 실시했다.

조사는 1943년 2월 10일에 예비 조사를 실시한 후, 3월 1일에 일제히 시행되었다. 대상자는 만 20세 이하 청년 전체였다. 조사항목은 본적 유무, 연령·출생연월일, 호주 관계, 주소, 기류 신고 유무, 성명 등이었다.

조사는 읍·면의 기초 행정 단위였던 애국반장을 동원해 실시했다. 경성부의 경우는 1만 2,000명의 애국반장이 오후 8시 일제히 조사를 실시해 "우선 처음에는 미곡 매입표에서 떼어낸 것으로 조사를 진행하고, 의심이 들면 가정을 방문해 본인 여부를 직접 확인하는 등"[14)] 밤 12시까지 조사를 계속했다고 보도되어 있다.

이 기사에 따르면 조사가 어려운 도시지역에서는 생활필수품인 쌀

---

13) 호적 담당 직원의 모집인원은 「政務總監事務引繼書」 1942년 6월 大野綠一郎文書 1211 (국립국회도서관 소장) 참조. 대장성이 몇 명분을 인정했는지는 불분명하지만, 그 후 일본인 호적계 경험자의 모집 규모가 일본 국내 전역에 미치고 있는 것으로 보아 상당수가 인정되었다고 생각된다. 일본'본토'에서는 협화회가 중심이 되어, 시정촌 사무소에서 기류 신고를 받았다. 만주국에서는 관내에 거주하는 조선인을 징병하기 위해, 1942년 7월 조선인 '징병제 호적 사무원'을 37명 공모하고 있다. 이미 이 시기 '만주국' 거주 조선인 거주자는 공식 통계에서조차 130만 명을 넘고 있었다.

14) 「장정이여 나와라 빈틈없는 정밀함 그제 밤 조선 일제히 호적조사」, 『京城日報』, 1943년 3월 2일.

배급대장을 토대로 조사하고 애국반장이 실정에 맞지 않는다고 판단할 때에는 직접 집에 가서 확인했다고 한다. 밤늦게까지 확인 조사가 실시된 것이다.[15)]

이 일제조사 후에도 1943년 7월 1일부터 일주일간 '호적기류정비주간'이 설정되어 애국반을 중심으로 호적정비를 실행하였다. 이때 애국반의 실천 요강에는 다음과 같은 것들이 있었다.

1) 애국반원 중 출생, 사망자, 신거주자, 퇴거자가 있을 경우 반장, 반원이 서로 주의하여 신고를 장려할 것.
2) 애국반장에게는 호적 및 기류의 각종 신고용지를 배부할 예정이며, 필요한 경우 이를 교부하여 수속이 용이하게 한다.
3) 애국반에 이동이 있을 때는 그 사람에 관한 호적, 기류 신고는 애국반장 및 물자의 배급 기구를 경유하게 하고, 그 절차를 밟은 사람에 대해서는 우선적으로 물자 배급을 할 것.

즉 호적신고 등은 상호 감시를 하게 하여 지역의 애국반장에게 책임을 부여하고 생활에 꼭 필요한 배급과 결부시킨 것이다. 또한 물자를 우선 배포하여 호적·기류를 철저히 하고자 하였던 것이다. 또, 이 '호적기류정비주간'에는 위에 언급한 것 외에 호적 신고의 무료 대서 시행, 읍·면에 호적 상담소 개설 및 신설을 취지로 하는 것 등 세세한 지시를 내리고 있었다.

이렇게 총독부가 총력을 기울인 호적·기류 정비는, 신고만 놓고 본다면 1943년 말 현재 대부분의 지역에서 80%에 이르렀다고 보고되었다.[16)]

그러나 다른 한편으로는 8월 1일 징병제 시행을 앞두고 이러한 '호적

15) 이 조사는 일본'본토'에서도 협화회 조직을 사용하여 동시에 이루어졌다.

16) 『戶籍』 2권 11호, 1943년 11월호, 각 지방법원으로부터의 「寄留制度實施の狀況」 보고에 의함.
『戶籍』은 조선호적협회가 간행했던 잡지. 조선호적협회는 회장이 조선총독부 법무국장 미야모토 하지메(宮本元), 창간호 발간사는 미나미 총독이었다.

정비주간'을 실시하지 않으면 안 될 정도로 호적 정비가 불충분했다는 것을 증명하는 것이기도 하다.[17)]

4. 기류·호적 정비의 결과

총독부는 총력을 기울여 일본 내에서도 숙련된 호적계를 대량으로 모집한 뒤 정비사업을 실시하여 8할 정도를 정비하는 등 나름의 성과를 거둘 수 있었다. 최대 과제였던 기류 신고 사무도 1942년 10월 실시되어 늦어도 11월 20일까지 본적지에 송부해 수속을 완료해야 했다.

그러나 1943년 8월 징병제 시행 직전에도 기류 신고는 이루어졌지만 본적지에는 아무런 연락이 실시되지 않은 사례가 많았다. 1943년에 이르러 "기류제도 실시 당일에 있었던 기류신고가 가까스로 올해 3월에 이르러서야 본적지 부·읍·면에 송부된 사례가 적지 않은 것이다. 또, 2~3개월 전에 제출된 신고서가 미처리된 채 방치되어 사무가 정체되고 있는 사례를 많이 볼 수 있다. …… 현재 기류견출장의 편성조차 아직 완료되지 않은 부·읍·면도 드물지 않다. '멍석을 깔았건만 아무 것도 하지 않는다'는 느낌이 있다. 당국으로서는 매우 유감스럽기 그지없다."라고 총독부 법무 사무관이 한탄하기도 했다. 아울러 이렇게 해서는 3월 1일부터의 호적, 기류 일제 조사까지 지장을 초래한다고 말하고 있다.[18)]

실제 징병 사무를 시행할 때도, 기류 신고는 충분치 않아 기류지에서 징병 조사를 받기로 되어 있던 사람들의 절반은 신고가 이뤄지지 않은

17) 현재 한국에서 사용되고 있는 호적대장은 대부분 이 시기에 정비된 것이 많고, 창씨명(빨간색으로 삭제되어 있음)이 기입되어 있으며, 가지런하게 기록되어 있다.

18) 「展望臺」, 『戸籍』, 1943년 4월호. 필자는 조선총독부 법무사무관 다카하타(高畑).

실정이었다. 예를 들어 부산부에서는 "부산부 이외 본적을 가진 반도장정적령자로 부산에서 수검하는 경우, 기류지 수검자의 신고는 이번 달이지만, 현재 그 신고가 입·기류자의 반수에도 미치지 못하고, 나머지 대부분의 입·기류자는 대부분 미취학자인 까닭에 신문·잡지·라디오로 부르는 것도 그 뜻이 잘 통하지 않은 것으로 보인다. 부산부의 병사 부서에서는 고용주의 신고 여부를 조사한 후 협력할 것"[19]이라고 지시하고 있다.

이 기사에서 알 수 있는 것은 원래 본적지에서 징병 연령을 확인하여 기류지에 통지를 보내거나 기류지 관공서에 통지하고, 징병자에게 징병검사를 연락해서 징병하는 기본적인 체제가 갖추어져 있지 않았다는 점이다. 또 일본어로 호출하는 것을 이해하지 못하는 청년들이 많다는 것, 징병 대상자인 것을 알고도 출두하지 않는 것 등이 많았음을 보여준다. 실제로는 기류지에서 다시 징병검사 대상자를 찾아야 했던 것이다. 조선 내 제1회 징병검사는 기류, 호적 정비의 미흡으로 인해 극히 불완전한 형태로 실시해야 했던 실정이었다.

제2회 징병검사의 경우도 기류누락이 문제가 되어 1945년 징병검사를 앞두고 "호적을 정확히"[20]하라는 호소가 있었고, 같은 해 2월 초순에는 조선 각지에서 17~21세를 대상으로 징병적령자 예비조사를 시행하고 호적·기류 정비가 결정되어 실제 조사가 이루어졌다.[21]

그 결과 1944년 공식적인 제1차 징병 실적은 4만 5,000명이었는데, 조선 내 징병적령자의 추정인원은 20만 3,112명이었고, 이 중 일본어를 아는 사람은 6만 1,362명이었다.[22] 조선인 추정 징병 적령자의 4분

19) 「고용주가 수험의 기분으로 – 기류지 수험계에 협력 요망」, 『釜山日報』, 1944년 1월 8일.

20) 『京城日報』, 1945년 1월 14일.

21) 『京城日報』, 1945년 1월 28일

22) 숫자는 「朝鮮人徵兵に關する具體的研究」 大野綠一郎文書 1279-5.

의 1을 징병할 수 있었던 것에 불과했던 것이다. 1945년도 제2회 징병 실적도 4만 5,000명으로 거의 비슷한 비율이었다.

이렇게 징병을 완전히 실시할 수 없었던 것은 기류·호적 정비 외에도 징병대상자가 군속이나 강제동원 등에 의해 끌려가거나, 일본어 숙련도 문제 등의 이유가 있었다. 그러나 가장 큰 요인 중 하나는 징병 대상자의 호적 파악이 완전히 이루어지지 않았기 때문이었다. 여러 차례 호소했음에도 호적의 파악이 이루어지지 않은 것은 조선인 측의 징병에 대한 소극성, 병역에 대한 불안이 조선인 사회에 널리 존재했음을 보여준다. 결국 조선 내 호적 정비는 미흡한 결과를 보였다고 할 수 있지만, 그럼에도 나름 일단의 형식을 정리할 수 있었다고 여겨진다. 그러나 징병 대상자의 1/4만 징병하는 등 그 비율은 매우 낮은 것이었다.

이 1/4이라는 숫자는 공식 징병 실적이라고 할 수 있는 것이고, 이밖에 무기를 지급받지 못한 선박병 등의 근무대, 보충병이라는 이름의 훈련대에 다수 징병되었던 사례도 있었다. 실질적으로는 제1회 징병에서 10만 명 이상이 동원되었다고 생각한다.[23)]

23) 제2장에서 사용한 『戸籍』 자료가 교토대학(京都大學)에 보존되어 있다는 사실은 미즈노 나오키(水野直樹)의 교시를 받았다. 지면을 빌어 감사드린다.

제3장
징병제의 실시 과정(2) - 청년 훈련을 중심으로-

1. 조선 청년의 연성(鍊成)[1] 준비

조선 청년 모두를 전쟁에 동원하는 징병제도를 완전히 실시하기 위해서는 조선인 청년과 일본인 청년의 등질화(等質化)가 과제였다. 조선인 청년은 일본 군인이 되기 위한 모든 것을 갖추고 있어야 했는데, 즉 일본어 이해, 기초학력, 무엇보다도 천황을 위해 싸우기 위한 '일본정신'의 주입이 시급한 과제가 되었던 것이다. 또한 아시아 사람들을 총으로 굴복시켜 서구 국가 사람들과 목숨을 걸고 싸우는 이유와 이치를 전적으로 납득시켜야 했다. 본질적으로는 군에서 행동하는 경우 일본 청년과 비슷한 수준을 유지하지 않으면 전투에 참가할 수 없었다. 이미 육군지원병제도 하에서 철저하게 일본군으로 교육받은 조선 청년들이 전쟁터에 나가 그들과 비슷한 수준을 요구받았던 것이다.

일본'본토'에서는 1935년부터 청년학교령이 시행되었고, 1939년부터

1) 〈역자주〉 '연성'이란 심신과 기술을 단련하여 훌륭한 인간을 만드는 것을 의미했다. 주로 군대에서 병사를 양성할 때 훈련보다 더욱 적극적인 의미로 연성이라는 표현을 썼다.

는 청년학교가 의무제가 되어 소학교를 졸업한 학생 모두를 대상으로 군사 교련이나 실업 교육을 실시하고 있었다. 징병연령까지 소학교부터 일관되게 황군병사로 만들기 위한 교육을 실시하기 위해서였다. 일본인의 경우는 99%에 가까울 정도로 취학률도 높아서 대부분의 아이는 학교에 통학하면서 '일본 정신'을 가진 아이로 성장하고 있었던 것이다. 졸업하면 청년단이나 청년학교에 다니도록 권장을 받고 입학할 수밖에 없는 지역사회가 조직되어 있었다. 이렇듯 오랜 기간에 걸친 교육의 결과로서 징병 연령이 되면 청년들 대부분이 일정한 수준으로 양성된 균질한 일본군 병사로서 요건을 갖추게 되었다. 조선인 청년의 실정과는 크게 동떨어져 있었던 것이다.

조선에서도 1928년 일본인 대상이었던 청년훈련소가 설치되어 있었지만 크게 늘어나지는 않았다. 그 후 전쟁이 확대되면서 설치된 곳의 수가 증가하였고, 1938년 조선청년훈련소가 부령(府令)으로 공포된 이후에는 급증하여, 1940년에는 120개소에, 1942년에는 1,744개소에 설치되었다. 이 청년훈련소는 국민학교를 졸업하고 취업한 사람을 대상으로 군사훈련 등을 실시하고 있었다. 청년훈련소에는 조선인 청년이 다수 입소해 있었던 것이다. 또한 훈련시간은 시기에 따라 달랐지만, 초기에는 2백여 시간이었고, 1943년경에는 국민학교 졸업자는 보통과라 하여 2년간 450시간, 16세 이상의 고등과 졸업자 등은 본과라 하여 4년간 700시간을 배우기로 되어 있었다.(전라남도의 예) 장소는 학교 등에 병설되어 있는 곳이 대부분이었고, 또 일부는 전시하에 전임지도원이 배치되어 있는 곳도 있었다.

전시하 청년훈련소에 대해서는 그동안 검증되지 않았는데, 군사훈련을 시행하거나, 조선인 지원병이 되는 청년훈련소 출신들도 많았기 때문에, 여기에서 1~2개 도의 사례를 소개하겠다.

전라북도의 경우 1928년 처음으로 주로 일본인 대상의 청년훈련소 2

개소가 설치되었고, 그 후 1929년 1개소, 1930년 1개소, 1936년 1개소, 1938년 3개소 등 10년 동안 10개소 정도만 설치되었다. 그런데 1938년 이후부터 1940년에 걸쳐 급증하여 1940년에 56개소, 1941년에 60개소, 1942년에는 30개소가 설치될 예정이었는데, 공립이 150개소, 사립은 4개소가 설치되어 있었다. 도내 부·읍·면 12개소를 제외하고 모든 행정구역에 설치되었던 것이다. 이것은 1942년 단계의 숫자로 1943년도에는 대부분의 행정구역에 설치되었을 것으로 생각된다.

〈표 6〉 전라북도의 청년훈련소 재적자수

재적자	입소 적격자 수	미입소자
6,385명	8,718명	2,333명

출전: 「決戰半島の優良靑訓所 3」, 『京城日報』, 1943년 7월 10일.

〈표 7〉 전라북도 청년훈련소 연차별 재적자수

1년차	2,811
2년차	1,921
3년차	496
4년차	7
계	5,235

출전: 제1표와 동일한 기사. 재적자 총수가 일치하지 않으나 자료대로 기재함

그러나 문제가 없었던 것은 아니었는데, 〈표 6〉과 같이 입소해야 할 대상자 중 약 1/4이 입소하지 않았다. 또한 입소자는 〈표 7〉과 같이 연차마다 현저하게 감소하고 있었다. 4년차까지 남아 있던 사람은 겨우 7명에 불과했다. 대부분 중도 퇴학하고 있었던 것이다. 국민학교를 수료하고 몇 년간 재적해야 했던 일본과 비교하면 현격한 차이가 있었다. 이는 청년이 농촌에 정착하지 못한 채 극심한 직업 이동 속에 놓여 있었던 점, 교련 등 훈련이 혹독했으며, 야간 훈련 위주로 생활상의 부담이 되었던 것 등을 이유로 들 수 있다.

전라북도에서는 1943년부터 주요 훈련소에 전임 장교를 배치하여 군사훈련을 강화하기로 되어 있었다. 아울러 훈련소 출신자는 일본의 병학교(兵學校)에 입학하거나 육군·해군 군속이 되는 경우도 많았다고 한다.

이웃 도(道)였던 전라남도의 훈련소는 1943년 현재 191곳, 훈련소 학생은 1만 1,201명에 달했다. 훈련 기간은 4년이고, 연성 시간은 700시간에 달했다. 가르치는 측인 교원의 훈련도 여름 방학에 1주일간을 활용하여 실시하고 있었다. 가장 모범적인 청년훈련소 조직을 가지고 있던 도 중 하나였다.

이러한 청년훈련소 훈련을 받은 사람이 모두 징병 대상 연령이었기 때문에 실제 징병 대상자가 되었다. 전라남도 참가자들도 전 과정인 4년간의 수업을 종료하는 사람은 극히 드물어, 새롭게 모든 청년에게 징병을 전제로 한 각종 훈련이 필요하게 되었다.

또한 대기업에 근무하는 청년을 조직하여 사립 청년훈련소가 만들어져 일정한 훈련이 이루어지고 있었다.

조선의 청년단에 대해서는 총독부가 1932년부터 실질적인 정비를 시작했지만 이렇다 할 성과가 없어서 1937년부터는 충실을 기하기 위해 애썼고, 1941년에는 소년단·청년단(남녀별)을 통합하여 청년단을 조직했다. 신청년단은 청년부·여자부·소년부로 나누어져 있으며 내용상으로는 예전과 크게 다르지 않았다. 입단 연령이 25세까지였던 것을 30세로 한 정도였다. 청년단은 당초 학력이 높고 우수한 청년만을 대상으로 했지만, 1941년부터는 국민학교를 나온 사람 모두 청년단원 대상이 되었다. 또한 1936년 이후 조선인 청년단원은 명목적으로는 10만 명이 넘었지만 일본처럼 모든 청년을 조직하지는 않았다. 또한 농촌에서의 활동은 조선인들 사이에서는 활발하지 않았던 것으로 보인다. 그 활동 실태 역시 밝혀지지 않았다. 또한 여자 청년단은 1939년 현재 65개 단

체, 2,899명에 불과했고 그 후에도 활동이 커지는 일은 없었다.[2)]

청년훈련소나 청년단을 포함한 모든 경우에서 국민학교를 졸업한 자를 대상으로 했던 것이다. 그런데 조선인 청년 남녀의 취학률은 총독부에 의해 낮은 비율로 억눌려 있거나 취학하지 못한 사람도 많았기 때문에, 막상 징병, 노동동원 정책을 조선인 청년 전체로 넓히려고 하면 압도적으로 많은 청년이 대상에서 제외되어 버리게 되었다. 조선인에게 징병제도를 적용하게 되어 새롭게 등장한 것이 모든 조선인 미취학자를 대상으로 한 조선청년특별연성령이다.

2. 조선청년특별연성령의 실시

1) 연성제도의 개요

조선 내 교육의 초등교육 보급률은 징병대상 연령의 남자 중 20%를 넘었을 뿐이고, 일본어 이해도는 전 조선인 남녀를 포함하여 1942년에도 19.9%에 불과했다.(163쪽의 표 11 조선인 남자 입학자, 졸업자 수 참조)

특히 여자의 취학률이 낮아 일본어 이해 수준은 몇 %에 불과했다. 취학률이 낮았던 시기 징병 대상자의 일본어 이해도는 더 낮았다. 조선인의 취학률이 낮았던 주된 원인은 총독부의 정책에도 있지만, 경제적인 이유로 국민학교에도 가지 못하는 아이들이 대부분이었기 때문이었다.

그래서 일본어를 전혀 할 줄 모르는 조선 청년들이 다수 존재했던 것이다. 말을 몰라서 명령도 전달할 수 없고, 훈련도 할 수 없는, 일본 병

2) 조선 내 청년단 연구는 극히 적다. 일본의 최근 연구로는 大串隆吉, 「戰時體制下日本青年團の國際連携ーヒトラー・ユーゲントと朝鮮聯合青年團の間」1·2(『人文學報』 270호·279호, 都立大學, 1996년 3월) 정도만 존재한다.

사로서 기본적인 요건을 전혀 갖추지 못한 조선인 청년들이 많이 존재했던 것이다. 사실상 일본군의 징병제도를 완전히 적용하여 실시하기 위한 조건이 부족했던 것이다. 게다가 일본어를 전혀 모르는 청년의 징병 대상자 비율은 70% 내외였다. 이러한 조건에 더해 1942년부터 일본의 공장 노동자로 강제동원된 사람들은 주로 학력이 있는 청년층을 대상으로 했기 때문에 그 자격 조건이 국민학교 졸업자로 국한되어 있었다. 즉, 조선에 거주했던 징병 대상자 중 일본어를 아는 청년의 비율은 〈표 8〉보다 한층 적었던 것이다.

총독부는 조속히 징병할 수 있는 대상자를 전 조선인 청년으로 확대하기 위해 대응책을 세워야 했다. 이를 위해서는 조선인 가족, 특히 어머니에 대한 교육이나 가정 내에서의 일본어 교육, 학교 교육 등이 과제가 되었다. 하지만 더욱 시급히 대응해야 했던 것은 징병 대상 청년의 일본어 교육, 군인으로서의 집단 행동 훈련, 사상 교육·황민 교육이었다. 게다가 학교 교육을 전혀 받지 못했던 청년을 대상으로 해야 했던 것이다. 이를 위한 교육체제가 조선청년특별연성제도였다.

〈표 8〉 조선인 징병적령자 추정인원과 일본어 이해자 수 추정 인원

	적령자 추정인원	일본어를 이해하는 자 추정 인원		일본어를 이해하지 못하는 자 추정 인원	
1941	193,007	50,753	26%	138,924	72%
1942	214,229	51,595	24%	158,434	74%
1943	224,936	54,930	24%	165,679	74%
1944	203,112	61,362	30%	137,741	68%

이 연성제도에 대해 1942년에 미나미 총독을 대신해, 취임한 지 얼마 안 된 고이소 쿠니아키 총독은 훈시를 통해 각 도지사에게 다음과 같이 지시하여 주의를 환기시켰다.

> "조선의 현 상황을 개관해 보니 국민으로서 기본적 교양에 있어서 충분하지 못한 것이 많고, 특히 정신적 방면에서 그렇다 함을 통감하는 사람으로서, 이러한 결함을 보완하는 근본 대책으로 국민교육의 의무제를 가급적 빠르게 실시할 필요가 있음을 인정하여 현재 예의 준비 중에 있습니다. 하지만, 응급처치로써 조선 청년 중 국민교육 미취학 분야에 대해 일정한 연성을 실시하고, 이들 청년으로 하여금 장차 건민이 되거나 건병이 될 자질을 배양하기 위하여 본 연성제도를 설정하고 있는 중입니다."(『朝鮮總督府官報』 1942년 10월 28일자 훈시)

즉, 1944년에 징병이 개시된 경우에는 1919년 이전에 태어난 사람이 대상으로, 구체적으로는 1935년 이전에 학교 교육을 받아야 했는데, 그 단계에서는 조선인의 교육률이 더 낮은 수준이었기 때문에 일본어 숙련도나 공장 노동자로서의 기초적인 지식 습득은 불가능했다. 오히려 당시 총독부 당국은 조선인에 대한 교육 수준 향상을 반기지 않는 경향이 있었다고 생각한다. 이 조선청년특별연성제도는 교육의 보급률이 높아질 때까지 임시적인 제도임을 총독 자신이 명시하고 있는 것이다.

조선인에 대한 조선청년특별연성제도는 1942년 10월 1일 부령 제33호로 공포되어 11월 3일 시행되었다.

2) 입소 조건

이 제도의 대상자는 조선에 거주하는 조선인 남자로, 연령은 17~21세 미만으로 설정되어 있었다.(제2조).

이 조항만으로는 조선인 중 일정한 연령의 사람이 모두 대상이 되는데, 여기에는 제외 사항이 있다.(제3·4조) 이 제외 사항이 중요한데, 다음과 같이 규정하여 일본어 이해나 기초 학력·집단행동이 있는 자를 이 연성 대상에서 제외한 것이다.

연성에서 제외되는 조건의 각 항목을 요약하면

1) 육군지원자훈련소의 학생 및 그 수료자
2) 육해군의 군속
3) 법령에 의하여 구금 중인 자
4) 청년훈련소의 학생 및 졸업자
5) 국민학교 초등과 수료 정도를 입학자격으로 하는 수업연한 5년 이상의 학교의 재학자 및 졸업자
6) 국민학교 고등과 수료 정도를 입학자격으로 하는 수업연한 3년 이상의 학교의 재학자 및 졸업자
7) 지원에 의해 연성을 수료한 자
8) 국민학교 초등과를 수료한 자
9) 국민학교 초등과 동등한 정도의 과정을 수료한 자
10) 도지사가 국민학교 초등 종료 정도의 학력이 있다고 인정한 자

위의 조건에 들어가는 사람은 훈련 면제 대상이 되었는데, 요점은 학교 교육·일본어 교육을 전혀 받지 않은 사람이 대상이 되었다는 것이다.

17세까지 일본어 교육이나 일본식의 교육 제도와 학교에서의 훈련을 받지 않은 사람은 상당히 많아서 〈표 8〉에 따르면 약 15~16만 명 전후에 이른다고 추정된다. 그러나 이러한 사람들을 모두 받아들인 것은 아니고 일정한 선별 절차를 거쳤던 것으로 보인다.

대상자 전체를 연성시킨 것이 아니라 총독부의 할당에 따라 "도지사에 의해 선정된 후, 입소명령서를 발부받은 자가 연성 의무자가 된다"라고 하는 규제가 걸려 있었다(7조).

연성 대상자 전체가 아니라 일부만 연성토록 한정한 까닭은 모두를 연성할 시설이나 체제가 따로 없었고, 정치 신조 심사 여부와 청년을 노동자로 동원해야 한다는 다른 이유가 존재했다고 생각한다.

또한 일본군의 요망에 부합하여, 연령이 17세 이상 30세 미만의 사람은 지원에 의해 연성을 받을 수 있다고 되어 있다. 즉, 한편으로는 창구를 좁히고, 한편으로는 확대하도록 되어 있는 것이다. 이 조항에 따라 징병연령을 초과한 자나 미달한 자를 자유자재로 연성함으로써 징

병할 수 있도록 하고 있었다. '지원'은 당시 상황에서는 강제적인 것이나 다름없었고, 병사가 부족하면 즉시 충원할 수 있는 체제가 마련되어 있었던 것이다. 당연히 이미 이 시기에는 심각한 병력 부족이 존재하여 학생이나 사회인에 대한 병사 동원이 가시화 되었을 것으로 판단한다.

3) 조선청년특별연성소의 훈련

연성 기간은 원칙적으로 1년이지만 총독부가 필요하다고 인정할 때는 6개월로 단축할 수 있었다. 실제로 첫 해인 1942년의 경우, 같은 해 12월 1일부터 1943년 9월 30일까지 10개월 간 이었다. 설치 예정인 시설은 7백여 개소, 거의 3만 명을 대상으로 한다고 공표되어 있었다.[3)]

연성소는 대부분 국민학교 내에 설치되어 교장이 소장이었고, 교원이나 지도원은 교원, 면사무소의 직원 등이었다. 연성 시간은 600시간이었는데, 연성은 학교 시설을 이용하고, 근로하고 있는 사람이 대상자였기 때문에 야간에 실시되었다.

연성 항목은 훈육·학과가 400시간, 교련·근로 작업이 200시간이었다. 내용 중 훈육·학과의 특징은 다음과 같다. 훈육 요목의 첫째는 천황폐하에 대한 교육으로 궁성요배 등의 훈련, 둘째는 칙어·조칙, 셋째는 황대신궁(皇大神宮)·신사 참배, 넷째는 축일의 의미, 다섯째는 국기, 여섯째는 기미가요, 일곱째는 군인칙유(軍人勅諭)[4)] 5개조, 여덟째가 황국신민의 서사, 아홉째는 국민도덕 일반에 관한 것이었다. 학과의 첫째는 국어, 둘째는 국사, 그 다음에 지리, 산수로 되어 있었다. 대략적인 시간표 등이 있었지만, 기본은 속성으로 일본군 병사를 만드는 교육이

3) 「朝鮮青年特別錬成令施行規則公布」, 『京城日報』, 1942년 10월 26일.

4) 〈역자주〉 1882년 메이지가 육해군 군인에 내린 것으로 정식명칭은 「육해군 군인에 내리는 칙유」였다. 군대 내 정신교육을 위한 기본 자료로 활용되었다.

었다.[5)]

1942년도 교과서는 총독부의 『국어교본(國語教本)』을 사용했다. 1943년부터는 『연성교본』이 사용되었다.

연성 대상이 된 청년은 제도적으로는 동시에 청년단원이어야 했다. 이 청년단 활동과 조정하면서 연성을 추진한다는 방침이었지만, 조선 농촌에서는 청년단의 활동이 극히 저조하여 실질적인 경쟁관계는 아니었던 것으로 보인다.

4) 또 하나의 연성 목적

징병을 전면에 내세우면서도 청년 연성에는 또 다른 목적이 있었다고 생각된다.

병사로서 동원하는 것만이 아니라 노동자로서 연성을 생각하고 있었던 것이다. 연성요강에 따르면, 징병은 선별 조항이 존재했고, 선별한 후에 연성·훈련하여 징병하는 제도였다. 그렇다면 애초 선별한 후 선별자만을 대상으로 한 훈련으로 충분했을 것이다. 그럼에도 모든 청년을 대상으로 연성을 진행한 것은 명분상으로는 전 조선인 청년을 징병하겠다는 목적과 장래 전 청년을 징병한다는 목표 외에 다른 목적이 존재했기 때문이다.

또 하나의 연성 목적은 노동자로서의 청년 교육이었다. 조선총독부 학무국 연성과가 정리한 「징병제 실시와 조선청년의 특별연성」(『文教の朝鮮』, 1943년 2월호)에는 징병제를 다음과 같이 해설하고 있다.

연성제도는 반도청년을 연성하고, "우수한 황국노무자로서 시국 하 노무동원계획의 일익을 분담시키는 목적을 가지는 것에 비춰, 연성소

5) 『文教の朝鮮』 207호, 1942년 12월호. 책 말미의 「慶尙北道報」 특별연성소 연성 요목 참조.

입소자나 가까운 시일 내에 입소해야 하는 자의 징용 또는 노무 알선 등은 특별한 경우를 제외하고, 가능한 한 본 연성 종료자를 우선 공출하도록 유의하는 것이 중요하다"라고 하고 있다. 고이소 총독도 "노무동원의 요청에 응하여 반도 청년이 근로에 의해 국가에 봉사하고, 성업(聖業)을 찬양하고 받드는 것은 병역에 버금가는 중요한 책무임에 비춰, 이것이 연성에 의해 근로자로서의 자질을 체득하게 하는 취지도 겸한 것이다"라며 연성제도의 또 다른 의도를 분명히 하고 있다.

즉, 연성의 목적 중 하나로 '노무동원계획의 일익'을 담당한다는 것이 명시되어 있는 것이다. 따라서 총독부는 모든 조선 청년을 징병 대상으로 하면서도 처음부터 모든 청년을 징병할 수 있다고는 생각하지는 않았던 것으로 보인다.

여기에는 1942년부터 국민학교 졸업 이상의 학력자를 일본의 공장으로 연행·동원하기 시작했으나 생각만큼 노동자가 모이지 않아 몇 번이나 재모집을 해야만 했던 실정이 있었다. 결국 학력자의 공장 노동자 모집 범위를 특별 연성을 실시하는 것으로 시급히 넓힐 필요가 있었던 것이다. 일본 내에서는 군수 생산 노동자조차 심각한 부족난에 시달리고 있었다. 총독부는 한 번의 연성으로 두 가지 성과를 노렸던 것이다. 이 연성의 목적은 첫째 병사 동원이었고, 둘째 공장 노동자 양성이었다고 할 수 있다.

이렇게 조선 청년에 대한 징병 준비가 시작되었으나 실제 징병 준비에 들어가자 많은 문제가 나타났다. 국민학교를 졸업한 후 청년단이나 청년훈련소와 관계가 없는 청년들이 많았고, 학교를 졸업하고 징병 연령까지 일본어를 사용하지 않거나 단체행동 훈련을 받지 않은 사람들의 존재도 문제로 인식되었다. 이를 해결하기 위해 고안된 것이 청년훈련소 별과(別科)의 설치였다.

3. 청년훈련소 별과의 징병 준비

징병 준비 시기가 되자 청년훈련소를 원칙적으로 각 읍에 설치했고, 1944년 초부터는 그에 부설하는 형태로 1년의 훈련 기간을 원칙으로 하는 '별과'를 두기로 했다.[6)]

이 '별과'의 훈련 대상자는 조선인 청년으로 국민학교 초등과 졸업이 전제되었다. 굳이 별과를 설정한 것은, 첫째 청년단에서는 기초적인 훈련을 받는 정도에 불과했고, 둘째 심신 모두 황군 병사로서 자질이 충분히 갖추어지지 않은 상태였으며, 셋째 입영하는 황군 전통의 소질을 훼손하고 명예를 더럽히는 상황이 없도록 하기 위해서였다.[7)]

즉, 조선청년특별연성령이 국민학교에 입학하지 않은 청년을 대상으로 한 것에 반해, 청년훈련소 별과는 국민학교 졸업생을 훈련시키기 위한 것이었다. 모든 조선 청년들에게 입영 전까지 병사가 되기 위한 훈련을 실시하는 체제가 만들어진 것이다.

훈련 기간은 1년간, 1월부터 12월까지 총 300시간의 교육으로 이루어졌다. 내용은 수신(修身)·공민(公民)·보통과가 150시간, 교련과가 150시간이었다. 학력이 없는 자를 대상으로 한 조선청년특별연성과 비교하면 절반 정도의 훈련 시간이다. 군인이 되기 위한 일본어를 이미 할 수 있다는 것을 전제로 했기 때문으로 보인다. 교련과가 전체의 절반인 150시간을 차지했기 때문에 군사 훈련이 중심이었다. 훈련들은 모두 무료였다. 군사교육을 담당한 것은 청년특별연성소, 청년훈련소의 지도원이었지만, 대부분은 국민학교의 교원이 겸직했던 것으로 보인다.

---

6) 조선의 청년훈련소는 1938년 3월 총독부령 제54호에 의해 공포되어 거의 일본'본토'와 동일한 훈련이 이루어졌으나 제대로 기능하지 못한 것으로 보이며, 더욱이 대상자는 일본인 중심이었다. 징병제 발표 이전 대부분의 조선인 청년들은 청년훈련소 과정에 일시적으로만 참여하고 모든 과정을 수료하지는 않았던 것으로 보인다.

7) 「青年訓練所別科設置ニ關スル件」, 『慶尚北道報』 879號, 1949년 2월 11일자.

어쨌든 조선청년특별연성소나 청년훈련소 별과를 거치면 병사를 만드는 데 도움이 되는 체제가 만들어져서, 국민학교 수료자는 1944년 초부터 나름대로 연성훈련이 실시되었다.

국민학교를 수료한 징병 대상자를 대상으로 별과 훈련을 실시한 후, 1944년 여름에는 청년훈련소와 별과 합동 훈련이 실시되었다. 청년훈련소가 있는 학교가 방학이 되면 분산되어 훈련받던 훈련 대상자들을 모아 훈련하는 것이었다. 이를 '청훈별과합동훈련'으로 명명했으며 조선 전체에 120개소가 설치되어 있었다. 제1기는 7월 6일~8월 11일, 제2기는 8월 5일~31일까지 각각 27일간 실시되었다. 단편적인 훈련이 아닌 총체적인 훈련이 실시된 것이다. 또한 이 기간은 숙식 훈련으로 야간 등에 실시되는 별과 훈련과는 달리 군 입영 훈련과 비슷한 의미를 가지고 있었던 것으로 보인다.

그러나 총독부와 군은 그것으로 충분하다고 생각하지 않았다. 명령에 따라 천황을 위해 즉시 목숨을 버릴 수 있는 정신과 행동이 요구되었으며, 그것이 근무 시간 외의 일정한 훈련만으로 달성될 수 있다고는 생각하지 않았던 것이다. 이 생각만 놓고 보면 군의 판단이 옳았다고 할 수 있다. 이민족에 대해, 게다가 일상적으로 조선인을 차별하고 있는 상황에서 반복적으로 내선일제·황민화정책[8]과 규사훈련을 반복적

8) 〈역자주〉 내선일체(內鮮一體)란 미나지 지로(南 次郎) 총독(1936.8.~1942.5. 재임)이 내건 조선통치의 슬로건으로 '내지인(일본인)'과 조선인은 차별없이 동등하다는 것을 의미하나, 실제는 천황을 위해 몸과 마음을 바치는 일본인처럼 조선인을 "충량한 신민(臣民)"으로 개조하는 것이었다.(南 次郎, 『時局と內鮮一体』 総力運動叢書第16輯, 1942, 8쪽) 내선일체는 조선인이 충량한 신민이 되어 비로소 완성되는 것이기에 조선인에게는 일방적인 황민화(동화)가 요구되었다. 이를 위해 조선총독부는 국민정신총동원조선연맹(1938)-국민총력조선연맹(1940)-국민의용대(1945)로 이어지는 실천기관을 조직하여 황국신민으로의 연성을 꾀하였다.
황민화(皇民化)정책이란 아시아태평양전쟁시기 일제가 식민지 조선과 타이완 등에서 시행한 민족말살정책으로, 조선인을 일본인으로 동화시키기 위해 강제한 일련의 정책을 의미한다. 특히 1937년 중일전쟁 발발이후 전시 동원체제하에서 조선인을 전쟁에 협력시키기 위해 취해진 정책으로 일본어 교육, 신사 참배, 궁성요배, 황국신민의 서사 암송, 국기게양, 창씨개명 등이 강요되었다.

으로 실시할 수밖에 없었던 것이다. 새롭게 종합적인 군사훈련이 조선인 청년에게 부과되었다.

군과 총독부는 징병자들에게 이른바 본격적인 군사훈련을 할 필요성에 직면했다. 그것이 바로 새로운 군무예비훈련소의 설치였다.

4. 군무예비훈련소의 창설

군무예비훈련소는 육군지원병훈련소가 있던 경성 양주의 제1지원병훈련소, 평양의 제2지원병훈련소와 경기도 시흥군에 건설 중이던 제3지원병훈련소[9] 등 총 3개소에 설치되었다. 특별지원병훈련소를 군무예비훈련소로 재이용한 것이다. 숙소가 마련되어 군대와 같은 실질적인 '마무리' 훈련을 실시할 수 있는 시설로 자리 잡았다.

군무예비훈련소에서 '경례' 교육을 받는 조선인 청년(朝日新聞社, 『戰う朝鮮』, 1945年)

9) 〈역자주〉 현재 서울시 금천구 독산동 공군기지 자리에 설치되어 있었다.
한편, 이 책에 실은 『戦ふ朝鮮』의 사진은 인천광역시 부평역사박물관으로부터 자료를 제공받아 게재했다.

설치 목적은 청년특별연성소의 훈련이 "징병 준비 훈련으로서는 완벽하다고 할 수 없으므로"[10] 재훈련한다는 것이었다.

군무예비훈련소는 2부제로 운영했다. 제1부는 교육을 전혀 받지 않았던 특별연성소 출신자로 구성했고, 제2부는 국민학교 졸업생 중 "특별히 입소를 지원하는 자"를 대상으로 했다.

제1부는 특별연성소 출신의 현역 징집이 확정된 사람으로 훈련 기간은 40일이며 1944년 5월 1일(시흥군 군무훈련소만 4월 1일부터였다)부터 실시되었다. 훈련 내용은 훈육(수신·공민), 보통 학과(국어에 중점을 두고 간단한 역사·지리·수학 등), 술과(術科, 교련·체조·무도), 내무 훈련(군대 내 생활 훈련 – 필자주)이었다.

제2부는 국민학교 졸업 이상의 학력이 있고, 6개월 간 훈련을 받을 수 있는 사람이 대상이었다. 1944년은 7~12월 사이에 실시되기로 되어 있었다. 훈련내용은 제1부와 같았지만, 술과 등이 중심이 되었던 것은 말할 필요도 없는데, 제1부와 다른 점은 보통 학과의 일본어와 함께 역사·지리·수학·이과도 학습 대상이 되었다는 점이다. 또한 내무 훈련도 실시되어 실제 병사로서 기초훈련이 이루어졌다.

이 군무훈련소의 대상 인원수는 실제 징병 인원과의 관계도 있어 가능한 한 검증해 보겠다. 다만, 제2부는 연 1,000명으로 전망되고 있기 때문에 인원수는 많지 않았을 것으로 생각되는데, 제1부의 인원수는 많았을 것으로 추정된다. 앞에서 언급한 『경상북도보(慶尙北道報)』의 경상북도 내 부·군·면·읍의 제1기 입소 인원 및 수용 할당 전형 배정 인원표에 따르면, 영일·경주·영천·김천의 각 부·군이 각각 70명이고 대구부는 20명이었다. 가장 적은 인원은 울릉도로 5명이었다. 입소 할당 합계를 표시하면 〈표 9〉와 같다.

10) 『慶尙北道報』 888호, 1944년 4월 14일

〈표 9〉 1944년 경상북도 군무훈련소 입소 할당 수

경상북도 전체 합계	경성군무예비훈련소	시흥군무예비훈련소	평양군무예비훈련소
815	93	410	

출전: 『慶尙北道報』
注: 평양군무예비훈련소는 공란이다. 전체 합계가 맞지 않는데 평양군무예비훈련소에 입소시켰던 것으로 보인다.

즉, 경상북도에서는 제1부 제1기 대상으로 815명이 할당되었던 것이다. 1944년에는 5월부터 12월까지 6회·6기에 걸쳐 훈련이 실시될 예정이었다. 계획대로 실시된 것으로 보이며, 815×6=4,890명이 훈련 대상으로 추정된다. 이 사람들은 징병되는 것을 전제로 했기 때문에 당연히 징병된 인원이라고 볼 수 있을 것이다.

그런데 조선 13도에서 각각 적령인구에 비례해 군무훈련소에서 훈련하고 징병을 했다고 가정하면, 경상북도의 경우는 1942년 인구가 258만 8,922명이고 이중 4,890명을 훈련소에 입소시켰기 때문에 인구 대비로는 약 0.002%가 된다. 13개 도가 경상북도와 같은 인원수로 대응했다고 추정하면 다음과 같이 지적할 수 있다.

전체 인구 대비 군무훈련소 입소자 수의 비율로 보면 1942년 전체 조선인 인구가 2,552만 5,409명이니까 여기에 경상북도 인구 대비 약 0.002%를 곱하면 약 5만 1,050명이 군무훈련소 대상자가 되었다고 추정할 수 있는 것이다. 이 인원은 1944년도의 실질 징병자 5만 5,000명의 인원과 거의 일치하므로, 1944년에 처음 실시된 징병자는 이 군무훈련소 훈련 종료자로 구성되어 있었을 것이다. 또한 이 수치는 〈표 8〉의 징병적령인구와도 거의 부합하는 것이다.

3개소 훈련소의 훈련은 모두 1944년 5월부터 시작되었다. 또한, 이 훈련은 징병검사 실시 시기, 즉 1944년 4월부터와 겹쳐 있어서, 시기에 따라 다르지만, 입소 대상이 된 것은 이 군무예비훈련소의 연성에 합격한 사람이 중심이 되었을 것이다.

5. 조선여자청년연성령의 실시

청년 남자에 대한 연성이 먼저 실시되었고, 여자에 대한 연성이 실시된 것은 남자보다 약 2년 늦은 1944년 4월부터였다. 여자연성소는 1944년 2월 10일, 총독부령 제35호로 규정이 공포되었고, 준비 끝에 같은 해 4월 1일부터 각 국민학교에 여자연성소가 설치되어 1년간에 걸쳐 남자와 마찬가지로 연성이 실시되었다. 대상 및 연성항목은 다음과 같다.

- 대상자는 16세 이상 17세 미만일 것,
- 미혼자 원칙
- 연성 항목은 습련(習練, 50시간), 국어(350시간), 가사(50시간), 직업(150시간)으로 나누고, 유료로 할 것

경상북도의 경우 대구부에 6개소, 각 읍면 1개소 등 총 257개소에 설치되었다.[11)]

조선인 여성에 대한 일본어 교육도 강화되었다.(『戰う朝鮮』에서)

경상북도의 경우 1개 연성소의 정원이 50명 정도였으므로 단순히 설치 개소 수에 50을 곱하면 1만 2,850명이 한 해 동안 배웠을 것으로 추정할 수 있다. 정원에 미달하는 경우에는, 연령이 16~17세에 이르지 않았거나 연령이 많은 경우, 그리고 기혼일지라도 연성소에 입소시킬 수 있었기 때문에 정원 50명은 모두 모아져서 연성 대상이 되었을 것이다.

11) 경상북도는 읍이 11개, 면이 240개 있었고, 1개 부, 22개 군, 1개의 도(島) 등의 행정구역으로 이루어져 있었다.

조선 전체로는 1944년 6월 말에 122개의 읍, 2,202개의 면이 있고, 여기에 21개의 부 등이 있었기 때문에, 각각 1개소가 설치되었다고 하면 2,345개소로 추정된다. 각 연성소마다 50명이 연성을 받았다면 실제로 11만 7,250명이 참여했을 것이다. 부에는 수 개소 이상이 설치된 것이 확실하기 때문에 실질적으로는 더 많은 여성이 동원되었다고 볼 수 있다.[12)]

연성소는 갑·을·병으로 나누어져 있었다. 지도자와 소장은 대체로 국민학교 교장이 겸직했다. 국민학교의 여성 교원이나 여자전문학교 졸업자가 임시로 강습을 받았으며, 별도로 강습을 받아 양성된 여자 청년 연성 지도원이 지도를 담당했다.[13)] 연성 내용 중 역점을 두었던 것은 직업과 일본어로 전체 연성 시간 600시간의 2/3를 차지했다.

여자 연성의 목적은, "황국 여성의 자질"을 양성하고, 여성이 징병에 반대하지 않으며, 병사를 배출할 수 있도록 하는 데 중점이 두어졌다. 또한, 남성과 마찬가지로 노동자로서 훈련이 가능하도록 고려되었다. 더욱이 이 연성소는 요금을 남자와 다르게 50전 이상 받을 수 있었다. 요금을 징수했던 연성소는 입소자가 많지 않았다고 추정된다. 여자연성소의 경우, 징병대상자도 아닌데 일정 연령의 사람을 왜 갑자기 훈련하게 되었던 것일까.

이유는 몇 가지 정도로 생각된다.

1) 징병을 실시하는 과정에서, 가장 강한 저항을 보인 것은 여성이었다. 많은 징병대상자가 결혼을 했기 때문에 아내와 어머니가 병사로 전장에 가는 것에 반대했던 것이다. 결혼을 하지 않은 경우는 어머니가 필사적으로 반대했다. 특히 남자를 귀하게 여기는 풍조가 있었고, 무엇보다도 중

12) 조선의 읍, 면은 단순히는 말할 수 없지만, 일본의 '정(町)'와 '촌(村)'에 해당한다.

13) 각 도에는 여자청년연성지도원양성소가 설치되었는데, 양성기간은 3개월, 1회 50명이 양성되었다. 이 양성소를 나오면 1년 간은 여자연성소에서 가르치는 것이 의무였다.

요했던 장남의 경우는 저항이 격심했다. 이러한 저항을 미연에 피하기 위해서 미혼자를 중심으로 일본어에 역점을 둔 황민화 교육을 독자적으로 시행한 측면이 있었다.

2) 이 시기가 되면 조선 농촌의 노동력도 부족해져서 여성들을 농촌 노동력으로 조직화하는 것이 요구되었다. 소를 이용한 경작 등을 여성에게 시행케 하고, 여성이 공동 작업을 통해 농업 노동의 중심이 되도록 했던 것이다. 이를 위해서는 격한 농업 노동에 종사하는 일본 여성에게 배우자, 즉 일본 정신을 가진 조선 여성의 교육이 과제가 되었던 것이다.

3) 노무 동원의 대상자로 조선 여성의 노무 동원은 이미 1943년 말부터 1944년 초에 걸쳐 일본으로 모집이 시작되고 있었다. 도야마(富山)의 후지코시(不二越), 나고야(名古屋)의 미쓰비시(三菱), 누마즈(沼津)의 도쿄아사이토(東京麻糸) 등에 대량으로 동원되고 있었다. 모집 조건은 일본어를 아는 국민학교 졸업자로 하는 것이 원칙이었다. 당시 일본으로의 동원 이외에도 조선 내 공장 등에 노동동원 대상이 되고 있었다. 이때 필요한 것은 무엇보다도 일본어를 이해하고 말할 수 있는 것이 조건이었다.[14]

여자 연성제도는 징병에 동반한 것만이 아닌 이러한 여러 가지 목적을 가지고 있었다. 이를 위해 조선 여성의 전시교육이 실시되었다고 생각하는 것이 타당할 것이다. 어찌됐든 행정적으로 할당된 여성들이 참기하여 연성이 개시되었다. 단, 현재 연성소 출석률을 알 수 있는 자료는 없다.

이상과 같은 청년 남녀에 대한 제도적인 징병준비훈련 외에도, 여러 가지 연성이 실시되고 있었다. 몇 가지를 들어보자. 청년 연성의 중심은 학교 교원이 담당하도록 했는데, 청년 교육 이전에 이들 교원의 군사 교육을 시행해야 했다.

함경남도의 경우, 국민학교 교원 3천 명을 교육하도록 했다. 구체적으로는 '1일 입대'라고 하는 방법으로, 남자 교원은 1일, 여성 교원은 주

14) 히구치 유이치, 「朝鮮人少女の日本へ强制連行について」, 『在日朝鮮人運動史研究』 20호, 1990년.

간만 해당 지역의 43부대[15]에 입영하여, 밀집훈련 등 교련을 받는 것이었다. 1942년 말부터 1943년 초에 걸쳐 실시되었다. 이 훈련은 '종래의 견학적인' 1일 입영이 아닌, 실질적으로 군대 생활의 체험을 쌓는다고 하는 목적이 있었다. 이러한 지도자에 대한 교육은 다른 지역에서도 실시되었을 것이다.[16]

또한 국민학교가 아닌 그 이상의 교육기관, 즉 중학교 등에서는 군사 교련이 실시되어 일본'본토'의 군사 교육과 같은 훈련이 교육의 일환으로 시행되었다.

〈표 10〉 조선 내 조선인 장정 징병준비훈련 상황 일람

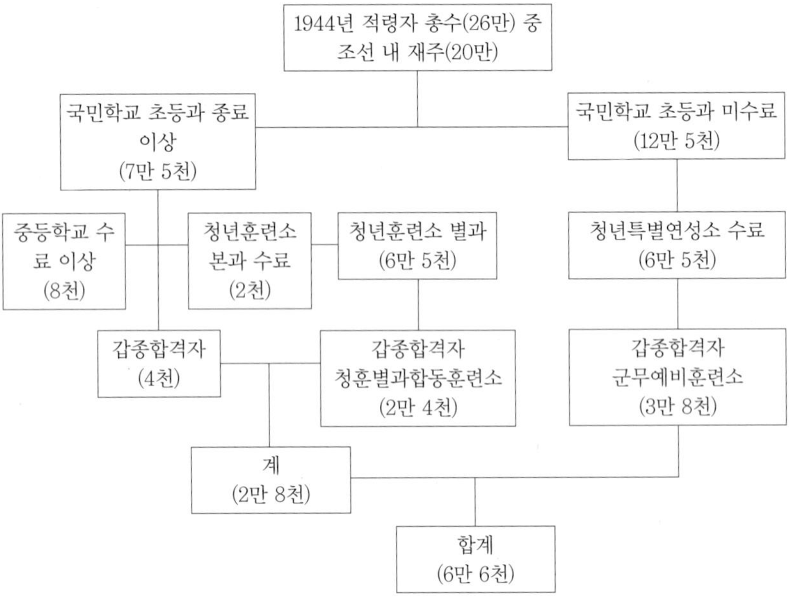

출전: 『第86回 帝國議會說明資料』 1944년 연성과 참조.

15) 〈역자주〉 '43부대'는 제30사단 예하로 함흥에 주둔했던 보병 제76연대를 말한다. 평양에 사단사령부를 둔 제30사단의 경우 제41·74·77연대 등 총 3개의 보병 연대를 예하에 두고 있었는데, 후쿠야마(福山)를 근거로 했던 제41연대를 제외하고 제74연대를 조선 43부대, 제77연대를 조선 44부대라고 불렀다.(大內那翁逸 編, 『舊帝國陸軍部隊一覽表』, 2002년, 22쪽)

16) 『京城日報』, 1943년 1월 9일

6. 징병준비훈련의 실시 상황

여성의 연성은 제외하고, 징병 대상 남성은 교육정도, 훈련 실적을 고려하여 일정 시설에서 훈련을 받았는데 종합적으로 실시 상황을 보면 〈표 10〉과 같다.

〈표 10〉의 숫자가 얼마나 정확한지는 의문이지만, 제국의회에 보고할 때 체제를 정리할 필요가 있었던 탓에 이렇듯 대략적인 수치가 된 것으로 보인다. 대략적이라고는 하지만 총독부는 이러한 훈련 체제를 만들지 않으면 징병이 불가능했고, 각 훈련 조직에서 훈련을 실시·수료한 것은 사실이었다. 상당히 높은 비율로 병사를 만드는 '연성'을 실시하고 있었던 것을 보여 준다.

갑종 합격자가 6만 6,000명으로 표기된 것에 대해서는 이 수치 외에 공표된 바가 없어 확인이 어렵다. 다만, 병사로 징병한 공표 수, 즉 육해군 도합 5만 5,000명과의 격차 등 검토할 여지가 남아 있다고 할 수 있다.[17)]

---

17) 제3장의 조선청년특별연성령, 청년훈련소 별과, 여자연성소령 관계자료를 책 말미에 부록으로 첨부했다. 이들 훈련은 징병만이 아닌 조선인에 대한 황민화 교육, 일본어 강요에 큰 역할이 있다고 생각되기 때문이다.

제4장
징병검사 실시

1. 징병사무 개시

징병을 실시하기 위해서는 호적상 적령자 확인, 적령자의 징병검사, 본인에게 통지 등 수많은 사무적인 처리를 해야 한다. 이를 위해서는 조선에서도 일본'본토'와 동일한 병사구, 징병구 설정과 사무를 담당할 읍·면의 정리가 필요했다.

조선의 경우는 모든 도 단위에 병사를 설치하게 되어 이하와 같은 병사구와 구역이 설정되었다. 병사구는 조선 13도 도청 소재지에 설정되어 지역 징병의 중심 기관이 되었다.

병사구	징병구	병사구	징병구
나남	함경북도	해주	황해도
함흥	함경남도	춘천	강원도
경성	경기도	청주	충청북도
평양	평안남도	부산	경상남도
대구	경상북도	대전	충청남도
광주	전라남도	전주	전라북도
신의주	평안북도		

징병자는 각 징병구내에 설치된 검사장에 출두하여 검사를 받았는데, 검사장은 도내 주요 부·읍·면에 설치되어 있었다. 이는 징병사무를 읍·면 행정기관이 담당하고 있었기 때문이다. 읍·면 사무담당에는 "병사에 관한 것"이라는 1개 항이 추가되었을 뿐만 아니라 호적 사무도 취급하고 있었기 때문에 노동자의 동원·관알선, 징용 등도 담당하고 있어 전시조직이 전시동원의 주요 역할을 담당하게 되었다. 법률적으로는 1943년 3월 29일 공포의 병역법시행령 개정에 따라 조선에서도 법률 적용이 실시되었다.

이와 같이 징병, 동원에 관한 사무는 읍·면이 중심이 되고 있었으나, 조선에서는 또 다른 행정조직이 전시동원에 큰 역할을 담당하고 있었다. 바로 조선총독부의 경찰기구이다. 경찰은 조선 민중의 생활 구석구석까지 관여하고 있었다. 징병의 경우에도 마찬가지로 오히려 징병의 숨겨진 통솔기구였다고 할 수 있겠다. 조선인 군사 동원과 경찰과의 관계는 징병제 실시 이전부터 있었으며 이제 군사 동원의 중심적인 기관이 된 것이다.

1938년부터 실시된 지원병제도의 담당은 경찰 기구였다. 경찰은 지원자 선정, 예비 조사·검사를 경찰서장 권한으로 실시하고 있었다. 징병을 실시했을 때도 경찰력의 역할는 커서 공출 등 입회와 도항 증명 발행 등도 경찰이 담당했다. 민정에 대해서도 경찰이 가장 잘 파악하고 있어서 병역법에도 조선에서만 경찰이 "관할구역 내에 있는 읍면장의 징병사무를 총괄한다"는 항목이 추가되었다. 징병 실시를 위한 제2회 갑위원회 결정사항에서 징병기구에 대한 검토 결과, "1 징집사무 담당의 계통: 조선의 특수 사정을 고려하여 장정명부 조제에 관해서는 호적 사무를 담당하는 부·읍·면으로 하여금 하게 하고, 그 외 징집사무는 소집, 내지인 장정의 재류지 징집, 조선인 지원병 모집 등 사무를 현재 담당하고 있는 경찰관서 계통으로 하여금 취급토록 하는 방침을 채용한다"[1]고 하여 경찰이 실질적인 징병사무를 담당한다고 하는 방침이 확인되었다. 그후 작성된 '징병에 관한 담임 사무'에는 총독부, 도, 경찰이 징병사무 중 무엇을 담당할 것인가를 책정하고 있는데, 경찰의 주된 사무는 다음과 같은 사항이 포함되어 있었다. "장정 해당자의 기초적 조사, 적령 신고 지도사무, 징병검사 통달서 작성, 징병검사 수검자 신상조사, 장정명부 등 조정, 현역병 결정자 및 교육자 소집 대상 보충역 결정자에 대한 신상 명세서 작성, 징병검사·입영 등 인솔 유도"[2] 등이 포함되었다.

실질적으로 경찰이 징병사무를 관리하고 있었고, 읍·면은 서류 작성이 주된 업무로 징병자 한명 한명에 대한 파악은 경찰이 총괄하고 있었다.

다시 말해서 조선에서는 경찰서장 총괄하에 병사 사무가 집행되고 있었던 것이다. 경찰서장 지휘하에 1면 1주재소를 원칙으로 하고, 경우에 따라서는 2주재소를 두며 조선 행정기구의 말단까지 경찰망이 펼쳐져 있었다. 조선에서의 징병사무는 경찰이 중심이 되어 징병검사·징병훈련자 결정·징병 통지·징병까지 시행하고 있었던 것이다. 조선 민중 입장에서는 말단까지 뻗쳐진 경찰망 속에서 징병을 받게 된 것으로 경찰은 본래의 치안 통치를 담당하며 노동자로의 연행, 징용, 공출이라고 하는 농업 생산물 수발의 중심기관이었다. 민중 생활의 구석구석까지 지배하고 있었던 것이 경찰이었으며, 그 경찰이 수행하는 징병체제로부터 벗어날 수가 없었다. 경찰은 조선 민중이 두려워한 존재였고 그 경찰이 징병사무를 통할하고 있었기 때문에 조선 민중은 꼼짝없이 징병체제 속에 편입되어 간 것이다. (징병과 경찰과의 관계에 대해서는 제5장을 참조바란다.)

1) 朝鮮軍司令部, 「甲委員会第二回打合決定事項」1942년 4월 28일, 大野緑一郎文書 1204쪽.

2) 「徴兵に関する担任主要事務」, 大野緑一郎文書 1264쪽.

2. 징병검사 경과

1) 총독부 대응

1944년 4월부터 시작된 징병검사는 최종적으로 8월 20일에 종료했다. 징병검사는 평양, '경성' 등지에서 개시되어 징병구마다 순차적으로 시행되었다. 징병구에서는 "검사에 빠짐없이 출두하라"고 선전되어 애국반에서도 징병검사 여부를 확인하였다. 검사대상자임에도 검사에 응하지 않은 자는 '비국민'으로 취급되었을 뿐만 아니라, 배급 등에 차별을 당했다. 또한 검사에 응하지 않은 자는 경찰의 삼엄한 취조 대상이 되었다.

조선총독부 간부들도 앞다투어 징병검사 실황 시찰에 나섰는데, 특기할 만한 것은 천황이 시종을 파견한 일이었다. 중요한 과제가 있을 때는 시종을 파견하여 천황의 이름으로 그 철저를 요구하였는데 조선인 징병도 그 대상이었던 것이다. 징병검사 개시 직후 천황은 1944년 5월 2일 비행기로 육군 오가타(尾形) 시종무관을 조선에 파견하여 "결전하 반도"를 격려하고 징병제도 실시, 군수생산 등에 대해 '성

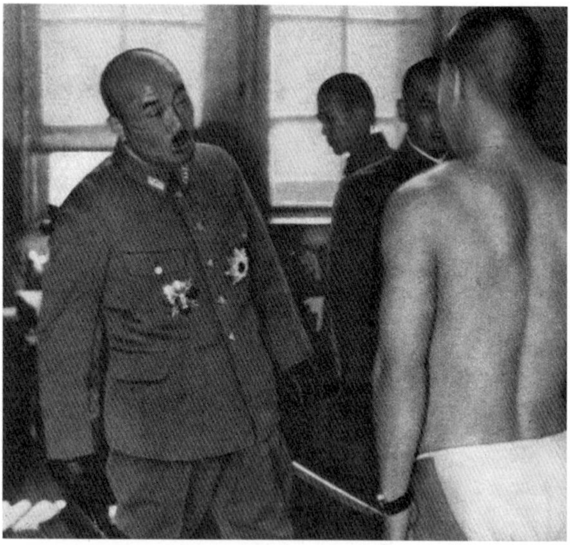

우가키 세이시로 조선군 사령관은 징병검사장을 방문하여 수검 조선인 청년을 격려했다.(『戦う朝鮮』에서)

지 전달식'을 거행했다. 이어서 제1군 예비훈련소와 수검회장을 시찰했다.[3)]

그후 이 시종무관은 부산에서 일본으로 돌아가는 중에도 부산 징병 검사장에 들러 천황의 대리인으로서 관계자와 수검자를 격려했다.[4)]

그리고 해군 관계 시종무관 사토(佐藤) 대좌가 동년 5월 16일, 항로로 조선을 방문하여 해군 관계 시설을 시찰했다.

이와 같은 조선내 상황은 5월 5일 고이소(小磯) 조선총독이 직접 천황에게 "소관 사무를 상신"하여 질문을 받고 이에 답변하고 있다. 당연히 징병검사 개황 등도 포함되었을 것으로 생각된다. 이런 일련의 사실은 징병검사가 국가적인 사업에 포함되어 천황도 이를 알고 있었음을 의미한다.

2) 하부 행정기관의 대처

당연한 것이지만 총독부도 징병구마다 검사장으로 대상자를 동원하기 위해 도·부·군·면 행정조직을 동원하여 대처했다. 대상 연령자가 참가하지 않으면 생활할 수 없는 사회시스템을 만들어 간 것이다. 비단 도시뿐만 아니라 농촌에서도 배급과 공출, 생산 등 애국반의 그물망에 걸리게 되어 있었다. 이같은 사정은 상호감시체제인 '도나리구미(隣組)'[5)]에 의해 지배되고 있는 일본 민중과 동일했다. 다만, 일본인과 달리 조

3) 『每日新報』, 1944년 5월 4일, 5월 5일 기사에 의함.

4) 「參觀한 家族들 感激, 尾形侍從武官, 釜山檢查場을 實視」, 『每日新報』, 1944년 5월 10일 기사.

5) 〈역자주〉 '도나리구미(隣組)'는 아시아태평양전쟁 중 선거숙정운동, 국민정신총동원운동의 말단 조직으로 편성된 주민조직이다. 1940년에 부락회·정내회·인보반(隣保班)·시정촌 상회(常會) 정비요강에 따라 전국적으로 조직되었다. 전쟁이 장기화되자 배급, 방공활동, 국채 할당, 저축 장려의 활동을 담당했을 뿐만 아니라 연일 회람판을 돌려가며 상호 감시의 역할도 담당했다.

선 민중이 자발적으로 검사장에 갔는가 하는 점은 매우 의문이다. 이 점은 별도로 검토해야 할 문제이다.

3) 군의 대응과 검사 경과

징병검사를 하기 위해 징병구를 설정했는데, 검사는 일본'본토'와 거의 동일했다. 검사 항목 중에서 가장 중시된 것으로 일본과 달랐던 것은 일본어 이해 정도의 조사였다. 사상적인 측면도 중시되었지만 이는 일본'본토'에서도 나름 조사 항목에 포함되어 있었으나 조선의 것은 민족운동 참가 문제도 시야에 넣고 있었다. 그러나 가장 중시된 것은 일본어 이해 정도의 조사로, 합격 후 징병 영서 발행에 중요한 요소가 된 사항이었다. 이와 부수적인 문제로서 학력에 대한 정확한 조사가 요구되어 중요한 의미를 가졌다.

군은 이타가키 세이시로를 조선군관구 징병관으로 하고, 각 도 병사부장을 병사구 징병관으로 하여, 약 40개 반의 징병검사반을 편성했다. 부족한 군의관은 관동군으로부터 50명을 파견받아 검사를 시행했다. 징병검사 과정에서 최대의 난관은 징병관과 조선인 대상자 사이에 대화가 성립하지 않을 때였다. 제1회 검사를 회고하여

> 벽지의 경우 국어를 이해하지 못하는 자도 상당수에 이르러 징병관이 우선 국어로 훈시하고 이어서 통역이 조선어로 이를 설명하였고 검사장에서도 손짓 발짓으로 통역하는 진풍경을 자아냈으나 수검 장정들 태도는 매우 진지하여 약진 조선의 참모습을 간취할 수 있었다.

라고 술회하였다. 다시 말해서 농촌에서는 통역 없이는 징병검사를 할 수 없어 손짓 발짓으로 검사했다고 한 것이다. 이로 인해 진담(珍談)과 기이한 광경이 연출됐다며 그 사례를 들었다. 긴 문장이지만 실상을

잘 나타내고 있다는 점, 징병검사에 가보지 않으면 알지 못하는 사실들이 기록되어 있어 소개하고자 한다.

사례 1 매독에 걸려 보행에 장애를 갖고 있는 장정을 조사 중 동 장정이 징병서 사무원 책상 위에 있던 단검을 갑자기 집어 들었기에 해당 사무원은 자기에게 위해를 가하는 것으로 보고 각투 끝에 이를 헌병에 넘겼는데, 취조 결과 동 장정은 이 비상시에 성병에 걸려 어리석게도 영예로운 입영에 응하지 못하는 것은 남자로서 가장 큰 불명예인데 오체 속에는 열혈한 애국심이 흐름을 보이기 위해 책상 위에 있던 단검으로 손가락을 잘라 혈서를 쓰고자 했음이 판명되어 일동 아연실색했다.

사례 2 한 장정은 검사 당시 징용노무자로 내지에 있었기에 검사 시일에 맞출 수 없어 그 동생이 형 대신으로 수검했는데, 검사 결과 대리인임이 판명되어 그 당사자의 무지도 그렇지만 검사 당일에 아무튼 머릿수를 어떡하든 맞추려 한 말단 읍면 관리들의 지식의 일단을 엿볼 수 있었다.

사례 3 징병검사는 검사장에서 즉각 본인을 입영시키는 것으로 오해한 모친이 수 킬로 떨어진 산간에서부터 대량의 떡을 들고 사랑하는 아들과 마지막 이별을 고하기 위해 비장한 표정으로 검사장에 온 사람도 있었다.

사례 4 검사장에서는 장정의 학력 정도를 조사하기 위해 가타카나명, 가나명을 기재하는 쪽지를 제시하는데 그서 머리를 좌우로 흔들 뿐 자기의 본적, 씨명을 한자로 선명하게 기입하기에 조사한 결과, 서당[6]에서 유학을 약간 배워서 한자만 능숙한 사실이 판명되어 모두를 아연실색하게 했다.[7]

이 기록에서 징병을 둘러싼 다양한 사회 상황이 간취되는데 특징적

6) 서당이란 전근대부터 이어진 조선 특유의 교육기관. 주로 한문을 가르치는데 전시 중에는 민족교육의 장소라며 총독부의 탄압을 받았다. 학교시설이 부족했으나 동원을 시야에 넣은 국민학교 입학을 장려했다.

7) 吉田俊隈, 「朝鮮人志願兵·徴兵の概要」, 防衛研究所図書館 소장. 필자는 전 조선군 징병 주임참모로 1946년 전후 군의 인양 기록의 하나로 집필되었다.

인 것에 대해 정리해 보자.

사례 1에서 전형적으로 나타난 현상은 징병검사 일본인 계원이 단검을 쥐어 든 징병 청년을 자신에게 위해를 가할 것으로 느꼈다는 것으로, 이는 언어의 불통은 차치하고 상대를 신용하지 않고 있다는 정신적 거리감을 나타내고 있다는 점이다. 다른 사례에서도 조선인이 문자나 징병제도에 대한 이해가 없었다는 문제뿐만 아니라 조선인측의 징병검사를 대하는 자세가 나타나고 있었다.

사례 2에서 '대리인'을 내세운 배경에는 '읍·면' 직원이 "어찌했건 머릿수만 채우면 된다"고 하는 식의 생각을 갖고 있었던 것으로 이는 징병이 군의 절대적인 명령, 총독부의 명령이라고 생각했기 때문에 대리인을 내세운 것이다. 조선인 민중 입장에서 징병은 자발적인 것이 아니라 강제라는 것으로 이해되고 있었던 측면을 나타내고 있다.

대리인의 경우, 이른바 조선으로부터 강제동원한 경우에도 대리인으로 해결했었기 때문에 징병의 경우도 괜찮은 것으로 생각했을 것이다. 사례 3에서 모친이 떡을 해서 갖고 온 경우도 강제동원은 그 자리에서 즉시 연행하고 있었기에 그런 사례가 민중들 사이에서 정착하고 있어서 발생한 현상이었다.

사례 4에서는 언어소통이 불가능한 자가 많았으나 한자 소양이 높은 자가 있어 단순히 일본어 이해정도라는 척도만으로는 판단할 수 없는 언어상태였다. 이를 극복하는 것이 징병 시 과제였음을 나타내고 있었다.

사례를 통해 알 수 있는 것은 다음과 같다.

첫째, 징병검사를 일본어로 할 수 있는 상태가 아니었다는 것.

둘째, 징병제도 그 자체에 대한 이해가 불충분하고 제도의 초보적인 내용도 모르는 사람이 있었다는 것.

셋째, 별도 항목에서도 설명하겠지만, 일본어 이해 수준이 극히 낮았다는 것. 대부분의 징병검사장에서는 일본어 통역이 붙어서 시행되었다고 생각된다. 군의 명령을 잘 이해할 수 없는 병사가 징병되어 병사가 되어봤자 실질적으로는 통솔가능한 군대조직이 될 수 없었음을 시사한다.

넷째, 위의 사례는 진귀한 사례, 기담으로 알려지고 있으나, 혈서 지원 등은 미담으로 선전되었다. 그런 점을 비교하여 보자면 진귀한 이야기, 기담이 극히 일반적인 징병검사의 모습이었던 것으로 생각된다. 즉 소수의 예외적인 것이 아니었기 때문에 인상에 깊이 남아 기록되었던 것이다. 혈서 지원한 숫자보다 일본어가 통하지 않아 통역이 필요한 검사 대상 조선인 청년이 압도적으로 많았던 것이다. 조선 전체 징병검사장에서 이런 현상이 공통적으로 나타나고 있었다고 생각된다. 이 시기 조선은 농민이 80% 이상을 차지하고 있었기 때문에 농촌에서의 징병검사 풍경은 여기에 예시된 진귀한 이야기, 기담이 일반적이었다고 판단된다.

이러한 경과를 거치면서 징병검사는 일단 20만 명의 징병 대상자가 수검하여 무사히 종료되었다. 1% 정도의 징병 기피자가 있었다고 하는데,[8] 이것이 사실이라면 '성공'한 것이라고 볼 수 있겠다.

이 '성공' 요인에 대해서는 별도로 다루기로 하고, 검사 과정에서는 군 전력으로서의 역할은 도서히 수행할 수 없는 상태였음이 판명되었다. 그 최대 요인은 바로 국어, 즉 일본어 이해 정도 때문이었다.

4) '국어 이해' 정도와 군무예비훈련소

조선 전체 징병검사가 아직 끝나지 않은 상태에서 총독부는 국어 이해 정도가 실제 징병 상 주안점이라고 생각하고 대책을 강구하고 있었

8) 앞의 吉田俊隈 자료에 의함.

다. 총독부는 갑종 합격자를 징병의 중심으로 생각하고 있었다. 일반적으로 일본인의 경우 징병자는 체격의 우열로 징병 순위를 결정하는데, 조선인의 경우는 체격이 좋아 갑종 합격자가 되더라도 일본어 이해 정도가 불가능한 사람도 있었다. 총독부는 갑종 합격자 중 일본어가 불가능한 자를 중심으로 징병 이전에 일본어 교육과 기초 집체훈련을 실시해야 하는 필요성에 당면하였다. 일본어가 불가능한 자가 실제로 징병에서 배제되는 사태가 된다면 "일본어를 할 수 없는" 자는 징병되지 않아도 된다는 결과가 되어 이후 검사 대상자가 일본어를 할 수 없다고 답변하는 사태를 우려했던 것이다. 그렇게 되면 징병검사와 징병제도 자체가 위기에 빠지게 되므로 일본어를 할 수 없어도 징병하여 속성으로 훈련시키게 된 것이다. 그리하여 설치된 것이 군무예비훈련소였다.

군무예비훈련소는 징병검사 개시와 시기를 같이 하여 1944년 4월 23일에 설치되었다. 제1, 제2 지원병 훈련소를 그대로 사용하여 개시했으며, 나중에 경성 근교 시흥에도 1개소를 증설하였다. '연성(錬成)'은 40일만의 속성 훈련이었다. 실제로 징병이 개시된 9월 1일까지 3회 훈련이 실시되었다. 9월 징병에 맞추기 위한 것이었다. 군무 훈련소의 주된 내용은 기초적인 집단행동과 일본어 훈련이었다. 일본인처럼 징병검사 즉시 징병하여 소정의 신병 훈련 후 병사로 하지 못하고 일본어를 교육해야 했기 때문에 징병검사에서 징병으로 이어지는 과정에 군무예비훈련소가 설치되어 기능하고 있었다고 할 수 있겠다.[9)]

군무예비훈련소에서는 '국어' 숙련도에 따라 일단 징병대상에서 제외할 수밖에 없는 경우도 있었다.

조선 내 병사구에서의 검사는 일본어의 숙련도 문제가 있었으나 '순조롭게' 진행되어 예상대로 종료되었다. 9월부터는 검사 결과에 따른 징병이 실시되었다.

---

9) 군무예비훈련소에 대해서는 68쪽을 참고하기 바란다.

3. 징병검사 결과

1) 제1회 징병검사 결과

징병검사는 1944년 4월 1일부터 8월 20일에 걸쳐 징병구별로 실시되었으며, 총독부는 총력을 다해 대상자 동원에 착수했다. 그 결과 〈표 11〉에서 보는 바와 같이 "예상외"의 양호한 성적을 거두었다고 한다.

〈표 11〉 징병검사 결과

징병대상자수	266,225	
조선내 거주자	213,366	
조선외 거주자	52,859	
수검자 예상 총수	218,659	100%
수검자 총수	206,057	94.2%
불참가자수	10,611	4.9%
소재불명자	6,300	2.8%
갑종합격자	(69,441)	33.7%
1을종합격자	(61,817)	30.0%
2을종합격자	(32,969)	16.0%
3을종합격자	(22,666)	11.1%
병종합격자	(11,539)	5.6%
정종합격자	(6,594)	3.2%
술종합격자	(412)	0.2%

출전: 朝鮮総督府「第85回帝国議会説明資料」総督府司計課, 1944년, 복각판 251쪽, 281쪽에서 작성

注: 1.괄호 안 숫자는 수험자 총수를 퍼센티지를 참고로 환산한 숫자.
2.수험자 총수, 불참가자수의 비율은 수험자 예상 총수에 대한 비율
3.조선외 거주자란 일본'본토', '만주', 중국 거주자를 포함하는 것으로 생각되나 각각의 구분 등은 분명하지 않다.

다만, 〈표 11〉에서 94%를 넘는 수검률에는 큰 의문이 남는다. 첫째, 호적 정비나 노동 동원, 강제동원 등에 의해 농촌 청년의 이동이 빈번

하여 이와 같은 고율의 수검률은 기대할 수 없었다고 추정되기 때문이다. 둘째, 실제로 징병되었다고 하는 4만 5,000명과 합격자수가 크게 다르다는 점이다. 갑종 합격자수만 보더라도 7만 명에 육박하고 있었다. 을종 중 징병가능한 사람을 포함하고 일본어 이해정도를 고려해서 징병검사 합격자 비율을 보더라도 실제 징병자수는 너무 작다. 셋째. 신문 등을 통해 징병검사에 응할 것을 끊임없이 촉구하는 등 적령자 색출이 진행된 것으로 보아 실제 징병 수검률은 제국의회 설명자료보다 훨씬 낮았을 것으로 추정된다.

〈표 11〉에서 보는 "좋은 성적"은 의회 설명용으로 조작된 수치일 것으로 추정된다.

그런데, 이 숫자에 의혹이 있다고 하더라도 수검률과 합격률이 높았음은 부정할 수 없다. 징병제 실시 발표로부터 불과 2년이었음에도 불구하고 나름 징병체제와 징병검사가 가능했던 것이다. 여기에는 다음과 같은 요인이 있었다.

①총독부의 통치·행정조직 통제가 나름 완비되어 있었던 점. 주로 경찰에 의한 주민 관리가 진척되고 있었던 것이 주요 요인이었다. ②국민학교 졸업자를 중심으로 강제동원 대상자 이외의 적령자들 일자리가 없었다는 점. ③징병되지 않더라도 노무동원의 징용 대상자가 되어 결국 고향을 떠나야 했다는 점. ④총독부로부터 병사는 평등하게 대우한다든가 조선인 지원병 제대자의 증언, 강연에 의한 선전이 효과를 발휘했다고 생각된다는 점. ⑤황민화정책이나 전승만이 선전되고 있었다는 점 등이 요인이었는데, 주로 ①~③까지의 요인이 크게 작용했다고 생각된다.

조선 내와 일본'본토'를 제외한 조선 외 거주자, 즉 중국 거주자와 '만주국' 거주자의 징병상황은 〈표 12〉와 같다.

〈표 12〉 '만주'·'북지(중국 북부)' 징병 수검 결과

	내역	인원
만주	수검자 총수	15,363
	갑종 합격자	5,777
	제1을종~제3을종	8,149
	병종~술종	1,436
'북지'	수검자 총수	349
	갑종 합격자	170
	제1을종~제3을종	165
	병종~술종	14

출전: 朝鮮総督府『第86帝1議会説明資料』 복각판 제10권. 일본'본토' 거주 재일조선인에게도 징병이 실시되었으나 〈표 11〉에 포함되었는지 여부는 확실하지 않다.

징병대상자 총수를 명확하게 알 수 없어서 어느 정도 성적을 거뒀는지 확정할 수 없지만, 이 자료를 통해 성적이 좋았던 것으로 추정할 수 있다.

이것을 통해 일본이 중국 각지에서 조선인과 그 커뮤니티를 파악하고 있었다는 것, 특히 '만주국'에서는 시기는 늦지만 호적 정비, 청년 연성 실시로 징병을 준비하며 징병구를 설치하여 징병검사를 실시하고 있었고 조선인도 이에 응하지 않을 수 없는 상황에 놓여 있었다는 것을 시사한다.

2) 제2회 징병검사

제1회 징병자에 대한 징병과 교육이 실시되는 가운데, 1945년 2월부터 5월에 걸쳐 제2회 징병검사가 실시되었다. 제2회 징병검사는 제1회에 비해 조기에 실시되었고 기간도 단축되었다. 이로써 1년 내 두 번의 징병검사를 실시한 셈이다. 원래대로 라면 1945년 4월부터 검사했어도 상관없었다. 그럼에도 불구하고 서둘렀던 요인으로는 군의 심각한 병사

부족이 가장 컸던 것으로 생각된다. 이 무렵 정원 미달 부대가 많아 일본'본토' 내 방위에 필요한 부대원조차 연령이 높은 보충병이 대부분이어서 현역병의 충원이 필요했던 것으로 생각된다. 이 제2회 징병검사에 대한 상세한 내용은 명확하지 않지만 "지방 징병관 이하 관계자가 업무에 통효한 결과 전년도에 비해 더욱 순조로왔다"고 한다.[10)]

10) 앞의 吉田俊隈,「朝鮮人志願兵·徵兵の概要」에 의함. 제1회 징병검사 시 징병자의 연령은 1923년 12월 2일 이후 1924년 12월 1일까지 출생자로 1943년 12월 1일부터 1944년 11월 30일까지 만 20세에 달한 자가 대상이었다.

제5장
징병과 경찰·군 조직

총독부 권력이 조선 민중의 생활과 직접적으로 연결되는 기본적인 접점은 읍·면 행정의 말단기관과 경찰이라고 해도 좋을 것이다. 군과 헌병은 직접적이지 않지만 행정기관과 경찰을 지탱하는 무력의 중추로 존재했다. 우선 경찰과 징병의 관계를 고찰할 필요가 있다.

1. 징병 실시와 경찰

징병과 민중의 관계에서 보자면 경찰의 역할은 컸다고 생각된다. 여기서는 징병체제를 확립·유지할 때 경찰이 어떠한 역할을 담당하고 있었는지를 살펴, 징병과 민중 지배의 구조를 밝히고자 한다. 일반적으로 말하자면 조선 사회에서 경찰이 담당한 역할은 매우 컸다. 예컨대 일본'본토'에 도항하려 할 경우 면 주재소의 도항증명이 없으면 불가능했다. 또한 이 무렵 강제공출에는 경찰관이 입회하였고 식량부족으로 배급을 실시해야 하는 상황에는 경찰관의 내정과 허가가 필요했다. 조선

내와 일본'본토'로 노무동원을 실시할 경우에는 반드시 경찰관 입회하에 그 지도를 받도록 하는 것이 조건이 되어 있었다.

농촌에서 경찰은 절대적인 권력을 갖고 군림했다. 경찰은 면장 등 행정조직 말단 책임자보다 민중 동향을 엄중하게 감시하고 생활을 좌우하는 실질적인 권력을 갖고 있었다. 면장은 표면적인 정책 수행자였다고 한다면, 경찰은 실질적으로 강제력을 수반한 조직으로서 민중 앞에 존재했다. 징병의 경우에도 표면적으로는 호적계 활동이나 애국반 활동이 두드러지는데, 실시 과정에서는 경찰이 실질적인 징병 수행의 주체가 되고 있었다는 측면이 있다. 징병이 어느 정도 실시 가능했던 것은 경찰 권력이 배경에 있었기 때문인 것으로 판단된다. 이하에서는 경찰과 징병과의 관계를 개관해 보겠다.[1)]

총독부는 경무국을 징병 실시의 추진기관으로 선정하여 각지 경찰기구를 통해 징병을 수행하는 것으로 하였다.

총독부는 그 역할에 대해 "조선에서의 징병 사무 담당 기관은 본 부(府) 경무국 및 각 도 경찰부를 감독기관으로 하고, 부 구역에는 부윤, 기타 구역에는 경찰서장이 총괄하여 말단 사무를 담당하도록 하는 것으로 결정했다"고 설명하고 있다.[2)]

이를 위하여 징병 실시 발표 후 경찰 직원을 증원하고, 사단, 경비부가 있는 4개 도에는 경시를 과장으로 한 병사과를 신설했다. 구체적인

---

1) 이 시기의 헌병대 역할은 식민지 지배 당초보다 인원이나 규모 모두 소규모로, 도시와 군대 주둔지에 수십 명 규모로 배치되는 정도에 지나지 않았다.

2) 朝鮮総督府, 「第86回帝国議会説明資料」, 1944년 12월 警務課 작성 자료. 이하 특별히 언급하지 않는 한 본 자료에 의거하여 검증하겠다. 한편, 징병제 발표 이전에도 일본인 징병 사무와 조선인 지원병 사무는 경무국 경무과가 담당하고 있었다. 도 경찰부에서도 병사 사무를 담당하고 있었다. 일본인 경찰관의 출신지는 구마모토현(熊本縣)을 정점으로 규슈, 주코쿠(中國)지방 출신자가 압도적으로 많았다. 읍에 배치되었던 일본인 순사는 9할이 육군 또는 해군의 병적을 갖고 있었다. 징병체제 하 일본인에게는 당연한 것이겠는데 대부분 군인 출신자가 경찰관이었다고 할 수 있다.(매년도『朝鮮警察概要』, 경무국 자료에 의함)

담당 사무는 지원병 사무와 징병 사무였다. 그야말로 경찰은 '중추적인 책임 기관'으로 존재했던 것이다. 특히 면과 읍에서 큰 역할을 담당했던 순사는 면과 읍 직원수와 같은 규모를 자랑했다. 순사의 총수는 정원으로 2만 명을 넘어서서, 1개 사단을 능가하는 규모였다. 1943년 정원을 나타낸 것이 〈표 13〉이다.

〈표 13〉 1943년 읍·면 직원수와 순사수

읍면장	2,325	일본인 순사	13,307
읍면 리원수	25,580	조선인 순사	7,758
읍면 직원 총수	27,905	순사 총수	21,065

출전: 『朝鮮總督府年報』에 의함.
주: 경찰 간부는 포함되지 않았음.

읍·면 직원수와 순사수의 차이가 6,840명에 불과하여, 경찰 직원인 경부보, 경부, 서장 등을 포함시키면 거의 동률에 가깝다. 동 시기는 전시동원 등 관청 관계 업무가 증가 일도에 있었으나 호적계 등 병사 사무 외 직원은 그다지 증원되지 않았다. 따라서 얼마나 경찰관 배치가 많았는지를 알 수 있다.

읍·면 직원수에 육박하는 경찰관을 동원하여 징병자 한 사람 한 사람을 색출해 징병률을 높였던 것이다. 이와 같은 경찰 조직이 없었다면 조선인 징병은 불가능했을 것이다.

그런데, 이 숫자를 통해 총독부의 의도를 엿볼 수 있을지언정 이 숫자는 정원수일뿐 실제 숫자는 적었다. 가령 1944년 10월 현재 일본인 순사는 8,005명, 조선인 순사는 8,541명으로 계 1만 6,546명이었다. 이 수치의 특징은 조선인 순사가 정원수에 비해 과도하여 일본인 순사 수를 뛰어넘었다는 점, 일본인 순사는 징병되거나 혹은 지원자가 없다는 등의 이유로 6,627명이나 대폭 감원되었다는 것이다. 참고로 1944년 정원은 일본인 1만 4,632명, 조선인 7,857명이었다. 민중 앞에 나서

는 일본인 경찰관은 절반 이하가 되었던 것이다.[3)]

일본 패전 시 경찰관 총수는 1만 8,000명으로 경찰관 1인당 인구 1,500명이었는데, 일본인 경찰관은 더욱 감소하여 4,000명에 지나지 않았다는 숫자도 있다.[4)]

따라서 이 시기 총독부가 과제로 삼았던 것은 경찰관의 질적 저하와 일본인 경관의 부족에 따른 치안 불안 등이었다.

조선총독부는 순사 교육에 충실을 기함으로써 지배체제를 겨우 지탱하고 있었던 것이다. 한편, 경찰 간부에는 일본인이 압도적인 비중을 차지하고 있었다. 정원수가 아닌 실질적인 수치에서 경시·경부·경부보가 1,734명 취임하여 지배체제를 공고히 하고 있었다. 조선인 간부는 1,734명 중 291명에 지나지 않았고, 특히 경시라고 하는 상급 간부는 일본인 94명인데 비해 조선인은 겨우 9명에 지나지 않았다.

이상과 같은 경찰관 상황에서 보면 징병을 포함하여 노동 동원, 징용 등 조선인 동원에는 조선인 경찰관의 역할이 매우 컸을 것으로 판단된다. 언어 문제도 있으므로 징병과 기타 동원을 수행하는 과정에서 조선 실정에 밝은 조선인이 일정 역할을 수행해야 했던 것이다.[5)]

경찰관은 실제로 징병 시 적령자의 조사·확정, 훈련소 동원, 징병영서 전달 등에 관여하고 있었다. 즉 실질적인 징병 사무 수행자였다.

이러한 경찰 중심의 병사 사무는 법적 근거 하에 지원병에 대해서는 각 도 경시가 담당하였고, 부·읍·면 징병 사무는 경시의 명을 받은 서장이 담당하고 있었다. 그러나 징병에 따른 정비와 1943년 3월 29일 공포의 병역법시행령 개정에 따라 부윤, 읍·면장이 징병 사무를 담당

3) 이상의 숫자는 앞의『帝國議會說明資料』에 의함.

4) 『朝鮮軍関係資料 二分の一』, 防衛研究所図書館, 滿州－朝鮮－1에 의함.

5) 이와 같이 민중 동원의 전면에 나선 조선인 경찰관은 일본의 패전이 명백해지자 민중으로부터 추궁받고 규탄되는 일이 일본인 경관보다 많았다고 한다.

하게 되었다. 그러나, 읍·면장이 호적, 징병 연령자 확정 등의 사무를 담당하기는 했으나, 도에서는 경시가 사무를 담당하였다. 병사 사무에 대해 다음과 같은 규정이 있었기 때문이다.

> 조선에 있어서는 경찰서장은 제111조 7의 도 병사에 관한 사무를 분장하는 경시의 명을 받아 그 관할 구역 내에 있는 읍•면장의 징병 사무를 총괄한다.(병역법시행령 제111조)

따라서 읍·면장이 분장하는 징병 사무는 실질적으로 경찰서장 지휘 하에 시행하는 것으로, 읍·면장은 실무로서 경찰 사무의 일부를 위탁받아 그 지휘에 따르고 있었다. 읍·면이 아닌 경찰이 권력을 배경으로 징병 사무를 담당하고 있었다는 사실이 병역법상으로도 명확했던 것이다. 일본'본토' 병사 사무와 다른 법적 조치를 취해야 했던 점에서 조선 징병의 특수성이 있었다. 구체적으로 말하자면 징병 실시에 있어서 읍·면이 갖는 권한만으로는 징병이 불가능하다는 배경, 즉 조선 민중의 징병에 대한 자세가 영향을 주고 있었다는 사실을 증명하고 있다.[6]

조선에서의 경찰은 중기관총, 소총, 권총을 장비로 갖고 있어 대포만 없을 뿐 전투부대로 전환할 수 있는 치안대책기능을 구비하고 있었다.[7]

조선의 입영에서는 실세로 다음과 같은 풍경이 전개되었다. "영광스러운 입영을 명령받은 자는 정해진 시각에 부읍면 또는 경찰 계원이나 부모형제 등의 배웅을 받으며 명령된 시간에 늦는 일 없이 자신이 입영해야 할 연대로 가는 것입니다."라고 하였다.[8] 다시 말해서 경찰관이

6) 일본'본토'의 병사 사무는 모두 시·정·촌 관청에서 처리하고 있었고 징병 거부 등의 특별한 이유나 사고가 아닌 이상 직접적으로 경찰이 두드러지게 관여하는 일은 없었다. 일본인에 대한 징병영서는 군으로부터 경찰을 경유하여 관청에서 본인에게 전달했다. 단, 재일조선인 징병의 경우는 경찰 특별고등과 내선계 지도 하에 시행되었다. 졸저, 『皇軍兵士にされた朝鮮人』, 社会評論社, 1991을 참조바란다.

7) 『朝鮮軍関係資料 二分の一』, 防衛研究所図書館, 滿州－朝鮮－1.

8) 朝鮮軍報道部隊監修·杉浦洋著, 『朝鮮徴兵読本』, 1944년 6월 제3판 290쪽.

동행하여 입영했던 것이다. 조선에서는 경찰관 관리 하의 징병과 입영인 것이다.

입영 시 어떤 이유로 출두할 수 없거나 출두하지 않는 경우에는 불참 신고, 진단서, 불참 사고 신고를 제출해야 했다. 그 경우에는 경찰서장 등 경찰 인장이 각종 신고서 말미에 있어야 했다. 즉 경찰이 직접 입영 거부자에 대한 단속을 담당하고 있었으며 입영자 감시체제의 중추를 경찰이 담당하고 있었다고 말할 수 있다.[9] 징병 기피자가 있는 경우, 물론 징병을 피할 도리가 없게 할 뿐 아니라 징병 기피자에게는 엄중한 처벌이 기다리고 있었다. 이 경찰 조직에 의한 엄중한 처벌이 조선인 징병의 전제가 되어 있었던 것이다.

2. 조선군 개요와 조선인 징병

조선에 배치된 조선군 사령관으로는 이타가키 세이시로(板垣征四郎) 육군대장이 태평양전쟁 개시 후 3년 10개월 정도 재직하고 있었으며 그 후 고즈키 요시오(上月良夫) 중장으로 교체되었다. 조선군의 임무는 직접적인 전장이 아니었기 때문에 편성된 부대는 끊임없이 전선으로 보충되어 갔고 치안 대책 상의 병력이 조선에 주둔하는 정도에 지나지 않았다. 뉴기니아나 필리핀 등지의 전선으로 배치되는 바람에 변동이 많아 일시적으로 최저 2만 5,000명의 경우도 있었으나 대개 4만 명 이상의 정규군이 주둔하며 치안유지를 담당하고 있었다. 전쟁 말기인 1945년 8월에는 본토 방어를 위해 제주도의 전략적 중요성이 높아져 그곳으로

9) 京城陸軍兵事部他, 『昭和十九年度徵兵検査の為、受検壯丁並に父兄の心得』(1944년 1월 간행)에 수록된 「사고에 따른 징병서 출두 어려운 경우의 수속(事故に依り徵兵署へ出頭し難き場合の手続き)」에 따른다.

군을 집중시키기 위해 병력이 일시적으로 증가했다. 이것을 일람한 것이 다음 〈표 14〉이다.

〈표 14〉 전시하 조선군 병력 배치수

연도	병력수	연도	병력수	연도	병력수
1941.01	25,000	1944.03	65,000	1945.05	140,000
1941.07	60,000	1944.05	80,000	1945.08	230,000
1943.01	40,000	1944.10	50,000		
1943.08	45,000	1945.03	50,000		

출전: 「朝鮮に於ける作戦準備」, 1941-1944滿州-朝鮮-18(防衛研究所図書館)에 의함.

조선군은 조선에 병사구를 설치하고 병사부장을 배치하여 그곳에서 징병을 실시했다. 병사구는 1943년 8월 1일 군령에 따라 시행되는데, 당초 7구에 지나지 않았던 것을 13도 전 지역에 설치하였다. 이 병사구는 육군병사구로 일본'본토'와 동일한 기능을 가졌다. 병사구는 다음과 같은 도시에 설치되어 징병 사무를 총괄하여 실시하는 기관이 되었다.

> 나남(함경북도), 함흥(함경남도), 경성(경기도), 대구(경상북도), 평양(평안남도), 광주(전라남도), 신의주(평안북도), 해주(황해도), 춘천(강원도), 청주(충청북도), 부산(경상남도), 대전(충청남도), 전주(전라북도) 등 각 도 중심도시에 설치

이와 같은 도시에는 치안 대응이 가능하도록 조선군 각 부대와 적은 인원이지만 헌병대도 주둔하고 있었다. 그밖에 해군진수부가 진해에 설치되었고, 여수, 목포에도 부대가 주둔하고 있었다.

부대 배치는 시기에 따라 서로 달라 여기에 소개할 여유는 없지만 소재지 일람이 작성되어 있다.[10] 조선 내 비상사태 시 군이 대응할 수 있

10) 예를 들자면, 「方面軍·軍管区諸部隊通称号所在地一覧」, 1945년 7월 10일 현재, 中央軍事行政編成149他, 防衛研究所図書館 소장.

도록 배치되어 있었던 것이다.

또한 군의 보조기관으로 치안 대책에 일정 역할을 담당했던 헌병대는 인원수로서는 그다지 큰 비율을 차지하고 있지 않았다. 전시하 조선의 헌병대 설치 상황을 나타낸 것이 〈표 15〉이다.

〈표 15〉 일제 말기 조선의 헌병 본부 주둔지 일람

1944년 3월 이전	나남(56), 경성(76), 대구(28), 함흥(15), 평양(60)
1944년 3월 설치	부산(71)
1944년 9월 설치	광주(30)
1945년 4월 설치	대전(15), 춘천(12), 신의주(30)

주: 1.이 표에 게재되지 않은 도시에도 대도시로부터 분대가 파견되어 있어 헌병대가 주둔하지 않는 공백의 지역이 존재하고 있던 것은 아니다.
2.괄호 안의 숫자는 인원수이며 본부와 분대를 모두 합한 수치이다.

이 표를 보면 알 수 있듯이 전쟁 말기가 되어 갈수록 헌병 배치가 강화되어 가지만, 치안을 위시하여 구체적이며 직접적인 동원 정책은 경찰력에 의존하고 있었던 것이 실상이다. 그렇지만 헌병대의 배후에는 육군이 자리하고 있어 그 권한은 막대했다.

조선에서 징병을 실현하는 데는 군 배치와 경찰체제를 중심으로 한 징병 조직이 존재하여 비로소 징병이 가능했던 것이다.

제6장
징병 실시와 징병자 수

1944년 9월이 되자 8월까지 징병검사를 마친 사람들에게 차례차례 소집영장이 발부되기 시작했다. 영장을 전달한 사람은 일본'본토'와 달리 관청 직원이 아니라 경찰관이었다.[1)]

당사자, 가족에게 확실하게 전달했다는 사실이 일자를 포함하여 기록되어 있다. 징병된 병사를 배웅할 때는 재조일본인과 동일하게 하였으나 이 시기가 되면 병사의 송영도 절약이 장려되고 있어서 간소하게 했던 것으로 생각된다.

징병자의 배웅은 각 부락연맹(국민총력조선연맹의 하부조직)이 담당하고 있어 만약 도망이나 기피자가 발생하면 부락 전체의 책임이 되었다. 동족 사회의 결속이 강한 지역 사회에서는 징병영서를 거부하거나 도망할 수 없었다. 더욱이 농촌에서도 식료 등의 배급이 필요한 속에서 일본'본토'의 '도나리구미'와 같은 성격의 애국반이 일정 부분 주민들을 상

---

1) 현재 한국의 행정기관에서 이 시기의 징병 관련 공문서를 보존·공개하고 있는 곳은 발견되지 않았다. 일본과 같은 병사 종류와 경찰관계 자료도 극히 일부밖에 없다. 따라서 여기서는 경찰관계 사무분담 등을 검토한 결과, 경찰관이 배포했을 것이라고 추정했다. 이를 수령했던 조선인 측 구술확보가 필요하다.

호 감시하는 역할을 담당하고 있어 징병영서가 발급되면 징병에 응하지 않을 수 없었다. 다시 말해서 강력한 지배망이 펼쳐져 있어 그곳에서 빠져나가는 것은 어려운 일이었다.

징병영서를 건네받은 청년은 즉시 병사구에 출두하여 입영해야 했다. 이와 같은 사태를 조선 민중들을 어떻게 생각하고 있었을까.

이 당시 일본인 입장에서 입영은 일상적으로 반복되고 있었던 것으로 비장감이 감도는 일은 없었고 오히려 명예로운 것이라고 생각하는 측면이 있었다. 조선인 입장에서는 처음 경험하는 징병 체험이자 더욱이 전황이 불리해져 전사자가 증가한다고 전해지는 가운데 조선인 전사자도 늘어나고 있었다. 조선인 민중의 입영에 대한 반응은 일본인과 전혀 달랐다.

> 입영할 때는 친족 혈연들이 배웅을 나오는 일이 실로 많아 마치 문전성시를 이루듯 성황을 이루었다. 또한 입영 후에도 면회인이 끊이지 않았다. 특히 모친의 경우에는 매일 병영을 잘 내려다볼 수 있는 곳에 걸터앉아 종일 자기 아들의 신상을 걱정하는 자도 상당히 많아 부대측이 이들 면회인에 대해 응대 정리하는 일이 상상을 초월할 정도이다.

라고 기록하고 있었다.[2)]

징병자를 보낸 조선인 부모 입장에서는 "나라를 위해서" 라는 생각은 적었다. 전쟁에 승리하는 것이 조선인 자신의 이익과 연결된다고는 생각되지 않았고, 전장에 나가 '귀한 자식'이 사망하는 일이 발생하는 것은 아닌지를 걱정하고 있었기 때문이다. 이 시기에 이르면 조선 재주 일본인 병사의 사망자도 증가하여 장례 풍경이 도처에서 목격되었다. 전사자가 증가했음을 실감하고 있었을 것이다. 또한 조선인 입장에서 외동 아들인 경우에는 대를 이을 사람이 사라지게 되는 것이기에 조상

---

2) 吉田俊隈, 「朝鮮人志願兵·徵兵の概要」, 防衛研究所図書館 소장.

과 집안을 소중히 여기는 사람에게 있어서 대단한 위협이 아닐 수 없었다. 그리하여 이와 같은 풍경을 자아낸 것이다.

1944년 12월경까지 당초 예정한 갑종 합격자를 중심으로 한 입영은 종료하고 배속부대가 결정되어 갔다. 과연 징병자는 몇 명 정도였던 것일까.

1. 징병자 수

조선인 징병자는 정식으로 몇 명이었는지에 대해서는 몇 가지 수치가 있다. 확정할 수는 없으나 1944년도와 1945년도의 확인 가능한 공식 징병자수는 각 4만 5,000명이다. 해군 1만 명, 1938년부터 시작된 지원병, 학도 중심의 특별 지원병을 합하면 〈표 16〉과 같다.

〈표 16〉 조선인 징집 인원 일람

연도	육군현역병	제1보충병	해군병	계	제도구분
1938	300	100		400	특별지원병
1939	250	350		600	특별지원병
1940	900	2,100		3,000	특별지원병
1941	1,000	2,000		3,000	특별지원병
1942	2,250	2,250		4,500	특별지원병
1943	3,200	2,130		5,330	특별지원병
	(3,457)	(430)		(3,893)	학도병
계				16,830	
				(3,893)	
			[3,000]	[3,000]	해군특별지원병
1944	45,000		10,000		징병
1945	45,000		10,000		징병

연도	육군현역병	제1보충병	해군병	계	제도구분
계	101,357	9,366	20,000	23,723	
총계				154,446	

출전: 吉田俊隈, 「朝鮮人志願兵 · 徵兵の概要」, 수록 표에서 작성. ( ) 괄호 내 수치는 학도지원병수. [ ] 괄호 내 수치는 해군특별지원병수

주: 1. 오노 로쿠이치로 문서의 징병 관계 자료도 징병자수는 45,000명으로 수치가 일치한다. 오노 문서는 전시 하 자료, 위 출전 자료는 패전 후 조선군 참모가 정리한 자료.
2. 나중에 언급하는 1944년, 1945년도 보충병, 근무병수는 여기에 포함하지 않았다.

정식으로 일본군 병사로 군에 소속된 사람들이다. 그밖에도 비행병, 전차병, 정비학교 출신 정비병은 별도로 지원하여 수검하였기에 이 표에는 포함되어 있지 않다고 판단된다. 특별한 교육이 필요했던 비행병, 전차병, 정비병 등의 조선인수는 알 수 없지만, 각각의 병종에 조선인이 있었던 것만큼은 틀림없다. 따라서 징집 인원은 위보다 더 많았다.

〈표 16〉의 가장 큰 문제점은 1944년과 1945년에 징병된 보충병과 근무병의 수치가 누락된 점이다. 「조선인 지원병·징병 개요(朝鮮人志願兵·徵兵の概要)」에서 집필자 요시다(吉田俊隈)는 제1회 징병검사의 결과를 분석하여 "약 23만 명의 장정 중 현역으로 입영한 자는 겨우 4만 5천 명(해군병 1만 명 별도)으로 그밖의 대부분은 보충병으로서 재향 대기 중이었는데, 본토 병비 강화에 따라 점차 각 근무대 현지 자치요원으로 소집되기에 이르렀다"고 한다. 다시 말해서, 본토 방위가 과제여서 보충병을 소집했다고 하고 있다. 구체적으로 몇 명인지는 밝히지 않고 있다. 요시다가 지적한 대로 "현지 자치요원으로 소집되기에 이르렀다"고 한다면 1944년과 1945년에 걸쳐 보충병이 대량 징병된 셈이다. 징병검사 결과, 갑종 합격자가 아니더라도 제1 을종 이하 보충병도 징병할 수 있었던 것이다.

징병검사 결과를 일람하면 〈표 17〉과 같다.

〈표 17〉 현역에 적합한 자

심신 우량인 자	갑종	현역병	군대
갑종 다음의 자	제1 을종	제1 보충병	군대
제1 을종 다음의 자	제2 을종	제1 보충병	군대
제2 을종 다음의 자	제3 을종	제2 보충병	군대
현역 부적합한 자	병종	국민병역	군대
국민병역에 적합한 자			
병역에 부적합한 자	정종	병역 면제	
질병으로 등위 판정 불가능한 자	술종	이듬해 재검사	

출전: 京城陸軍兵事部他『昭和19年度徵兵検査の為受検壮丁並に父兄の心得』중 15章「徵兵検査と兵役との関係」, 1944년 1월.

위 표에 따르면 병종 합격자까지 사실상 징병할 수 있었으며, 〈표 16〉에 있었던 제1보충병 이외에도 징병되었다고 생각된다. 1945년 2월 28일에 편성된 보충병 부대의 존재는 이를 입증하는 자료로 확인할 수 있다. 요시다의 지적대로 정식 징병자수 4만 5,000명 외로 징병된 사람이 있었던 것이다. 이 시기에 조선에서 병사를 경험한 사람이 일본어를 전혀 할 수 없는 사람들이 대량 입대했다고 증언하는 것을 보면, 제2 을종부터 병종까지도 징병된 것으로 봐야 할 것이다. 다음에서는 몇 가지 병종으로 나누어 징병된 병사들의 수치를 추적해 보자.

2. 조선인 보충병을 중심으로 한 보충대의 존재

보충대라 함은 일정한 교육을 거친 후 부대에 배속되는 병사를 말하는데, 이 부대의 어느 정도가 징병된 조선인이었는지, 이를 나타내는 자료는 없다. 그러나 이 시기의 상황에서 보면 일본인 보충대 대원은 적었기에 대부분은 조선인이었을 것으로 판단된다.

〈표 18〉 조선군 사단 관구사령부 보충병 일람 (1945년 2월 28일 편성)

사단명	병종	병	병 · 하사관	기타	계
나남·평양 대구·광주 각 사령부 합계	제1보충병	6,272	780	680	7,732
	제2보충병	6,272	780	680	7,732
	포병	1,800	252	240	2,292
	공병	2,240	300	280	2,820
	체신병	1,184	112	84	1,380
	치중병	2,212	212	212	2,636
소계		19,980	2,212	2,176	24,592
경성사단 관구사령부	제1보충병	2,620	313	269	3,202
	제2보충병	2,620	313	269	3,202
	제3보충병	2,620	313	269	3,202
	포병	450	63	60	573
	공병	560	75	70	705
	체신병	296	28	21	345
	치중병	553	53	53	659
소계		9,719	1,158	1,011	11,888
합계		29,699	3,594	3,187	39,667

출전: 陸軍省調製 「朝鮮軍管区編成人員表」 방위연구소 도서관 소장.

주: 1. 다른 부대에도 부분적으로 보충병은 있었으나 여기서는 다루지 않았다.
2. 기타 병사로 보충대에 속하는 위생병이나 부대 유지에 필요한 하사관 등이 포함되어 있다.

〈표 18〉과 같이 일정 비율로 배치된 하사관, 기타 속에 포함된 위생병이나 하사관 등을 제외하면 병사의 대부분은 조선인이었던 것으로 생각된다. 그러므로 제1회 징병검사 대상자 중 보충병으로 징병된 사람들이 적어도 3만 명 전후에 이르렀을 것으로 추정된다.

3. 근무대원으로 징병된 사람들

전쟁 말기에 이르면 군수물자 수송, 방어진지 구축 등이 과제로 부상하면서 노동력 부족이 심각해졌다. 그리하여 일반 노동력과 조직만으로는 군의 노동력 수요에 부응할 수 없을 정도에 이르렀다. 그래서 고안한 것이 조선군관구사령부에 '특설근무대'를 조직하는 것이었다.

특설근무대는 〈표 19〉와 같이 조선군 예하에 제35 야전근무대, 제38 야전근무대, 제39 야전근무대를 설치하였다.

〈표 19〉 근무대 편성수

부대명	중대수	인원수
제35 야전근무대	10	4,880
제38 야전근무대	7	3,416
제39 야전근무대	6	2,928

주: 조선군 관구 편성인원표에서 작성

제35 야전근무대를 예로 들면, 수상근무 67중대~76중대까지 10개 중대로 편성되어 있다. 각 중대는 511명으로 구성되어 있으며, 그중 병사 488명, 하사관·위생병 등은 23명이었다. 그런데 여기서 일본'본토' 방위부대인 서부군관 아래로 배속된 것이 67~70중대였다. 후술하는 바와 같이 니가타(新潟), 사카타(酒田)에 주둔하였는데, 이 부대는 병사 전원이 조선인으로 무기는 전혀 소지하지 않았다고 한다. 다시 말해서 병사 488명이 조선인이고 이것이 10개 중대 있었으니 총 4,880명의 조선인 부대였다고 생각된다. 하사관의 소대장은 일본인으로 지휘권은 일본인이 쥐고 있었다.

제38 야전근무대는 77~79 수상근무 중대, 180~183 육상근무 중대 등 7개 중대로 구성되어 있었으며, 제39 야전근무대는 184~189 육상근무대 6개 중대로 구성되어 있었다. 두 근무대를 모두 합하면 중대별 병사 488명 구성으로 13개 중대 6,344명의 조선인 병사가 있었던 셈이다. 앞의 제35 야전근무대를 합하면 조선인은 총 1만 1,224명이 된다.

물론 이 부대 편성에서 병사수는 증감이 있을 것이므로 약간 편차가 있을 수 있다. 전술했던 전투 부대원으로 징병된 조선인 4만 5,000명과 더불어 노동력으로 징병된 1만 1,000명 전후의 조선인이 있었던 것이다. 이 근무대가 편성된 것은 1945년 3월 3일의 일이었다.[3)]

이 근무대의 구성원이 조선인 병사로만 구성되었다는 것은 다음과 같은 사례에서 알 수 있다.

예를 들어서 1944년도에 선박병으로 징병되어 공식적으로 배속된 자가 1,600명에 불과하나,[4)] 조선에서 니가타에 배속된 조선군 수상 근무대원은 1,022명이고[5)] 사카타(酒田)항에도 이와 같은 수상 근무대가 확인되어 이것만으로도 조선인 병사가 2,000명에 가깝다. 물론, 조선인 선박병은 조선내와 일본의 다른 항구에서도 항만 노동을 위해 배속되었을 터인데, 숫자가 일치하지 않는다. 따라서 〈표 19〉에서 보는 바와 같은 선박병은 1,600명과는 별도로 배치된 것이라고 생각된다.

이 자료에서는 1,022명이라고 되어 있는데, 일본인 병사도 포함한 것일 터이고 조선인 병사는 앞서 본 바와 같이 488명 할당이었으므로 조선인 병사는 양자를 합해 976명이었을 것으로 생각된다.

한편 니가타의 선박병은 소대장이 일본인이고 나머지는 모두 조선인이었다.[6)]

보병과 전선에 배치된 조선인 병사가 분산 배치된 것과 비교한다면 실로 큰 차이가 있다. 배치된 선박병의 경우, 무기를 일절 보급받지 못

3) 근무대에 대해서는 육군성이 제작한 「朝鮮軍管区編成人員表」를 참고하였다. 수상 근무대에 대해서는 陸軍省 調製, 「船舶司令部編成人員表」에 의했다. 두 자료 모두 방위연구소 도서관 소장.

4) 앞의 책, 『朝鮮人志願兵·徵兵の概要』에 의함.

5) 新潟市, 『戦場としての新潟』, 1998년 11월.

6) 제1선박수송사령부 호쿠리쿠(北陸)지부 경리과장 요시다(吉田郁生)의 “야전근무 제68중대는 조선인 부대(野戦勤務第六八中隊は朝鮮人の部隊)”라는 증언에 의함.

한 채 수송 노동자로서의 역할만 수행하며 집단적·조직적으로 사역되고 있었던 것이다.

이상과 같은 결과를 합하면 제1회 징병 대상이 되어 병사로 징병된 사람은 당초 징병자수 4만 5,000명, 보충대 약 2만 9,000명, 야전근무대 약 1만 1,000명으로 총 8만 5,000명이 된다.

그밖에도 나중에 언급하겠지만 해군에 입대한 사람이 1만 명이므로 1944년도에 약 9만 5,000명이 정식으로 징병된 셈이다. 이중 갑종 합격자는 6만 6,000명이라고 하므로,[7] 을종 이하 징병자는 2만 9,000명에 이르는 것으로 판단된다.

제1회 징병으로 지금까지는 9만 5,000명의 징병자가 있었던 것으로 확인된다. 그렇지만 제주도 방위가 강화되던 1945년 봄부터 보충병, 근무대로도 징병됐을 가능성이 있어 실제로는 더 많았을 것으로 보인다. 이 수치에 대해서는 후생성이 정리한 숫자를 이 책 마지막에 게재하였으니 참고하기 바란다.

제2회 징병검사는 정상적이라면 1945년 4월 이후 실시될 예정이었으나 1945년 2~5월에 실시되었다. 앞서 말한 바와 같이 그 사정을 알 수 있는 자료는 없고, 다만 전황이 긴박하여 심각한 병력 부족을 충족시키기 위해 앞당겨서 실시한 것으로 판단된다. 1945년 8월 15일 일본 패전 시까지 육군 4만 5,000명, 해군 1만 명은 확실히 징병된 것으로 생각되나, 보충병, 근무대 등의 징병은 확인할 수 있는 자료가 없다. 이전과 동일 규모 혹은 그 이상의 인원이 동원됐을 것으로 생각된다. 〈표 20〉과 같이 병사로서 19만 명이 동원되었다.

---

7) 朝鮮総督府, 「帝国議会説明資料」, 1944년 12월, 연성과(錬成課) 작성의 징병 대상자 훈련·연성 관계자료에 의함.

〈표 20〉 징병자 총수

	징병	해군병	보충병	근무병	계
1944년	45,000	10,000	29,000	11,000	95,000
1945년	45,000	10,000	(29,000)	(11,000)	95,000
계	90,000	20,000	58,000	22,000	190,000

주: 괄호 안의 수치는 추정치이다.

이상과 같은 징병자 수, 병사 동원 수는 조선 내와 일본'본토' 징병자 수를 합산한 것이지만, 징병은 중국 동북지구, 구 '만주국' 거주 조선인에게도 시행되고 있었다. 이에 관해서는 1944년 징병의 경우는 앞의 수치에 포함됐을 가능성은 있다. 1945년도에도 징병이 시행되어 희생자도 발생하고 있었는데 위의 총 숫자에 포함되었는지의 여부는 현재로서는 알 수 없다. 또한 1944년 중국의 징병자 수도 포함되지 않았을 가능성이 있다.

불확실한 내용이 많으나 육해군 특별지원병, 학도병, 군속 등을 징병자 수와 합치면 〈표 21〉과 같이 36만 8,626명의 조선인이 군에 동원된 셈이 된다.

〈표 21〉 지원병을 포함한 군사적 동원 총수

구분	인원수
징병자 총수	190,000
육군 특별지원병	16,830
학도 지원병	3,893
해군 특별지원병	3,000
군속	154,907
계	368,626

제7장
조선인 희생자 수

일본인 병사로 희생당한 조선인 수에 대해서는 명확하게 확정된 것은 없다. 그 이유는 여러 가지이지만 가장 최대의 원인은 일본 정부가 상세하게 조사하지 않았기 때문이다. 일본인 병사의 경우는 패전 후 각 부대별로 생존자로부터 구술 청취를 포함하여 상세한 조사가 여러 차례 실시되었다. 그러나 조선인 병사에 대해서는 이와 같은 상세한 조사가 없었고, 설사 조사가 있었다 하더라도 총괄 숫자 정도에 지나지 않다.

두 번째로 후생성에 조선인 희생자에 대한 데이터가 있으나 희생자의 총수이며 그 근거에 대해서는 공표되지 않았다. 극히 일부가 한국 정부에 제공되었다고 생각된다.

세 번째로 이 문제에 관해 일본 정부 또는 일본 민간을 불문하고 모두가 조사와 연구를 하지 않았던 점을 들 수 있다. 한국에서도 일본인 병사가 되었던 것이 명예롭지 않았기에 일부 조선인 희생자에 관한 자료가 공개되었을 뿐 조사는 진행되지 않았다.

네 번째로 일본 패전 시 조선총독부 자료를 시작으로 조선군 관계자료는 모두 폐기된 것으로 보인다. 특히 조선 남부에 주둔했던 일본군의 경우, 미군이 상륙하여 인계받을 때까지 상당한 시간이 소요되었기에 그 기간 동안 처분되었을 가능성이 있다. 물론 일본'본토'에서도 현과 시·정·촌 관청의 병사 관련 서류는 대량 폐기되어 거의 남아 있지 않은 것이 현재 상황이다.

다섯 번째로 야스쿠니(靖國)신사에 군인, 군속의 조선인도 모두 합사되어 그 수 2만 1천 명에 달하는 것으로 알려지는데, 씨명, 전사 장소 등 상세한 내용에 대해 공표되지 않고 있다.[1)]

이상과 같이 조선인 희생자 수에 대해서는 어둠 속에 파묻혀 있다고 해도 과언이 아니다. 본서에서는 자료에 입각하여 가능한 한 희생자 수의 개요만이라도 확인하는 작업을 하고자 한다.[2)]

조선인 희생자 총수에 대해 패전 후 후생성의 공식 통계는 〈표 22〉와 같다.

후생성 집계의 희생자 수는 명백하게 적다. 최소한으로 잡은 수치이다. 예를 들어서 야스쿠니신사에 신으로 합사된 조선인이 2만 1,000여 명인데, 이를 조금 상회하는 정도이다. 군속의 경우는 군 직할공장에서 근무했던 사람은 군속 신분이었을 것으로 생각되지만, 이들은 야스쿠니신사에 합사되지 않았을 것으로 생각된다. 그리고 이오토(硫黃島)에 배치되었던 군속은 전원 사망하여 야스쿠니신사에 합사되었으나, 패전을 전후하여 소련군과 전투 중 사망한 사람이나 오키나와전에서 사망한 군속 희생자는 포함되지 않았을 것으로 생각된다. 특히 군속의 경우, 제

1) 〈역자주〉『육군전시명부』에 따르면 임무수행 중 사망한 군인의 경우, 일시, 장소, 병명 등 사망경위를 자세히 기록하고 있고 동시에 직속 부대장 및 군의에 의한 '사실증명서'를 작성하여 야스쿠니 합사의 당위성을 담보하고 있다. 반대로 병사의 사망 사유가 분적(奔敵, 적군에 투항하여 포로가 되는 것)을 시도하다 체포되어 처형된 경우에는 사망증명서에 '이유서'를 추가하여 야스쿠니 합사에 '부적합'함을 문서로 남겨 별도로 관리하고 있었다.

2) 대상 시기는 1941년 12월의 연합국과의 개전 혹은 조선인 징병실시 이후로 하지 않고, 1931년의 만주사변부터 1945년까지의 태평양전쟁 전체를 대상으로 한다.

국의회 설명자료에 따르면 1944년 9월까지 사망한 사람이 "약 7,300"으로 추정되며, 기타 행방불명자는 735명에 이른다고 한다.[3] 이를 모두 합하면 8,035명으로 후생성 복원국이 집계한 1945년 패전 시의 수치에 근접하다. 그런데, 1944년 9월 이후 전사자가 더욱 많았을 것으로 생각된다.

〈표 22〉 군속·일본군으로 동원된 숫자와 희생자수

		동원자수1	동원자수2	추정사망자수1	추정사망자수2
군속	육군	70,424*	48,359	2,992	2,991
	해군	84,483*	77,652	6,971	13,031
육군특별지원병		16,830			
해군특별지원병		(3,000)			
학도지원병		3,893			
징병	육군	186,980	94,972	6,127	5,870
	해군	22,299	21,316	250	308
		385,209	242,299	16,340	22,182

주: 1. 동원자수 · 추정사망자수 1은 후생성 제2복원국『在日本朝鮮人概況』, 1958년에 의함. 동원자수 · 추정사망자수 2는 1962년에 한일조약에 대비한 것으로 보이는 후생성 원호국 자료 권말 부표를 참고하기 바란다.
2. 육군과 해군지원병, 학도지원병 중 희생자수는 징병 사망자로 취급된 것으로 판단된다.
3. 본표에는 불확실한 요소가 많다. 징병의 경우, 보충병, 근무대로 징병된 사람은 포함되지 않았다. 이중에도 희생자가 있었는데 수치가 불명확하여 포함하지 않았다.
4. 군속수에 대해서는 제국의회 실명자료 1944년 9월말 현재의 통계가 있다. 이 자료를 보면 육군은 조선내와 중국, 남방 등으로 대량 동원하고 있었다. 그 내역인 즉 북부군 경리부 요원 7,061명, 포로감시원 3,223명, 운수부 요원 1,320명이었다. 그 외 징용령에 따라 일본'본토'로 동원한 사람도 육군, 해군에 대량 존재하고 있었다. 신분은 군속이었을 것으로 판단된다.

1962년 후생성 수치가 야스쿠니신사 합사자 2만 1천 명에 근사한 숫자로 현재로서는 2만 2천여 명이 일본 정부가 제시한 희생자 수라고 할

3) 『第八六回帝国議会説明資料』, 勤労動員課分에 의함. 단, 이 숫자에는 마킨, 타와라 양 섬에서 옥쇄했다고 하여 계산되었는데(조선인 1,200명), 전원 사망한 것이 아니라 일부는 포로가 되어 있었기 때문에 정확하다고 볼 수 없다. 그 후 이오토, 오키나와전에서 군속이 다수 희생되었기에 실제 수는 훨씬 많다고 생각된다.

수 있다.

현 단계에서 조선인 희생자 수는 전체수나 유형별이나 모두 불명확하다고 할 수 있겠다. 다음에서는 유형별로 희생자 사례와 대응에 대해 알아보겠다. 조선인 희생자에 대한 후생성 정보가 명확하지 않은 이상, 희생자들의 문제는 연구상으로도 전후보상문제에 있어서도 해결할 수 없을 듯하다.

1. 군속 희생자

군속 희생자 총수는 앞서 말한 바와 같이 자료가 공개되지 않고 있다는 점, 그리고 산일해 있다는 점 등으로 인해 불명확하다. 1945년 이후 후생성이 조사한 자료에 따르면 육군 군속 2,992명, 해군 군속 1만 3,031명, 총 1만 6,004명이라고 한다. 다음으로는 이 숫자의 구체적인 내용에 대해 검증해 보기로 하자.[4)]

조선인 희생자 중 희생자 수와 희생자가 발생한 기간(1931~1945년)이 가장 길었던 것은 군속이었다. 군속 희생자는 전기와 후기로 나누어 볼 수 있다. 이 구분은 군속의 조직적인 대량 동원이 개시된 1941년을 경계로 나눌 수 있다. 군속부대의 편성을 잣대로 삼았다.

1) 전기(1941년 이전)

이 시기 군속은 중국에서 전개중인 부대의 조선어·중국어 통역, 자

4) 조선인 희생자 중 특히 재일조선인 군사동원 희생자수에 대해서는 졸저, 『황국병사가 된 조선인(皇国臣民にされた朝鮮人)』, 社會評論社, 1991년을 참고바란다. 여기서는 재일조선인 군속, 병사의 군사 동원에 대해서는 따로 언급하지 않겠다.

동차 운전수 등이었다. 특히 1931년 이후 중국 동북지구에서 군사행동 중인 부대의 경우에 비중이 컸다고 생각된다. 특별지원병제도를 조선에서 채용할 때 참고한 군속 숫자는 군 직접 고용자 303명, 각 도 알선자 294명, 계 598명이 군에 소속되었다. 최대 직종은 운전수로 391명, 통역 111명이었으며 노동자인 군부는 이 시점에서는 적었다.[5]

1937년에 전선이 중국 전역으로 확산되자 중국 전 지역에서 사망하는 숫자도 늘어났지만 그 총 사망자 수를 특정할 수 있는 자료는 발견되지 않았다. 미담으로 부분적인 숫자가 발표되는 경우가 있는 정도이다.

將士に續く千五百
軍屬兵團、あゝ玉碎の設營隊員
半島關係五十六柱
きのふ東部軍合同葬
反當り四石目標 來年度
自肥增產へ當局萬全策

『京城日報』, 1943년 12월 21일자. 오른쪽은 길버트에서 '옥쇄'한 보도이고 왼쪽은 남방 각 방면에서 희생당한 조선인 군속 56명의 합동장례 기사이다.

5) 숫자는 朝鮮総督府, 「朝鮮人志願兵制度施行に関する枢密院に於ける想定質問､及び答弁資料」, 大野緑一郎文書, 1276쪽에 의함.

다음에서는 조선에 지원병제도가 시행되어 희생자가 보도될 때까지는 조선인 군속 희생자가 각종 미담, 명감 등에 게재되고 있었기에 그 중 일부를 소개해 보겠다.

1937년 '만주사변' 이후 전사한 사람들에 대해서는 조선군사후원연맹이 1940년에 편찬한 『誠忠錄』에 조선 관계 일본인 희생자와 함께 조선인 희생자의 기록이 있다. 이 책에는 출신지, 학력, 경력, 소속부대(단 OO로 표시), 부대에서의 직무, 사망 상황 등이 기록되어 있다. 이 기록에 따르자면 조선인은 통역 11명, 육군 군속 5명, 해군 군속 1명이 사망한 것으로 되어 있다. 대부분 육군 소속으로 모집에 응해 참가한 사람들이었다.

2) 후기(1941년 이후)

1941년부터 본격적으로 해군 군속의 군사적 징집이 개시되었다. 우선 징집된 것은 노동이 주요 목적인 해군 '애국작업단'이라는 명칭의 시설부대였다. 해군은 공병대가 없었기 때문에 그 대신으로 조선인 군속이 징집된 것이다. 그 수는 1944년에 3만 8,000여 명이나 되어 북으로는 가라후토(樺太, 사할린)로부터 남으로는 새 점령지까지 시설 건설을 위해 동원되었다. 가까운 곳으로는 오키나와, 먼 곳으로는 마킨, 타라와, 할마헤라섬 등지로 송출되었다. 이 해군 군속 사망자는 징병된 조선인 병사보다 많아 동원유형 중에서는 해군 군속이 최대 희생자였다고 생각된다. 육해군 군속의 사망 원인은 다음과 같이 분류할 수 있다.

첫째, 전투에 참가했거나 휩쓸려서 사망한 경우. 둘째, 수송 중 선박 침몰에 따른 사망. 셋째, 공사 중이나 노동 중의 사고사. 넷째, 전병사. 다섯째, 포로감시원 등 패전 후 처형사한 경우.

해군과 육군의 군속 동원 총수는 15만 4,907명이었다.[6] 희생자 중 남방 전투지역에 투입된 해군 군속이 압도적으로 많다.

2. 육군특별지원병

1938년 4월~1943년까지 징집된 특별지원병(이하, 지원병으로 약칭)의 총수는 모집수 1만 7,200명이고 실제 입대자는 1만 6,830명이었다. 그들은 주로 조선군에 입대했으며, 부대가 전환 배치되면서 전장으로 보급되어 갔다. 지원병은 중국, 남방 등 각지에 분산 배속되었는데 많은 희생자가 나온 배속지는 중국 전선이었다. 지원병 중 최초로 '명예'로운 '전사'로 선전된 이인석을 시작으로 사망사례는 다수 존재한다. 예를 들어서 조선인 중 처음으로 '전사'하여 2계급 특진했다고 발표·선전된 것은 학도지원병 지원기한 직전이던 1943년 12월 19일의 일로 김광창정(金廣昌貞) 외 3명이었다. 그들은 지원병 10기생으로 1943년 초두에 중국 전선에 동원되었다가 곧바로 전사했다. 징병이나 학도지원병제도 실시도 있어 2계급 진급이라고 하는 조치가 취해 졌다. 그 후 천황에게까지 알려졌던 박촌관빈(朴村官彬)은 1943년 지원병훈련소를 거쳐 1944년 12월에 미얀마 전선에서 사망했다. 지원병의 사망자는 개별적으로는 보도되고 있으나 전체적으로 몇명이나 되는지 후생성 등 자료가 발표되지 않아 불분명하다.

6) 특히 육군 군속은 그 수를 확정할 수 없는데, 전쟁 말기에 군 직영 공창이나 비행장 건설 등에 동원된 사람들은 군속으로 봐야 할 것인데, 그 총수를 확정하기 곤란하기 때문이다. 이들 군속의 사망자 총수도 정확히 알 수 없다. 패전 시 사망자와 패전 후 포로로 있다 사망한 사람들도 계산에 포함되지 않은 점 등의 이유로 확정할 수 없다고 생각된다. 조선인 군속 중 포로가 된 것은 미군, 소련군, 오스트레일리아군에서 일부 사실이 확인된다. 그러나, 그 실체나 각국의 포로 총수 등 구체적인 숫자는 조사되지 않았다. 특히 소련군 포로는 1만 명에 가까웠다고 하는 설도 있어 사망자도 많았을 것으로 추정된다.

3. 해군특별지원병

육군에 비해 해군 지원병제도는 매우 늦게 실시되었다. 그 이유는 해군의 경우 기술과 고도의 훈련이 필요하다는 까닭에 해군 스스로 적극적이지 않았기 때문인 것으로 생각된다. 그리고 조선인은 위험한 존재라고 생각하고 있었기 때문이기도 하다. 조선인이 해군에 특별지원병 혹은 징병[7]으로 동원된 사람은 해군특별지원자훈련소제도에 따른 경우와 그 후 징병과 동일한 의미를 갖는 해군특별지원병령개정령에 따른 경우가 있다.

해병단에 입단한 조선인 청년들의 수기신호훈련 (『戦う朝鮮』에서)

조선총독부는 1943년에 조선총독부 해군지원자훈련소를 설치하여 같은 해 7월 10일부터 지원자 모집을 개시하고 10월부터 군항 진주에서 제1기 훈련생을 수용하여 훈련을 시작했다. 이 제도는 육군특별지원

7) 해군의 경우는 일본'본토'에서는 기본적으로 지원에 의해 병력을 확보하고 있었는데, 지원자가 줄어들고 전쟁이 확대되면서 병력이 급격하게 부족해졌다. 조선에서도 지원이라는 형태로 해군병을 모집하였다.

병과 동일한 체제로 실시되었다. 그러나 징병 실시와 동시에 1944년 5월 10일 공포된 해군특별지원병령 개정이라는 형태를 통해 조선인은 해군에 직접 지원하고 해병단에 직접 입단할 수 있게 되었다. 지원했다고는 해도 해병단에 입단한 자는 1944년, 1945년 각 1만 명이 징병자에서 할당된 것으로 판단된다. 훈련소와 해병단 입단 장소는 모두 진해에 있었다.[8)]

京城日報

海軍特別志願兵令公布

施行規則も發表 八月一日實施

訓練所修了者を銓衡

所管海兵團に入團

半島の徵募 鎭海警備府掌理

海軍特別志願兵令

第一章 總則

第二章 服役

『京城日報』, 1943년 7월 29일.

8) 재일조선인의 경우는 와카야마현(和歌山縣)내 다나베(田邊)해병단에 조선인과 대만 출신자가 집결되어 훈련을 받은 다음 일본'본토'를 중심으로 해군병으로서 각지에 배속되었다.

진해에 있었던 훈련소 졸업생은 배속된 다음 전장에 보내졌고 해병단에 입단한 사람도 배속되어 희생되었다. 해군의 경우는 선박 침몰 등으로 희생당할 확률이 높았다. 그런데 후생성 조사로는 308명에 지나지 않는다.[9)]

4. 학도지원병

조선인의 학도병 지원은 극히 강제적으로 실시되었다. 그때까지 고등교육을 받고 있던 조선인 학생이 육군특별지원병 등에 지원한 사례는 겨우 2명 정도로 일절 응모하지 않고 있었고 병역 자체를 부정적으로 보고 있었다. 병역 자체가 조선인 사회에서는 정착되지 않았던 점, 무관보다 문관의 지위가 높았다고 하는 전통, 학생 중 일본 유학 체험, 취직 차별 등에서 민족의식을 갖는 사람이 많았던 점, 조선인 학도는 고등교육을 받을 수 있는 생활 수준을 갖추고 있어 직업으로 병사를 지원하지 않아도 좋은 경제적 기반을 갖고 있었다는 점 등이 요인으로 작용해 지원하지 않는 자가 많았다.[10)]

그렇지만 지원하지 않으면 비국민이 되고, 고향의 육친이나 경찰 등의 협박으로 지원하지 않을 수 없어 결국 대부분이 지원하였다. 그 경위에 대해서는 당시 신문 등의 문헌이나 증언이 있으며, 불만이 있더라

9) 이 숫자가 얼마나 적게 추정된 것인지에 대해서는 권말 자료 제4표와 같으나, (〈역자주〉원본에서는 제4표라고 하나 권말 자료는 9-9 표로 판단된다.) 후생성이 한국 정부에 제시한 자료에서는 2천 명을 넘는 사람이 사망했다고 하며 구체적인 병적 번호와 이름까지 열거되어 있다.〈역자주〉 노태우 전 대통령이 1990년에 일본을 국빈 방문하였을 때 강제동원 관련자료를 일본측에 요구하여 제공받은 바 있는데, 저자는 이 당시 제공받은 자료를 말하는 것으로 판단된다.

10) 이와 같은 지원의 실체에 대해서는 姜德相, 『朝鮮人学徒出陣: もう一つのわだつみのこえ』, 岩波書店, 1997년이 유용하다.

도 지원하지 않을 수 없었다. 이 청년들은 병역에 복무하면서도 과감하게 저항하였다.[11]

學徒よ召募の大號令だ
逡巡して悔を千載に貽す勿れ

志願せざる者は休學
重點産業へ徵用動員
大野學務局長、學徒父兄に檄

內地學徒は現役に○○萬人

半島の入營資格者五千名

擧つて

『京城日報』, 1943년 11월 5일

학도지원병 중 최초의 사망자는 '광산창수(光山昌秀)' 상등병이었다. 그는 함경북도 연성 출신으로 사가(佐賀)고등학교를 졸업하고 교토대학에 재학하고 있었다. '북지'(중국 북부)에서 철도경비를 서던 중 전투로

11) 본서 197쪽의 저항 상황 자료를 참고하기 바란다.

사망했다. 고이소(小磯) 조선총독은 자택을 방문하여 영예를 찬송했다고 한다. 물론 2계급 특진되었다고 한다. 그밖에도 남방지역에서 사망한 사례와 조선인 학도병이었던 사람들의 기록이 간행되어 이를 통해서도 확인할 수 있다.[12)]

『증언집 조선인 황국병사(証言集朝鮮人皇軍兵士)』(柘植書房, 1995)는 뉴기니아에서의 증언을 모은 것이다. 일본군 병사였던 것이 수치로 치부되는 한국 사회에서는 용기가 필요한 증언이다.

학도병이라고 하는 범주내에서 희생자는 많았다고 생각되는데, 학도병 전체 수 중 차지하는 비중은 어느 정도인지 정확한 수치를 내는 것은 곤란하다. 사망자 전체 수는 육해군 병사의 사망자 수 속에 포함되어 있을 것으로 생각된다.

5. 징병자들

징병은 1944년~1945년에 많았다. 사망자는 후생성 자료에 따르면 1962년 조사에서 육해군 합하여 6,178명이라고 한다. 앞서 언급한 바와 같이 야스쿠니신사의 '제신'이 된 조선인만 2만 1천 명이라고 하므로, 후생성의 이 숫자는 분명 적다고 할 수 있다. 주지하는 대로 1944년에 징병된 사람은 대부분이 1944년에 배속되었다. 1944년 징병자 중, 조선군에 배속된 자는 해군 1만 명을 포함하여 5만 1,737명으로, 나머지 3,160명은 관동군에 배속되었다. 조선군에서 전속되어 일본'본

12) 학도병이었던 사람들은 지식수준이 높아 각종 기록을 남겼다. 가장 대표적인 자료로는 현재 한국에 거주하고 있는 학도병 조직이 학도병의 저항이라는 시각에서 학도병 시절을 수기 중심으로 정리하였다. 1·20학병사기 간행위원회, 『1·20 學兵史記』

토', 남방 등지에 송출되었다.[13] 중국 등 전투지역에 배치된 사람들도 많았다. 일본'본토' 배속자는 오키나와를 제외하면 전장은 아니었으나 공습이나 훈련으로 사망한 경우가 있을 수 있다.[14] 1945년 징병자도 4월부터 일부 징병자의 배속이 개시되어 특히 중국 북부, 조선 내부 등에 많았을 것으로 생각된다. 징병자 사망이 전쟁 말기에 집중하고 있기에 개별적으로 어디서 몇 명이 사망했는지에 대한 조사는 현재로서는 극히 곤란하다. 매우 소수이지만 일본인이 작성한 몇몇 전기나 회고록에 일부가 기록되어 있을 뿐이다.

6. 기타 병과의 희생자

조선인이 특별공격대, 특공대원으로 전사한 것은 가미카제 특공대, 가오루(薰)특별공격대 대원들로 일본'본토'에서 출격하여 전사한 사람 중 씨명이 확인되는 것은 11명 이상이다. 그중에는 학도병뿐만 아니라 소년비행병 출신도 있었다.

---

13) 조선군은 "사단 이하의 동원에 의해 증가되는데, 그 내부분은 항상 제1선 증강 혹은 보충병으로 사용되었다. 대동아전쟁 개시 후, 쇼와20년(1945년) 경까지는 단순히 방어를 위한 병력증가에 지나지 않다가 제1선에 참가했다"며 뉴기니아, 레이테섬 등에 끊임없이 전용되었다고 기록되어 있다. 防衛研究所図書館, 『朝鮮に於ける作戦準備』, 満州·朝鮮-18 자료에 의함.

14) 〈역자주〉 한국원폭피해자협회 전 회장이었던 곽귀훈(郭貴勳, 1924.7.1.~2022. 12.31.)은 전주사범학교 재학 중 조선인 징병 1기생으로 징집되었다. 곽귀훈이 입영과 동시에 이송된 곳은 히로시마 소재 육군 제5사단 제11연대 제2기관총 중대였다. 이후 을종 간부후보생으로 선발되어 병역 중 1945년 8월 6일 원자폭탄에 의해 피폭당했다.(곽귀훈, 『나는 한국인 피폭자다-원폭피해자 곽귀훈의 삶과 투쟁』, 민족문제연구소, 2013년) 인류를 향해 역사상 최초로 실전 사용된 원자폭탄(핵폭탄)으로 히로시마시 전체가 괴멸적인 피해를 입었는데, 원자폭탄으로 사망한 사람만 약 16만 명에 육박하는 것으로 알려진다. 1944년말부터 본격화된 일본'본토' 공습으로 대도시 군수공장이나 군 시설에 동원된 수많은 조선인이 희생당하는 상황이 발생하고 있었으며 그중 가장 대표적인 사례가 히로시마시와 나가사키시에 투하된 원자폭탄에 의한 피해라고 할 수 있다. 이로 인해 조선인 희생자가 어느 정도에 이르렀는지는 현재까지도 불투명하다.

특공대원들은 육해군 사망자에 포함되어 있을 것이다. 소년 전차병, 정비병 등 각종 병과에 조선인도 포함되어 있지만, 희생자 수는 육해군 소속별로 집계되어 있어서 구체적인 내용은 명확하게 알 수 없다. 후생성이 파악하고 있는 조사와 대장을 확인하면 정확한 숫자를 도출할 수 있을 것이다. 한편, 군과 행동을 함께 했던 위안소의 여성들, 조선인, 중국인, 현지인 등 사망자도 조사 대상에 포함하여 고찰해야 하나 이들 희생자의 숫자도 명확하게 알 수 없다.

7. 후생성이 제출한 '전사'자 자료에 대해

후생성은 일본인이라 하더라도 당사자가 아니면 전사한 사람들의 정보를 공개하지 않고 있다. 입수 가능한 자료는 도별 총수의 일람표뿐이다(권말 자료를 참고하기 바란다). 그런데, 병적에 있었던 사람에 대해서는 소속 부대원 정보는 제공하고 있는 듯하다. 어찌했건 일본인 일반에게는 정보를 공개하고 있지 않다. 그러나 한국 정부에는 희생자 정보를 제공하고 있으며, 한국 국가기록원에서 한국 국민들에게 이를 공개하고 있다. 일본인이라 하더라도 한국에 가면 가까이서 볼 수가 있다. 문서 제목은『일본정부 작성 일제시 조선출신 군인·군속 명부』이며, 전산 자료로 17권이 있고 그중 14권은 군인·군속으로 나머지 3권은 징용자명부이다.[15] 이 군인·군속 명부 전부가 군인·군속 명부인지 의문이지만 이 자료 속에는 사망자가 기재되어 있지 않다. 그밖에도『조선반도 출신자 구 해군 군인 색인부』가 있으며 사몰자 2,020명, 복원자 2,021명

15) 〈역자주〉 일본정부로부터 전달받은 자료는 한국 국가기록원이 정리하여 일반에게 공개하고 있다. 자세한 내용은 국가기록원 사이트(https://theme.archives.go.kr/next/victimSearch01/viewMain.do)를 참조하기 바란다.

이라고 되어 있다. 이 자료는 한글로 정리되어 있어서 일본 정부가 작성한 원자료를 한국 정부가 전산 입력한 자료가 아닌가 생각된다.[16)]

위 자료 중 『조선반도 출신자 구 해군 군인 색인부』에서 일부 발췌하여 정리하면 〈표 23〉과 같은 조선인 해군 군인 사망자의 실체가 드러난다.

〈표 23〉 『조선반도 출신자 구 해군 군인 색인부』에 수록된 사망자 기재례

병종	입적번호	씨명	내용	사망인정일
水	250	신정춘섭(新井春涉)	전사인정	1944.9.9.
機	8	신정빈정(新井彬正)	전사인정	1944.9.9.
整	415	신정무길(新井武吉)	전사인정	1945.8.8.
水	1539	신정수광(新井壽鑛)	전사인정	1945.3.2.
水	257	청산택섭(青山澤燮)	전사인정	1944.9.9.
整	355	청산동립(青山東立)	사망	1945.4.9.
水	359	청송종욱(青松宗郁)	사망	1944.9.9.
水	2490	천안종희(天安鐘熙)	병사	1945.9.22.
水	226	안규식(安圭植)	전사인정	1945.8.6.
主	26	안동유승(安東由勝)	전사인정	1944.9.9.
衛	35	안동량웅(安東良雄)	사망	1945.2.16.
水	3488	안동세각(安東世角)	사망	1945.6.29.
整	420	유도광춘(有島光春)	전상사	1945.5.8.
水	172	암성상광(岩城相光)	전사인정	1944.9.9.
水	320	암촌길(岩村吉)	전사인정	1944.9.9.
水	2941	암촌선(岩村善)	전사	1945.7.14.

주: 1.사용된 용지는 모두 구레(吳)해군진수부의 것이다.
2.해군성, 구레, 요코스카, 사세보, 마이즈루 관할내 전사자로 판단된다.

16) 아무튼 후생성은 상당히 정확한 숫자를 조사하였고, 패전 후 시행한 각종 '전몰자'조사 자료도 보관하고 있는 것으로 판단된다. 이미 역사적 자료가 된 것을 공개하지 않는다면 조선인 '전몰자'의 실체는 명확하게 할 수 없을 것이다. 이 후생성 자료에 대해서는 1990년 7월 5일자 『朝日新聞』 조간에도 보도되었으므로 참고하기 바란다. 한편, 1997년 9월 25일 참의원 후생위원회 석상에서 가메다(龜田) 후생성 사회·원호국장은 군인·군속수, 육해군 합하여 24만 명, '전몰자' 약 2만 2천 명, 전상병자 약 10만 명이라고 정부위원으로서 답변하고 있다.
〈역자주〉 한국 국가기록원에서 제공하는 자료명은 「구 해군 군인 이력원표」이다. 저자는 2001년 이 책 발간 전에 참고했던 자료를 토대로 설명하고 있는 것으로 판단된다.

3.구체적인 사망지, 부대명 등은 이 자료에서 알 수 없다.
4.이 자료는 방대하기 때문에 '아' 행의 일부를 발췌하여 게재한 것으로 상세한 내용 검증은 다음으로 미루겠다.

〈표 23〉에서 보는 바와 같이 후생성은 상당한 양의 자료를 바탕으로 이와 같은 표를 작성한 사실이 확인된다. 해군 사망자 총 2,020명, 복원자 2,021명. 이 숫자는 해군 징병자 전체가 아니라 일부 집계라는 사실이 명백한데, 아무튼 다수의 희생자가 있었다는 사실을 분명히 할 수 있다. 전체 자료를 분석한다면 해군 병사가 무슨 병과에 배속되었고 몇 명이었는지, '전사인정'이라는 용어가 시사하듯 사망 시 상황을 알 수 있다는 것, 1944년 9월 9일의 경우는 그날로부터 생사불명이지만 사망이 확실시되는 전장이었다는 것 등이 판단되는 중요한 자료이다. 징병자, 군속이 된 사람, 거의 전부를 후생성에서는 파악하고 있다고 생각되어 이와 같은 자료가 공개되어야 병사가 되어 죽어간 조선인을 명확하게 할 수 있는 것이다.

8. 2만 2,182명이라고 하는 희생자 수

현재 2만 2,182명이라고 하는 후생성의 숫자에 대해 몇 가지 문제점을 지적하고자 한다.

첫째, 앞서 지적한 것처럼 희생자 수가 적다고 하는 점이다. 특히 전쟁 말기에는 모든 전선에서 희생자가 다수 발생하고 있었고, 남방에서는 미국, 호주 등 연합국군에 포로가 된 사람 중 일부는 판명되었으나[17)]

17) 하와이 조선인 포로수용소에 수용된 약 2,800명분의 수용자명부가 있다. 이 명부는 수용소 내 조선인이 작성한 것으로 일본 국내에 보관하고 있었다. 생환한 사람 중 일본'본토'에서 동원된 사람 일부 약 100명이 그 후에도 다시 일본'본토'에서 생활하고 있다. 그런 사례를 여러 개 확인할 수 있다. 하와이에서의 귀환은 1946년 1월부터 실

대부분은 동원자 수, 인양자 수[18], 희생자 수 모두 불명이다.

그중에도 '옥쇄지', 수송선 침몰, 소련군 진군에 따른 희생 등은 조사되지 않았거나 공표되지 않아 2만 2,182명이라고 하는 희생자 범주에도 포함되지 않은 것으로 생각된다. 그리고 일본'본토' 및 조선에서의 공습, 사고, 병사한 장병들도 있었을 터인데 이들은 위 수치에 포함되지 않았을지 모르기 때문에 실제 사망자는 이보다 훨씬 많을 것으로 판단된다.

둘째, 희생자 수 뿐만 아니라 사망지, 사망 상황, 유족 등도 대부분 전혀 확인할 수 없다. 일본인의 경우는 사망지, 사망 상황, 유골, 유족 등의 상황이 상세하게 조사·기록되어 있다. 이들 조사는 인양지 원호국 조사, 기타 전몰자 조사에 의해 명백해 졌는데, 조선인 조사는 극히 부분적으로밖에 알 수가 없다.[19]

시되어 대부분이 인천에 상륙하여 귀국했다. 오스트레일리아전쟁기념관이 소장하는 구 일본 육해군 문서자료(田中宏巳編, 『オーストラリア戦争記念館所蔵舊日本陸海軍資料』, 緑蔭書房) 속에 조선인 포로에 관한 자료가 산견된다. 미 국립공문서관 관계자료는 조사되지 않았다. 소련군측 포로자료 속 조선인 관계자료의 존재도 확인되지 않았다. 미 반환문서 중 「ア順乗船連名簿」, 방위연구소도서관 소장, 滿州-朝鮮-205에 조선 9부대 제7중대 명부가 있는데, 이 중에 조선인 군속 135명의 씨명, 본적, 연령, 태국과 하와이 포로수용소 별표 등의 기재가 있는 명부가 있다. 한 명은 붉은 글씨로 말소되어 사망한 사람으로 생각된다. 또 한 명은 군속 신분이 아닌 54세의 조선인이 포함되어 있다. 군속의 최고 연령은 41세이다.

18) 〈역자 주〉 인양(引揚)이라 함은 높은 곳으로 끌어 올린다는 사전적 의미가 있으나, 일본어로는 귀환하다, 복귀하다라는 의미로 사용된다. 여기서는 일본측 자료에 사용된 용어로서 원문대로 번역했다.

19) 1945년 11월부터 육군, 해군, 민간인의 인양자는 모두 후생성이 관할하게 되어 각지 원호국이 이를 담당했다. 군인·군속의 인양자는 도착지 인양원호국에서 부대상황, 전사자수 등 항목별로 상세하게 보고했는데, 조사 항목에 조선인, 대만인에 관한 사항이 있었다. 예를 들자면 『마이즈루(舞鶴)인양원호국사』에 따르면 부표 제11표에 '조선인 군인 군속 조사표'가 첨부되어 있다. 이와 같은 데이터는 모두 후생성이 관리하고 있는 것으로 판단되며 공개가 요망된다. 인양 도중 사망하는 경우도 있다. 해군 군속이었던 조선인이 우키시마마루(浮島丸)를 타고 일본에서 본국으로 인양하던 중 마이즈루에서 침몰하여 106명이 사망하였다. 그들은 "구 공원들은 모두 공원으로 신분을 회복시키고… 특히 106명은 해군 군속의 신분으로 사망한 것으로 처리했다"(中島親孝, 「浮島丸問題について」, 『親和』 12호. 나카지마는 후생성 인양원호국 과장)고 공식적으로 밝혔다. 이들이 본문 희생자수에 포함되어 있는지의 여부는 확인할 수 없다.

조선에서는 당초 외국으로부터 인양하는 자는 진해, 인천 등지에 상륙했는데, 중국 대륙에서 귀환한 경우 도보도 있어 명확하지 않다는 점, 38선을 경계로 분단된 점, 광복 후 혼란과 6.25전쟁에 따른 인구 이동이 있었던 점 등의 이유로 귀환자 수, 사망자 수가 분명하지 않다. 그리고 한국과 북한에서는 일본군이었다는 사실이 자랑거리가 아니며 이들에 대한 특별한 조치도 없었기 때문에 일본군 시절의 조선인 사망에 대한 상세한 조사도 없었던 것으로 판단된다.

셋째, 조선인의 경우, 희생자에 대해 보상을 어떻게 했는지 명확하지 않다. 대만 출신자의 경우는 일률적으로 200만 엔이 지급되었다고 하는데, 한국에서는 조사를 어떻게 하여 얼마만큼 보상을 했는지 알 수 없다.[20] 북한의 경우 일본으로부터 보상이 없었던 것은 명백한 사실이나 북한 내 조사 등 어떤 대응을 했었는지의 여부조차 현재로서는 알 수 없다. 그리고 재일조선인과 중국 내 구 일본군 군인은 보상 대상이 아닌 채 있다. 조선인이 분산 거주하고 있는 탓도 있겠지만 일본 정부는 전혀 통일된 대응을 하고 있지 않다. 이 경우, 일본 정부가 조사하고 있지 않는 점도 있겠지만, 대부분의 일본인들이 조선인 징병과 그에 따른 사망 등을 모르고 있어 보상에 대한 국민적인 지지로 연결되지 못하고 있다는 것이 큰 이유라고 생각된다. 지속적인 사실 발굴이 필요하다. 한편, 재일조선인 영주권 신청자 유족은 2001년 4월부터 일정의 보상을 지급받게 되어 신청접수가 개시되었다.

---

20) 〈역자주〉 군인, 군속, 노무자 등으로 강제동원되었다가 현지에서 사망 또는 돌아오는 과정에서 사망한 희생자에 대해 한국 정부가 위로금을 지원한 바 있다. 2004년 3월 '일제강점하 강제동원피해 진상규명 등에 관한 특별법'이 제정되자 동년 11월에 '일제강점하 강제동원피해 진상규명위원회'가 국무총리 직속으로 설치되면서 피해 조사에 돌입했다. 희생자에 대한 위로금 지급은 2007년 12월에 제정된 '태평양전쟁 전후 국외 강제동원희생자 등 지원에 관한 법률'에 따라 2008년부터 개시되었다. 강제동원 피해 조사와 희생자 지원은 여러 차례 법 개정과 조직 개편을 거치며 2015년까지 이어지다 해당 위원회 해산으로 중단된 채 현재에 이른다. 자세한 사항은 허광무·정혜경·오일환, 『일제 강제동원, 정부가 중단한 진상규명』, 도서출판 선인, 2020년을 참조바란다.

이상과 같이 조선인 일본군 병사 사망자와 일본군 군속 사망자 수는 불상인 점이 너무 많다. 이에 대해서는 일차적으로 일본 정부 책임하에 사망 경위를 포함한 사실 조사를 시행하여 자료를 공개해야 한다. 동시에 일본군 병사가 된 조선인은 징병에 의한 것이었으며 군속도 선택지가 없던 사회 상황 속에서 '지원' 혹은 연행된 것으로, 이와 같은 점에 대한 조사는 일본, 한국, 북한, 중국 북동부, 러시아, 사할린 등에서도 시행되어야 할 것이다.

희생자에 대한 조사는 일본은 물론, 미국, 오스트레일리아, 러시아 등에서의 검증도 필요하다. 한국 정부 국가기록원에도 미공개 자료가 있을 것이다. 예를 들자면「근로동원사망자명부」1944년 등이 있다. 한국에서의 조사도 과제 중 하나이다. 한국에는 〈표 24〉와 같이 5만 884명으로 추정되는 자료가 있다.

〈표 24〉 한국의 구 일본군 병사, 군속수에 대한 조사 사례

	계	사망 및 행방불명(14%)
육군특별지원병	17,664	2,473
해군특별지원병	3,000	420
학도지원병	4,385	614
징병1기(육군)	90,000	12,600
징병1기(해군)	20,000	2,800
징병2기(육군)	74,230	10,392
군속(육군)	74,838	10,477
군속(해군)	79,348	11,108
계	363,465	50,884

각각에 대한 논거는 분명하지 않으나 일본측 자료와 3만 명 정도 차가 있어 이런 차이를 메운다는 의미에서도 조선을 포함한 일본 전체 전쟁 지역에 대한 조사, 연구가 필요하다. 위 표에는 행방불명도 포함되어 있는데, 징병자, 군속 모두 전장 말기에 집중하고 있으나 패전을 경

계로 파견지에서의 혼란으로 인해 확인할 수 없는 경우가 많을 것이다.

9. 조선인 희생자 문제에 대해

지금까지 조선인 희생자에 대해 다양한 형태로 검토하여 그 수를 확인하려 하였으나 그렇다고 희생자 수만이 중요한 문제인 것은 아니다. 희생자 수를 명확하게 하는 과정에서 강제로 전쟁터에 가지 않으면 안 되는 조선인의 식민지 지배하 생활과 사상을 알게 되고, 그것은 곧 이 시기의 역사적 사실을 일본인이 명확하게 인식해 가는 일과 연결된다. 조선사 분야와 일본사 분야에서 명확하게 자리매김할 필요가 있기 때문이다. 수많은 조선인 희생자를 확인하는 과정에서 후대에 "남기는" 일이 무엇인가 한다면, 이런 사실을 역사에 기록해 두는 일이다.

그리고 희생자 수에 대한 검증은 이들에 대한 보상 시행 시 자료로서 도움이 될 수 있다. 이와 같은 지적은 자칫 학문적이지 않고 정치적이라는 평가를 받을 수 있다. 그렇지만 구체적인 문제 해결을 위해 사실에 근거하여 행동하도록 제언하는 일은 극히 일반적인 학문 연구 스타일로 긍정적으로 평가할 일이다.

희생자 수가 우리들에게 전달하는 메시지는 그 역사적인 자리매김과 보상 문제를 명확하게 해야 한다는 점일 것이리라.

제8장
일본'본토'와 '만주국'의 징병 실시

조선인에 대한 징병은 일본의 세력범위 내 전 지역에서 실시되어 '만주', 상하이, 톈진 등 조선인이 거주하는 곳에 적용되었다. 그중 '만주국'에서는 파악할 수 있는 범위 내에서 완전하게 실시되었다. 1945년에 '만주', 상하이, 톈진에는 200만 명을 넘는 조선인이 살고 있었으며, 그 중에는 징병대상자도 있었다. 조선인 징병은 당연히 일본'본토'에서도 실시되었다. 특히 청년층을 중심으로 노동동원을 실시하고 있었던 일본'본토'에서는 강제동원 노동자를 포함하여 징병이 실시되었다. 1944년도와 1945년도에는 '만주'를 포함하여 중국과 일본 양측에서 징병하기 위한 호적 정비, 청년 연성, 징병검사, 입영의 절차를 거쳐 전쟁터에 배속되었으며 사망자도 나왔다. 이중 일본'본토' 조선인 징병의 경과에 대해서는 이미 논한 바 있으므로,[1] 여기서는 개략적인 정도에 그치겠다. '만주국'에서의 조선인 징병에 대해서는 연구가 없어 불명확 점이 많으나 확인된 범위 내에서만 언급하기로 하겠다.

1) 樋口雄一, 『皇軍兵士にされた朝鮮人』, 社会評論社, 1991년을 참고바란다.

1. 일본'본토' 조선인 징병 과정

광복 전, 재일조선인은 강제동원 노동자를 포함하여 2백만 명을 넘어서고 있었다. 그들은 일상적으로 임금, 직업, 주택 등의 차별 속에서 생활하고 있었다. 그러나 일본'본토' 재일조선인에 대한 전시 동원은 '구별'없이 실시되었다. 재일조선인의 경우는 일본어가 가능하며 토목공사의 경험이 풍부하다는 이유에서 해군 군속으로 남방에 보내지는 경우가 많았다. 지원병은 협화회[2] 조직을 경유하여 지원하게 하였다.

특별지원병은 그 당시 조선에 돌아가서 지원하게 되어 있어서 지원자는 1942년까지 10명 내외에 불과했다. 1942년부터는 오사카에서 지원할 수 있게 되어 지원자 수 증가와 함께 합격자도 많아졌다. 『특고월보』에 따르면 1943년 4월 현재 지원병 수검자 수는 전국적으로 732명이며 합격자는 470명에 이르렀다.

징병 준비는 더욱 철저해져 거의 조선과 같은 수준의 기류 명부 정비와 징병 대상 적령 청년 연성이 협화회마다 실시되었다.

1943년 현재 전국 시·정·촌수 1만 876곳 중 조선인이 거주하고 있던 시·정·촌은 7,000곳이었다. 조선인 남자 거주자는 94만 9,729명으로 징병 적령자는 2만 3,809명이었다. 그중 제1회 징병검사에 합격한 사람은 대상자의 10%에도 못 미치는 2,260명에 불과했다. 그 원인은 잠적하여 행방을 알 수 없었거나 일본어를 이해하지 못하거나 했기 때문이었다. 조선 내 수치를 크게 밑도는 성과였다. 제2회 징병검사는 자료가 아직 발견되지 않았으나 제1회와 같거나 병력 부족이 심각하였기

---

2) 협화회는 1939년에 중앙협화회의 설립을 보지만, 실질적으로는 특별고등경찰 내선계(內鮮係)를 간사로 하고, 각 경찰서장을 지부장으로 하며 재일조선인 전원을 회원으로 하는 재일조선인의 통제조직이다. 창씨개명, 국방헌금 등 황민정책을 수행하고 있었으며 징병도 협화회를 통해 실시되었다. 樋口雄一, 『協和会ー戦時下朝鮮人統制組織の研究』, 社会評論社, 1986년을 참조바란다.

에 그 이상 징병되었거나 했을 것으로 볼 수 있다.

해병의 경우는 1944년 11월 30일까지 원서 제출을 마감하고, 12월에 전국 13개 소에서 수검을 실시하였다. 합격자는 와카야마현(和歌山縣) 다나베(田邊)해병단에 배치되어 훈련받은 다음 전국의 해군 기지에 배속되었다. 다나베 해병단에는 일본에 거주 중이던 타이완 청년들도 배치되어 훈련을 받은 다음 해군 기지에 배속되었다. 이들 타이완 출신자와 조선인들의 총수는 명확하게 파악할 수 없으나 2,000명 전후라는 증언이 있어 이와 근사했을 것으로 판단된다.

재일조선인 군속, 지원병, 징병자들의 희생자 수는 전술했던 후생성 수치(본서 111쪽 〈표 22〉와 권말 후생성 통계자료를 참고하기 바란다)에 포함되어 있을 것으로 생각된다. 다만, 일본 '본토'에서 군속으로 근무하고 있었던 경우에는 격렬했던 공습으로 사망한 사람도 있어 정확한 수치는 알 수 없다. 그리고 전장이 되었던 오키나와와 가라후토(樺太, 사할린)에서는 군속, 병사 모두 희생자가 다수 있었다고 판단된다.[3)]

조선인 학도지원병은 일본 각지 대학교 재학생이 대상이 되어 지원을 받았는데, 그들은 일단 귀국한 다음에 지원하도록 하였다. 일본인 학도병 동원이 압박 요인이 되어 조선인 학생도 적령자 전원이 동원대상이 되었다.[4)]

일본'본토' 군속, 지원병, 병사 동원의 특징은 식민지 종주국 내에서 실시한 것인 만큼, 특별고등경찰 관리하에 협화회 조직을 통해 강력하게 추진했다는 점일 것이다. 조선인 주변에는 일본인이 있으며, 일본인

3) 오키나와에 대해서는 운노 후쿠주(海野福壽) 등의 연구가 있으며(참고문헌 참조), 가라후토에 대해서는 北原道子, 「樺太における朝鮮人兵士動員」, 『在日朝鮮人史研究』28호, 1998년이 있다.

4) 학도동원에 대해서는 문헌도 많고(본권 제7장 제4절 참조), 또 일본 각 대학 대학사편찬 시 규명된 부분이 많으나 전체 희생자수 등에 대해서는 불분명하여 향후 과제로 남는다. 山田昭次, 「立教大学出身朝鮮人学徒兵について」, 『立教学院一二五年史編纂通信』23호, 24호 외 中央大學史編集室 기록 등 많은 연구가 있다.

의 '도나리구미'를 위시하여 직장 등 일본인 사회에서 징병된 조선인을 조직적으로 송출하고 있었음을 명기해 두고 싶다. 한편, 협화회 조직은 경찰이 직접 관리하고 있었지만, 조직 유지비나 운영비는 경찰서 관내 시·정·촌에서도 일정 부분을 담당하고 있었으므로 시·정·촌도 무관하지 않았다. 즉, 일본의 지역 사회 전체가 조선인 징병체제를 지탱하고 있었던 것이다.

2. '만주국'에서의 조선인 징병

지금의 중국 동북지구에는 일본 괴뢰정권이었던 '만주국'이 설립되어 근대 이후 조선인이 상당수 이주하면서 200만 명을 넘은 인구가 생활하고 있었다. 이 지역에 사는 사람들에게도 징병 '의무'가 부과되었다. 징병이 적용되기 이전의 조선인은 만주국에 살고 있었기 때문에 만주국군 지원제도의 적용을 받아 만주국군 병사가 되었다. 그런데 징병제도 실시에 따라 만주국군은 일본의 징병검사를 받은 다음 지원하도록 되었다. 즉 일본의 징병제도를 우선하도록 한 것이다. 징병 실시에 즈음하여 미나미(南) 조선총독이 3일간의 일정으로 만주국을 방문하여 하루 동안 조선인 징병대상자를 격려하는 등의 조치를 취하였다.

징병 실시의 발표가 있었던 1942년 5월 이후, 호적 정비와 기류계 정비가 시행되었는데, 조선총독부는 호적 계원을 '만주'에까지 파견하여 정비에 임하였다.[5)]

이와 같은 준비를 거쳐 조선인을 소집하여 훈련을 개시한 것이 1943년 8월 15일 전후였다. 훈련은 만주국 민생부가 제작한 '징병제도 시행

---

5) 『滿州日日新聞』, 1943년 6월 27일자.

에 따른 (조)선계 청년 특별연성실시요강(徵兵制度に伴う鮮系青年特別錬成実施要綱)'에 의했다. 이것에 따르면 연성 기간은 전기와 후기로 나누며, 전기에는 징병검사 전 450시간의 훈련을 실시하고, 후기에는 3개월의 특별연성을 실시하도록 하였다. 그리고 갑종과 을종으로 나누어 갑종은 합숙 훈련의 20개 소를 설치하고 을종은 합숙이 아닌 산숙(散宿)훈련으로 200개 소를 설치할 예정이었다. 갑종 훈련소는 장안, 한양 외 4개소를 설치하고 을종 훈련소는 닝안(寧安)에 설치하여 훈련을 시작했다. 갑종은 1943년 8월 15일부터, 을종은 동년 9월 21일부터 훈련을 개시했다. 교관 중에는 지원병 출신도 있었으며 훈련 내용은 1주일간 일본어 12시간(교과서는 조선총독부 제작의 국어교본), 교련 12시간, 훈육 12시간 등이었다. 훈련은 총 450시간이 의무화되었다. 훈련 기간은 3개월이었다. 을종의 경우는 연성 기간이 1년이었다.[6]

갑종 훈련 기간에 훈련생이 식량 부족으로 식료를 얻으러 자택으로 가던 중 눈보라를 만나 2명이 동사하는 비극을 낳기도 했다.[7]

전기 훈련을 마치자 조선과 마찬가지로 '재만 반도인 장정 군무예비훈련소'를 설치하여 다음 훈련을 실시했다. 훈련소는 지린성(吉林省) 난현(蘭縣) 막석(莫石)에 설치되었다. 설치비 150만 엔의 2/3는 조선총독부가 부담하고 나머지는 만주국이 부담했다. 훈련과정은 조선과 거의 비슷하고 조선총독부 주도하에 실시되었다. 이곳 훈련과정을 졸업한 자가 최초의 징병 대상이 되었다.

조선인 징병 대상 청년의 숫자는 자료상으로는 "재만 반도 장정 2만명"이라고 보도되었으나[8] 실제 수검자 총수는 1만 5,363명이었다. 훈

6) 도시에 만든 훈련소에서도 훈련이 개시되어 '펑톈(奉天)'에서는 1943년 10월 30일에 추정 약 150명 전후가 참가한 제1회 연성 사열이 실시되었다.

7) 「연성에 힘쓰는 반도 장정(錬武に励む半島の裝丁)」, 『滿州日日新聞』, 1943년 11월 13일자 기사.

8) 「健兵へ在滿同胞起つ」, 『京城日報』, 1943년 10월 23일자.

련을 마친 조선인 청년은 거의 전원 징병되어 현지 부대를 중심으로 배속된 것으로 보인다. 그렇지만 징병 인원을 확정할 수 있는 자료가 아직 발견되지 않아 정확하게 알 수 없다. 특히, 1945년도 '만주' 조선인 징병자는 후생성도 파악하고 있지 않은 것으로 판단된다.

'만주국 내' 징병 계몽, 선전도 실시되어 1943년 8월 1일부터 일주일은 '조선인 징병 실시 기념주간'으로 하여 조선인 여성에 대한 계몽의 필요성도 강조되었다.

희생자 수에 대해서는 일본 패전 전후 소련군과의 전투로 사망한 사람도 많고 시베리아에 억류된 사람도 있는 것으로 알려진다. 또한 1944년 징병자는 관동군의 이동과 함께 각지로 파견된 것으로 생각된다. 징병자뿐만 아니라 이 지역에서도 조선인 소년비행병이 차출되어 있어 군속, 징용자를 포함한 각종 병종에 걸쳐 희생자가 있었다고 판단된다.

어떤 조선인 개척단 취락에서는 1944년에 3인이 징병되어 희생자 한 명, 지뢰에 따른 부상자 한 명, 귀환자 한 명이 있었다는 증언이 있는데,[9] 패전 직전인 1945년에 징병된 사람들이 상당히 많았을 것으로 생각된다. 1944년부터 1945년에 걸쳐 관동군 주력부대는 남방으로 이송되어 그 결원을 채울 필요가 있었기 때문이다.[10]

---

9) 필자가 옌지(延吉) 근처 농촌에서 청취한 구술에 의한다. 일본군 병사였던 사실은 현재 중국에서는 부정되고 있는 상황이라 실태 파악이 곤란하나 정부간 합의를 통해 실태를 조사해야 할 것이다.

10) '만주국'의 조선인 장정은 "재만 반도인 장정 2만 명"이라고 하지만 유동성이 높은 가운데 파악된 수치가 이상과 같은 수치였다. 또한 '만주국'에는 만주 국군이 있어 그때까지 만주 국군 지원병제도에 따라 조선인도 입대하고 있었다. 징병제 시행 후에는 일본의 징병검사를 받은 다음에 비로소 지원할 수 있었다. 중국 동북지구에서는 조선인 부대인 '관동특설대'가 1938년 12월에 창설되어 1943년 현재 18명이 희생되었다. 주요 임무는 치안 출동이었다. 대장은 일본인으로 대원들은 전원 조선인이었다.

제2부
조선 민중과 징병 체제

제1장
징병을 가능케 한 여러 요인

조선인에 대한 징병은 일본'본토'의 일본인 징병과 같이 일률적인 징병은 곤란했지만 일단은 정규병으로서 첫해에는 육해군 합계 5만 5,000명을, 그 외로는 근무대(勤務隊)라는 이름의 근로병을 별도로 징병하는 것에 '성공'했다. 1944년과 1945년도를 합치면 20만 명에 가까운 사람들이 병사로 징병되었다. 이 외로 군사적 동원자였던 군속을 더하면 36만 8,000여 명에 달하는 사람들이 동원되었다. 이것은 총독부와 일본군의 힘을 배경으로 한 정책에 의한 것으로 조선인에게는 강제일 뿐이었지만, 그럼에도 징병에 응한 사람들이 존재한 것에 대해 검증할 필요가 있을 것이다. 여기서 징병을 가능케 한 식민지 체제하의 사회적인 요인을 분석해 둘 필요가 있다. 제1부 제5장에서 언급한 바와 같이 징병은 군과 경찰의 강권에 의해 강제로 수행됐던 것임은 말할 나위 없지만, 징병에 응할 수밖에 없었던 사회적 배경이 존재했다고 보이므로, 이에 대한 검증이 필요하다고 생각된다.

조선인 청년을 징병으로 몰아붙였던 사회적·경제적인 요인에 대해서는 몇 가지를 지적할 수 있는데, 여기서는 다음의 요인에 대해 검증하고자 한다. 1. 인구 증가 상황, 2. 교육 보급과 취업난, 3. 농촌 경제

통제의 강화, 4. 경제 통제와 상업·공업 활동의 위축, 5. 황민화정책의 전개 등으로 나눌 수 있다. 이들 요인은 상호 관련성 아래 전개되었지만 우선 개별적으로 보고자 한다.

1. 조선인 인구 증가 압력

〈표 1〉 조선인 인구 증가 상황

1910	13,128,780
1914	15,620,720
1918	16,697,720
1922	17,208,139
1926	18,615,033
1930	19,685,587
1934	20,513,804
1939	22,098,310
1943	25,525,409

출전: 각 년도 『朝鮮總督府通計年報』

〈표 2〉 일본인과 조선인의 직업 구성비

	일본인	비율	조선인	비율
총수	752,823	100%	25,525,409	100%
농업	29,216	4	17,396,888	68
수산업	9,093	1	505,083	2
광업	23,265	3	537,806	2
공업	141,061	19	1,171,094	5
상업	136,801	18	1,749,938	7
교통업	53,874	7	348,678	1
공무자유업(公務自由業)	297,233	40	1,007,360	4
기타 유업자(有業者)	32,650	4	2,266,404	9
무직	29,630	4	542,158	2

출전: 『朝鮮總督府通計年報』, 1942년판. 일정한 경향을 알 수 있는 자료임.

조선인 인구는 식민지 체제하에서도 계속 증가하였는데, 그 배경으로 일정한 농업생산력의 향상과 새로운 노동시장 창설이 존재하였다. 여기서는 인구 증가 요인의 상세한 분석은 불가능하지만, 〈표 1〉과 같이 1910년부터 1942년까지의 사이에 약 1천만 명의 인구가 증가했다고 되어 있다. 통계의 미비를 감안하더라도 인구의 증가세는 강했다.

〈표 2〉와 같이 조선인 산업종사자는 공업, 광업, 교통을 합해서도 10%에 지나지 않았다. 조선에서는 일본의 식민지 지배라는 파행적인 산업구조와 노동시장의 문제가 존재하여, 노동인구 연령 중에서도 인구 증가에 따른 청년층을 충분하게 취업시킬 수 있는 구조가 되어 있지는 않았다. 일본인이 사회구성이나 취업구조 속에서 압도적으로 우위를 점하고 있었다. 이 때문에 총독부는 국가총동원체제를 확립하는 과정 속에서 '과잉노동력', '유휴노동력'으로 규정된 조선인을 일본'본토'로 노동동원 또는 만주이민 등의 방식으로 노동동원을 실시하였다.[1]

1942년경이 되자 국민학교를 나온 학력자의 동원도 염두에 두고 총동원체제를 만들어 갔다. 이 시기 징병적령 조선인 청년은 1944년에 20만 3,112명으로 추정되고 있다.[2]

1942년 말 조선인 남자 인구는 128만 5,543명이었다. 18~45세까지의 가동(可動) 노동인구를 흡수할 수 있는 조선 내 산업구조가 되어 있지 않았던 것이다. 총독부는 조선 내 공업, 광업 등의 산업인구, 최저로 유지할 수 있는 농업인구, 일본'본토', '만주' 등으로의 동원 수를 어림잡아 추정하더라도, 군인으로 동원할 수 있는 연령의 청년이 존재한다고 판단했을 것이다.[3]

1) 樋口雄一, 『戰時下朝鮮の農民生活誌』 참조.

2) 「朝鮮人徵兵に關する具體的研究」, 大野綠一郎文書 1279-5

3) 또한 전시하의 조선에서는 모내기, 수확기에는 노동력이 부족하였고, 농촌 노무 조정으로 칭하며 학생과 도시에서의 대규모 동원을 하고 있었다.

인구가 증가했던 조선 남부 농촌 등에서 일자리 확보가 불가능해지고, 특히 학력자는 면사무소 등 이외는 일자리가 없어, 도시, 조선 북부의 공장지대, 일본 등에서 일자리를 구해야만 했다.

또 징병 연령의 조선인 청년들은 징용령을 포함한 각종 노무동원이 확실하게 자신에게 떨어질 것이기에 어떤 동원이든 응할 수밖에 없었다. 이러한 동원정책 아래 있었기에 징병 연령의 조선인 청년은 농촌과 도시 중에서 노무동원에 응할 수밖에 없었다. 어딘가로 동원되어야 한다면 군대라도 어쩔 수 없다 라는 현실에 놓여져 있었다.

2. 교육 보급과 취직난

조선에서 교육 보급률은 매년 높아져, 징병 대상 연령이 태어난 1925년경은 보통학교의 취학률이 16%를 전후하게 되었다. 1925년의 추정 학령인구 총수는 289만 4,613명으로, 16%의 비율로 보면 약 46만 3,135명이 취학하고 있던 것이 된다.[4] 그 후에도 취학률은 급격하게 계속 늘어나 1943년 현재에는 53%의 취학률에 이르고 있었다.

이 당시는 보통학교에 재학하거나 졸업한 자는 농촌이든 도시든 핵심적인 존재로서의 역할을 담당했지만, 실제로는 어디에서도 지식인으로서의 일자리는 적었다. 특히 일본어를 공부하여 말할 수 있더라도 취업할 곳은 한정되어 있었다. 기간 산업인 농업은 물론, 산업·상업 등도 조선인 청년에게는 폐쇄적인 상황이었고, 광업·발전(發電) 등의 토목공사, 군 관계 공사 등은 사람들을 필요로 했지만 노동과 임금 수준이 매

4) 古川宣子, 「植民地期朝鮮における初等教育 – 就學狀況の分析を中心に」, 『日本史研究』 370호, 1993년 6월. 또한 이 숫자는 학령인구, 취학자 수 전체로 1925년의 졸업자 수, 중퇴자 수는 아니다.

우 낮았고, 배급되는 식료도 적었기 때문에 직장을 이탈하는 자도 있었다. 이 사람들의 일부는 면사무소와 곡물 검사원, 금융조합 등에 취직할 수 있다면 다행이었고, 취업할 만한 곳이 거의 없었다. 이러한 사람들이 도시와 농촌에 체류하고 있기 때문에, 이들을 군 요원, 즉 군속으로 3만 7,000여 명 이상을 남방으로 보내는 등 강제동원의 대상으로 삼았다. 특히 1942년부터 개시된 일본'본토'의 노동자 모집 조건은 국민학교 졸업이 필수 조건으로, 학력자 위주였다. 군의 징병 대상자로서도 일정 학력이 요구되었고 특히 일본어 숙련도가 하나의 기준이 되어, 교육 보급률과 징병 대상 청년은 깊은 상관관계에 있었다고 생각된다.

3. 농촌경제 통제의 강화

경제통제가 진행된 전시하의 조선 농촌에서는 시장의 개장일 규제, 섬유제품 통제에 의한 물품 부족, 목재 통제 등에 의해 생산·소비에 커다란 영향을 받았고 배급으로 인해 상업활동도 쇠퇴하였다. 따라서 이에 종사하는 사람들도 감소하였고, 생활이 어려워져 폐업과 전업이 불가피한 사람들이 증가하였다. 여기서는 이러한 현상에 대해 설명할 여유는 없지만 기본적인 산업이었던 농촌 내부에서도 통제·공출 강화 등으로 인해 피폐가 진행되고 있었다. 특히 조선 농업생산에서 중요한 역할을 맡고 있던 소작농이 농업을 포기하고 이촌, 전업해야 하는 현상이 확산되고 있었다.

1942년의 『경제치안주보』에서는 이 상황을 "경제통제 강화는 영농상에서도 여러 영향을 미쳐 최근 농민이 농사를 기피하는 풍조를 조성하고, 특히 소작농은 노동력 부족, 고임금, 기타 각종 조건의 불리함을 이유로 소작지 반환에 나서는 자가 조금씩 늘고 있는 경향이 있던 바, 이번 긴급식료대책에 기초하여 공출 독려를 실시하자 다시 박차를 가하여 급격한 증가의 징후가 간취(看取)되어"[5]라고 보고하였다. 반환 건수와 그 면적은 주요 쌀 생산지인 경상남도·경상북도에서는 〈표 3〉과 같았다.

〈표 3〉 소작지 반환 호수와 소작지 반환 면적

건수		면적(정보(町步))[6]	
경상남도	748	작년 가을 이후 3월 말 현재	3,090斗落
경상북도	761	올 4월 말 현재	243정보

출전: 『經濟治安週報』 54호. 1941년 말부터 42년 봄까지의 상황

그 외 황해도에서도 등록경지표 보다도 큰 폭으로 경지면적이 감소하여 경지표의 변경을 신청해야만 했다.

황해도는 원래 노동력이 과잉되었던 조선 남부의 농민들을 개척을 위해 이주시킨 곳이었는데, 이 시기에는 그것이 해체되어 노동자 등으로 전락하여 이촌하고 있었다. 1942년의 경우 비료 부족으로 수확이 감소하고, 수확한 잡곡도 통제 때문에 자유롭게 판매할 수 없게 되자, 염농(厭農)의 기운이 확산되는 가운데 연백군 내에서만 241호가 이촌했다. 그 내역은 〈표 4〉와 같다.

〈표 4〉 황해도 연백군 내 이촌 농민의 행선지

농장명	이촌 호수	행성지
1 해성면(海城面) 조선개척농장(朝鮮開拓農場)	27	이중 80% 공장노동으로 전환

5) 朝鮮總督府 警務局 經濟警察課, 『經濟治安週報』 54호, 1942년 6월 16일

6) 〈역자 주〉 1정보는 약 3천 평으로 약 9,917.4㎡에 해당한다.

농장명	이촌 호수	행성지
2 온정면(溫井面) 동척(東拓)농장	15	조선 남부 지방으로 귀향
3 온정리(溫井里) 사이토(濟藤)농장	11	
4 호남면(湖南面) 조선개척농장	103	대부분 염전공사 노동으로 전환
5 동도면(童道面) 조선개척농장	85	이중 60%는 염전공사 노동으로 전환
계	241	

출전: 경무국 경제경찰과,『警察治安週報』, 1942년 4월 18일

주: 4, 5는 소금이 부족하여 새롭게 개척하는 염전공사에 취로한 자. 이 염전은 전매국이 1938년부터 372만 엔을 들여 연백군 해남면에 건설하고 있던 것으로 상근직 노동자를 1,250명 채용할 예정으로 되어 있었다.(역자주: 원문의 童道面은 龍道面의 오기로 판단되나 원문대로 하였다.)

이러한 소작지의 반환과 이농은 소작농의 농촌 이촌을 의미하였고 임금노동자로의 길을 걷게 되는 자가 증가하는 요인이 되었다. 농민은 조건이 농업보다 조금이라도 좋다면 노동자로 생활하게 되었지만, 그마저도 충분히 보장되지 않았으며 노동 자체도 대부분 중노동이었다.

징병연령층인 자도 이러한 일반적인 이촌 상황에 휘말려 희망을 가질 수 있는 안정적인 직장의 보장은 없었던 것이다. 군 징병에 응할 수밖에 없었던 상황이 농촌에 존재하고 있었던 것이다.

물론 다른 요인도 더해져 농촌생활에서 전망을 찾을 수 없는 상황이 전시하에 급속하게 신행되었고, 그것이 징병에 응할 수밖에 없도록 했다.

4. 경제 통제와 상업·공업 활동의 위축

전시하의 조선은 광범위한 통제경제체제 아래에 놓여 소규모 상공업자를 포함하여 정리·통합·전업이 불가피했다.

일정 지식을 지닌 청년이 일할 곳은 더욱 좁아져 있었다. 이를 실증하는 한 방법으로 조선인이 농업 다음으로 많은 비율을 차지했던 중소

상업자의 상황을 살펴보자.

이 문제에 대해 조선 전체의 실상을 살펴볼 수 있는 자료는 적지만, 부분적인 상황이나마 함경남도 원산부의 상공업 통제 상황을 엿볼 수 있는 자료가 있으므로 검증해 보겠다.[7)]

원산부는 인구 12만 3,185명으로 조선 내 도시로는 9위의 총인구를 보유한 비교적 대도시였다.(1942년 말 현재) 이 중 조선인 인구는 10만 6,346명, 일본인 인구는 1만 4,730명이었다. 이른 시기부터 개항장이 되었고 해상·철도 교통의 중심지로 수산·정미·제재업도 번성하였다.

원산부 상공회의소에서는 1942년 1월부터 통제 강화에 따른 중소 상업자의 정리·통합·폐지의 조사를 실시하였고 그 개요는 다음과 같았다. 이 통계는 조선인만을 대상으로 한 것이 아닌 일본인 상공업자를 포함한 숫자였다.[8)]

1. 경영 전망	
1) 시국 영향 적고 경영상 불안 없음	258명
2) 시국 영향이 있지만 합리화로 현상 유지 가능	863명
3) 시국 영향이 심해 영업 축소나 다름 없음	464명
4) 어떠한 대책을 강구해도 영업 불가능	62명
2. 경영 부진의 이유는	
1) 매입 곤란	1,357명
2) 판매 곤란	100명
3) 금융 불원활	377명
4) 이윤 축소	514명
5) 기타	33명
3. 현재 경영의 수지 상태	
1) 상당한 이익 있음	154명

7) 總督府 警務局 經濟警察課, 『朝鮮治安週報』 제62호, 1942년 7월 13일

8) 總督府 警務局 經濟警察課, 『經濟治安週報』 제62호. 숫자가 반드시 정확한 것은 아님. 일부 자료를 생략, 용어를 바꾼 부분이 있음.

2) 수지타산이 맞을 정도 214명
3) 적자(결손) 273명

4. 기업 통폐합에 대한 의견
1) 기업 통폐합을 희망하는 자 221명
2) 기업 통폐합을 반대하는 자 207명
3) 고민 중인 자 555명

5. 전업에 대한 의견
1) 전업을 희망하는 자 180명
2) 전업 반대인 자 1,110명
3) 준비 중인 자 109명

6. 전업 어려움의 이유
1) 가족이 많아서 무엇으로 전업할지 모르는 자 241명
2) 자본이 없기 때문이라고 칭하는 자 329명
3) 체력이 약해 다른 일은 적합하지 않은 자 170명
4) 특수한 기능이 없어 익숙하지 않은 일에 손댈 기력이 없는 자 439명
5) 노령으로 기력이 없는 자 176명
6) 기타 109명

7. 만약 전업한다면 어떤 방면을 희망하는가
1) 언제든지 현재의 장사로 돌아갈 수 있는 간단한 일 25명
2) 군수공장의 공원 40명
3) 생산력 확충 방면의 공원 10명
4) 관청 회사의 사무원 34명
5) 은행·보험 기타 금융업자 사무원 11명
6) 국내 귀농 38명
7) 건축토목사업 33명
8) 만주의 농업개척민 4명
9) 중국, 남양 기타 해외로의 이주 진출 156명
10) 기타 84명

8. 전업 혹은 기업 통폐합도 생각한 바 없으면서도 경영난인 자의 이후 방침
1) 폐업 14명
2) 경영 축소 195명
3) 전망이 보일 때까지 어떻게든 유지 745명

조사 방법이 불명확한 점, 숫자가 서로 다른 점 등 반드시 정확한 상황을 알려 주는 자료라고는 말하기 어렵지만, 통제 때문에 중소업자들은 사업을 축소하거나, 전업하는 추세가 뚜렷했다. 이러한 사정은 통제가 조선 전체에 미치고 있었던 상황에서 원산 뿐만 아니라 조선 각지에 퍼져있던 현상이라고 할 수 있다. 또 통제 결과에 따른 전업에 관해서는 대부분의 상공업자가 반대하고 있다. 이상의 내용은 중소업자를 조사 대상으로 한 것이지만, 종업원 역시 심각한 상황이었다. 이를 『실업상황월보』의 사례를 통해 그 일면을 확인해 보자.

〈표 5〉 1942년 9월분 전쟁 관계 피고용자 실업상황 월보(공업 관계)9)

업종별	업태별	a (실업자)	b (수입 감소)	계	장래 실업이 우려되는 자	전업	귀농	기타
섬유 관계	대소 제조업	24		24	40	12		
	직물업	3		3		2	1	
	피복 제조업	52	153	205	10	60		20
피혁 관계	피혁 제조업	16	11	27	8	8		
	가죽 신발 제조업	2		2				
고무 관계	고무 신발 제조		6	6	35			
	고무 제조업	99		99				99
철동(鐵銅) 관계	금속·기계 기구 제조업	4		4	2	1		3
	주물업				2	1		3
비철금속 관계	금은 세공업							
	조선식기 제조	11		11				
	조선연관(煙管) 제조	35		35				
	동진유제(銅眞鍮製) 제조	15		15				
	기타	3		3				
기타 물동(物動) 관계	종이상자 제조업	17	32	49		8		
	두부 제조업	70	28	98	28			
	정미업	90	45	135	10			

9) 〈역자 주〉 저자가 게재한 위 표는 숫자에 오류가 있으나 원저 그대로 수록하였다.

업종별	업태별	a (실업자)	b (수입 감소)	계	장래 실업이 우려되는 자	전업	귀농	기타
물동 이외 관계	과자 제조업	5	5	3	6			
	유류 제조업	10	105	119	5			
	사탕 제조업(업주)	22		22	22			
	제분업		16		16			
공업 관계 피용자 계		446	412	860	139	98	2	132
공업 관계 업주자 계		95	166	261	92	14		14

출전: 조선총독부 사정국(司政局) 노무과, 『戰爭關係失業狀況月報』, 1942.10월호, 9월분 조사.
주: 1. 이 표에는 업주자의 상황도 조사되어 있으며 총계만을 표시했음.
2. 피용자 a는 전쟁의 영향에 의한 영향으로 취직 · 능력 및 의지가 있음에도 직업을 잃은 자
3. 피용자 b는 대부분 취직이 불가능하여 수입이 현저하게(대부분 1/2 이하) 감소하 자
4. 업주자 a는 전쟁의 영향으로 사업을 폐지한 자, b는 사업을 휴지하거나 휴지하지 않아도 실적이 극도로 부진해져 사업을 계속하기 어려운 자를 나타냄.
5. 남녀별도 있지만 생략했음.
6. 이 표는 공업 관계만의 표를 집계했지만 별도로 상업 관계의 표도 함께 있지만 지면 관계로 생략했음. 상업 관계 피용자 a의 총계는 116명, b는 232명, 합계 348명으로 장래 실업의 우려가 있는 자가 182명이라는 조사결과로 되어 있음.
7. 사탕제조업만은 규모가 적어 업주로 집계했음.

이 표와 같이 경제통제의 영향으로 제조업에서도 전업·실업하는 자가 많아지고 있었던 상황이 명백하다. 다양한 실업자군이 생겨났으며 이 표에 집계할 수 없었던 사람들을 포함한다면 더 많은 사람들이 직업을 잃었다고 생각되는 것이 전시하 조선의 실상이었다.

전시하 상공업에서는 청년이 일할 수 있는 장소는 극히 적어졌고, 오히려 전업·실업하는 경우가 많이 나타나 조선 청년의 지역(職域)이 한층 더 작아져 있던 것이 명백하다. 이 조사는 1942년 초와 같은 해 9월의 조사로, 그 후 경제통제는 더욱 강화되어 중소상인은 더 긴박한 상황으로 몰렸다. 징병이 실시된 1944년이 되면 경제적, 물질의 통제는 더 강화되어 갔다.

농업과 공업·상업 모두 엄중한 생산통제 속에서 조선 청년들을 둘러싸고 있던 것은 폐색(閉塞) 상황의 전쟁 말기 조선 사회였다. 이러한 사회 상황이 징병에 응할 수밖에 없었던 사회적인 요인이 되었다. 여기에 애국반으로 조직화된 주민조직, 읍·면의 행정조직, 경찰의 지역 관리

라는 '그물망'이 더해져, 조선 청년이 꼼작할 수 없는 조건 속에서 징병이 실시된 것이다. 전시하 조선 사회에서 조선인 청년 징병적령자 앞에 취업처로 존재했던 것은 병사가 되는 것밖에 없었다고 할 수 있다.

이러한 사회·경제적인 기반에 더하여 조선에 강력하게 전개되고 있던 황민화정책도 일정한 영향을 미쳤다고 할 수 있다.

5. 황민화정책과 조선 청년

조선 청년은 일본의 식민지 체제 속에 편입되어 생활하였으며, 일정한 거리를 둔 채, 특정 분야의 영향을 받았다. 하나는 황민화정책 속에서 학교 교육 중에 행해진 일본어 교육과 역사 교육이었다. 징병대상자 중 약 1/4의 청년이 일상적인 일본어 회화가 가능하였고, 일본어라는 수단이 없으면 생활, 취업이 불리해진 상황에서 일본어 습득이 더욱 확대되었다.

황민화와 관련되는 또 다른 조선 사회의 특징은 청년에게 주어지는 정보가 엄격하게 관리·통제되었던 점이다. 일본군의 승리만이 전해졌고, 일본의 식민지 통치가 앞으로도 계속될 것으로 여겨졌다. 주위의 일본인은 일본의 전쟁 승리를 의심하지 않았고 이러한 상황 속에서 조선 청년은 일방적으로 통제된 정보와 역사 교육, 애국반에 의한 조직적인 신사참배 등의 요인에 둘러쌓여 있었다. 출구 없는 사회에서 일방적으로 주어진 정보에 의해 출구가 있는 것처럼 선전되었다. 병사가 되는 것에 대해 전면적으로 부정하거나 병사가 되는 것에 대한 거부는 징병의 강제적 측면과 맞물려 개인이 취할 수 있는 수단이 아니었다.

조선 청년을 동원하기 위한 지역조직은 읍·면의 행정기관과 애국반이었다. 애국반은 청년의 정신동원, 황민화를 담당하고 있었는데, 도시의 애국반이든 농촌의 애국반이든 황민화라는 차원에서는 이렇다 할 효과를 거두었다고 말할 수 없는 상황이었다.[10)]

특히 청년들의 동원 기반이 되고 있던 농촌의 1942년 상황은 마을 유력자층이 형식적인 동원 조직이 되어 있었으나 청년은 군대와 천황을 중심으로 한 역사관을 거의 이해하지 못하고 있었다. '가미다나(神棚)'[11)]의 배포와 국기 게양 등 기본적인 일본인으로서의 생활 양식은 농민 하층에는 거의 침투되어 있지 않았다. 농민의 황민화 정도와 징병 관계를 상세하게 검토한 자료는 없지만, 황민화의 진행 정도가 징병대상 연령자들에게 미치고 있던 영향은 적었고 오히려 청년들을 둘러싼 취업난, 사회적 폐색 상황이 커다란 비중을 차지하고 있었다.[12)]

물론 고학력의 지원병, 학도지원병과 징병자 중 고학력층에게는 황민화의 영향이 있었지만[13)], 노동자, 농민 출신자에게는 일본어 이해도를 포함하여 그 영향은 적었다고 생각된다. 천황의 '고굉(股肱)'과 같은 신하이자 '영광스런 의무'로서 병사가 되는 것을 징병대상자인 조선인 청년이 자각하는 일은 적었을 것이다.

다만, 비교적 장기간 학교 교육을 받게 된 1935년 전후부터 징병대상 연령에 이르지 못한 조선인 생도에게 일정한 황민화 교육의 영향이 있었던 것을 부정하는 것은 아니다. 국민학교로 바뀐 이후의 소녀, 소

10) 樋口雄一, 「太平洋戰爭下の女性動員」, 『朝鮮史研究會論文集』 32, 1994년.

11) 〈역자주〉 '가미다나(神棚)'는 일본의 집이나 사무실에서 신을 모시기 위해 설치한 선반을 의미한다. 보통 응접실 천장 아래로 남향이나 동향을 향해 설치되며 신구라고 하는 여러 가지 도구를 장식한다.

12) 징병이 조선인 입장에서는 군·경찰의 강권을 배경으로 한 강제였음은 말할 것도 없다. 그러한 상황에서 징병에 응하는 사회적인 요인으로써 여기서는 논하고 있다.

13) 이 경우 지식층 청년 중에는 일본에 의한 항상적이며 일상적인 차별로부터 완전히 일본인이 됨으로써 차별하는 측에 대한 차별에 항의하는 태도가 많이 나타났다. 특공병으로 전사한 조선인 청년의 경우가 그 전형이라고 생각된다. 이 경우는 황민화 되었다고 보기보다는 민족적인 자각이 배경에 있었고 거기에 기초한 행동이었다고 말할 수 있다.

녀에게는 황민화의 영향이 컸다고 말할 수 있다. 특히 미나미 지로가 조선 총독으로 취임한 이후, 학교 교육을 통한 황민화정책의 강화는 청소년 동원에 일정한 역할을 했다고 볼 수 있다. 일정한 학력을 지니고 일본'본토' 공장으로 동원된 대부분의 소년, 소녀들이 일본군의 승리를 믿고 몸을 던져 생산에 종사하고 있었던 사례를 보아도 황민화 교육이 일정한 역할을 하고 있었다고 생각된다.[14)]

14) 이 문제는 통계적으로 추적할 수는 없지만, '군국' 소년이었다고 하는 증언도 많고, 청년 공장노동자의 경우는 '자발적' 노동의 측면도 부정할 수 없다. 이 증언은 각종 간행물에서 보여지며 『百萬人の身世打鈴』(東方出版, 2000년) 등이 참고가 된다. 당시 청년들의 심정이 있는 그대로 전해지는 자료 중 하나이다.
〈역자 주〉 저자는 『百萬人の身世打鈴』을 바탕으로 '대부분의 소년, 소녀들에게' 황민화 교육이 일정한 효과를 거둔 것으로 기술하고 있지만, 실제 강제동원되었던 피해자들의 증언과 이후의 연구에 따르면 다양한 사례가 확인되고 있어 주의를 요한다.

제2장
병사들의 출신 계층

군에 병사 혹은 군사적으로 동원된 조선인 청년들은 농촌에서 어떠한 출신 계층이었던 것일까. 출신 계층을 검토하는 것은, 비록 징병이 강제적인 동원이었지만, 이에 응한 동기, 병사(兵事) 제도에 관한 총독부의 생각이나 조선인 청년들의 반응을 밝힐 수 있는 단서가 되기 때문이다. 징병에 따른 조선 사회의 본질적인 동향을 검증할 때에 유력한 단서가 되는 것은 출신 계층의 문제이다. 징병은 모든 적령자를 대상으로 한다고 했지만 실제는 청녀의 출신 계층을 구분하여 실시되고 있었기 때문이다.

그렇지만 병사, 군사적 동원의 대상이 된 청년들의 구체적인 출신 계층을 명확하게 보여주는 조사자료 등은 현 단계에서는 발견되지 않고 있어, 그 이외의 목적으로 간행된 자료에서 관련 사항을 다루어 검증하는 것으로 한다.

1. 초기 군속들의 출신 계층

여기서 초기 군속이라 한 것은 나중에 대량으로 모집된 사람들과 구분해 둘 필요가 있기 때문이다. 나중에 군속으로 모집된 자는 군에 직접 할당되어 모아진 사람들로 동기와 경과가 다르기 때문이다. 또 여기서 말하는 초기란 1937년 중일전쟁의 본격화부터 1941년 12월 태평양 전쟁의 개시까지로 한다.

앞에서도 지적한 바와 같이 자료적인 제약 아래 조선군사후원연맹이 간행한 『성충록(誠忠錄)』(1940) 중 1937년부터 1939년 6월에 '전사'한 조선인 군속을 예로 들어 출신 계층을 검토해 보겠다. 이 자료는 대부분이 일본인 군인 전사자의 '사적(事績)·공적(功績)'을 기록한 자료이나 전투에서 사망한 조선인 군속도 기록하고 있다. 통일되게 기술되어 있지 않고 명확하지 않은 부분이 많지만 출신 계층을 나타내는 부분을 일람표(〈표 6〉)로 만들었다. 씨명, 이전 직업, 군 내의 직종, 출신지, 사망연도 순으로 했다. 물론 여기에 게재된 조선인 군속 이외에도 계속해서 군속으로 채용된 사람들이 많이 있었지만, 정리된 자료가 없기 때문에 이러한 방법을 채택한 것이다. 또한 사망한 조선인 군속 전체가 게재되어 있는 것이 아니라 판명된 부분만 기록한 정도에 지나지 않는다.

〈표 6〉과 같이 이 시기의 조선인 군속은 중국어와 일본어 통역이 가능하다거나, 선원, 운전수 등의 기능을 지녔던 사람들로 구성되어 있었다. 나중에 노동을 목적으로 대량으로 동원된 군속은 이 시점에서는 아직 등장하지 않고 있었다.

〈표 6〉 초기 조선인 군속 '전사'자의 출신 계층

씨명	이전 직업	학력	군 내 직종	출신지	사망년
1. 서승옥(徐承玉)	재 중국 점원	미술학교	육군 군속	경기도 고양군	[1937]

씨명	이전 직업	학력	군 내 직종	출신지	사망년
2. 성주경(成周慶)	가구 제조, 재 중국 사원	경성공립직업학교	육군 통역	경성부 광희정	1937
3. 최향덕(崔鄕德)	재 중국 여관		육군 통역	경기도 수원군	1937
4. 김동린(金東隣)	재 중국 일본어 교사	보성고등보통학교	육군 통역		1937
5. 김교승(金敎升)	텐진방적(天津紡績) 운전수		육군 통역	경기도 수원	1938
6. 정두영(丁斗榮)	지린성 근무 통역	경기중학 졸업	육군 통역	경기도	1938
7. 종정현(宗貞賢)	오사카 재주(在住) 한커우(漢口) 점원		육군 통역	인천	1938
8. 이수길 李壽吉)	재 중국 점원	안성공립보통학교	육군 통역		1938
9. 이정복(李貞馥)	재 중국 상업	예산공립보통학교	육군 통역	충청남도 예산군	1938
10. 장영순(張英淳)	일본영사관 근무		육군 통역	충청남도 서산군	1938
11. 김육근(金六根)	소작농, 선원		육군 군속 선원[1]		1938
12. 양악수(梁岳守)	소작농, 일본 선원	서당	육군 군속 선원		1938
13. 최명득(崔命得)	소작농, 일본 선원	용성공립보통학교	육군 군속 선원	경상북도 용성면	1938
14. 김재황(金在黃)	소작농, 일본 선원	영해공립보통학교	육군 군속	통영군	1938
15. 최산암(崔産岩)	일가(日稼), 일본 선원		육군 군속		1939
16. 이명화(李明花)	산시성 헌병대 고원(雇員)	평양사립기영(箕營)강습소	육군 통역		1939
17. 이규택(李圭澤)	의생(醫生)	평양사립의학강습소	육군 통역	함경북도 명천군	1939

주: 1. 재 중국으로 한 것은 중국 동북지구, 중국 등에서 일하고 있던 것을 나타냄.
2. 앞의『誠忠錄』에서 조선인만을 추출하였음.
3. 사망자의 대부분은 전투 중에 피탄하여 사망하고 있음.

여기서 보는 바와 같이 통역의 경우는 학력이 있고, 일본 거주 경험

1) 〈역자주〉저자는 육군 군속과 선원을 구분하여 기재하고 있으나, 당시 육군에 징용된 선박에 승선한 선원들은 육군 군속으로 구분하였기에, '육군 군속 선원'으로 기재하는 것이 타당하다.

이 있으며 게다가 중국 각지에서 일하고 있던 사람들이었다. 통역의 경우는 하층 소작인이나 농업노동자는 없었을 것으로 생각된다. 한편 단순히 육군 군속으로 이전 직업이 선원인 경우는 대부분이 일본 어선·운반선원으로, 일본에 거주한 경험이 있으며 선박째 징용되었거나 독자적으로 채용된 사람이라고 생각된다. 이들의 경우는 대부분이 소작농 출신이었고 어떤 형태로든 일본 선박의 선원이 되어 일하고 있던 것으로 생각된다. 군속의 경우도 공립보통학교를 나온 자도 있고, 나아가 일본에 도항하여 취업하고 있었기 때문에 소작농 중 약간의 여유가 있던 사람도 있었다고 생각된다.

그러므로 이 시기의 조선인 군속은 학력 또는 기술을 지닌 사람들로 구성되었고, 출신 계층은 원래 농촌에서 이촌한 사람들로 구성되어 있었다고 생각된다.

이 자료만으로는 속단할 수는 없지만 군속으로 일하고 있던 사람은 고향인 농촌과의 관계는 있었으나 이미 농촌을 떠났던 사람으로 농촌에서 직접 군속이 된 것은 아니었다고 생각된다.

2. 육군특별지원병의 출신 계층

1938년부터 개시된 육군특별지원병제도는 본격적인 징병제 시행의 전제로서 조선 사회 속에서 일정한 역할을 한(서장을 참조 바람) 것인데, 1만 6,730명에 달하는 그들의 출신 계층은 어떤 것이었을까. 지원병에 대한 논평과 좌담회, 소설 등 자료는 비교적 많으나 지원병의 출신, 이전 직업에 대한 총괄적인 자료는『昭和17年後期現在 生徒諸調查表』[2]가

2) 아리랑문화센터 소장, 梶村秀樹文庫 393·2 K-2

존재하는 정도에 불과하다. 이하 이 자료에 의거해 검증함으로써 출신 계층을 규명하고자 한다.

우선 특별지원병의 이전 직업부터 검토해 보자.

〈표 7〉 특별지원병의 이전 직업

직업 \ 년도	1938	1939	1940	1941	1942	계	비율(%)
농업	234	385	1,798	1,823	2,081	6,321	56
상업	19	22	153	144	284	622	5
어업			16	15	28	59	0.5
관리			7	4	43	54	0.5
공리(公吏)			47	80	178	305	3
교원(서당, 간이학교 포함)	5	12	45	39	69	170	2
회사·사무원	15	12	124	165	300	616	5
고원	21	23	158	142	156	500	4
간수·감정(監丁)			17	14	5	36	0.3
역수(驛手)			34	36	39	109	1
운전수	1	1	23	37	57	119	1
직공		7	113	181	330	631	6
점원	23	41	85	130	128	407	4
견습	8	10	46	65	97	226	2
급사·소사(小使)	36	43	149	110	97	435	4
용인(傭人)·인부	21	21	107	87	46	282	2
생도		4	51	39	57	151	1
무직	13	18	49	55	49	184	2
기타	10	14	38	42	33	137	1
계	406	613	3,060	3,208	4,077	11,364	

출전: 『生徒諸調査表』
주: 직업을 표시하는 용어로 적당하지 않은 표현이 있지만 자료 그대로 했음.

1) 지원병이 되기 전의 직업

이전 직업이 어떠했는지는 출신 계층 분석의 기초가 된다.(〈표 7〉)

이 조사에 따르면 이전 직업이 농업인 지원병은 56%였기에, 농업인구가 80%를 넘던 상황에서 보면 농촌 청년이 직접 특별지원병이 된 비율이 낮은 특징을 지닌다. 농촌 출신이라 해도 특별지원 연령 이전에는 농업 외 직업에 종사하고 있었다는 것을 보여주고 있다. 이는 일본어 이해도가 크게 작용하고 있었다는 점, 조선인들이 병사가 되는 일에 가치를 두지 않는 분위기가 강했다는 점을 시사한다.

한편, 1940년을 경계로 이들의 직업 업종이 극히 많아지고 있다. 이는 행정기관이 총동원되어 특별지원병을 동원하고 있었다는 사실을 보여주고 있고, 1940년을 경계로 각 도, 즉 총독부의 행정기관이 지원자 수의 증가 경쟁을 벌여, 지원 강제가 격해져 갔던 사실을 배경으로 하고 있었다.

2) 지원병의 학력

출신 계층을 분석할 때에는 이전 직업과 동시에 학력의 정도도 중요한 요인일 것이다. 앞의 『生徒諸調査表』의 학력조사 1938년부터 1942년까지의 매해 총계는 〈표 8〉과 같다.

〈표 8〉 특별지원병의 학력 1938~1942

졸업학교별	인원수	비율(%)
전문학교 졸업	2	–
중등학교 졸업	107	0.9
중등학교 중퇴	284	3
보습학교 졸업	718	6
고등소학교 졸업	261	2
소학교 6년 졸업	9,096	80
소학교 4년 이하	896	8
계	11,364	

주: 1. 또한 소학교 4년 이하가 처음으로 특별지원병에 채용된 것은 1940년부터이다. 또 전

문학교 졸업자 2명은 1942년부터의 채용이었다. 소학교의 명칭은 정식으로는 공립보통학교-소학교-국민학교라는 변천을 거쳤다. 여기서는 소학교라는 표현을 사용하지만 인용의 경우는 출전 자료에 의해 표기했다.
2. 조선인의 경우 소학교 입학자가 졸업까지 재학하는 것은 매우 적었다.

이 표에서 분명한 것은 특별지원병은 90%가 공립보통학교 6년 이상의 취학자로 구성되었고, 공립보통학교 4년 이하의 경우도 어느 정도의 학력을 지닌 사람들이었다. 따라서 일본어를 배웠거나 황민화 교육을 받은 자, 체조 등 기초 훈련을 받은 자로 특별지원병이 구성되어 있었다고 말할 수 있다. 이러한 교육을 받을 수 있는 사람들은 어느 정도였을까. 이 시기 지원병은 20세 전후의 청년으로 구성되어 있었는데, 약 20년 이전인 1920년 전후의 학령아동 취학은 10% 전후로 추정된다.[3)]

교육 정도가 출신 계층과 일치하는 것은 아니지만 특별지원병이 된 자는 교육비를 부담할 수 있는 계층이었고 그것은 조선인 학령아동의 10%에 불과했다. 나름 여유있는 계층의 청년이 특별지원병이 되었다고 말할 수 있다. 이들 지원병이 도시 출신인지 농촌 출신인지는 계층을 검토할 때 중요한 요건이 되므로, 출신지의 도시, 농촌별 조사 결과를 앞의 표로부터 살펴보자.

〈표 9〉 특별지원병의 출신 도시 일람 1938–1942 (단위: 명)

경성	119	함흥	17	전주	21
평양	18	개성	36	대전	21
부산	74	진남포	10	진주	24
청진	14	광주	40	군산	11
대구	42	목포	4	나진	7
인천	31	해주	21	마산	18
원산	21	신의주	6	합계	555

출전: 앞의 『生徒諸調査表』

3) 吉川宣子, 「植民地朝鮮における初等教育 – 就學狀況の分析を中心に」, 『日本史研究』 370, 1993년 6월.

3) 지원병의 출신지

출신지는 이전 직업과도 관계가 있으며 출신 계층을 검증하는 요소 중 하나이다. 이에 대해서도 앞의 자료에 의해 표가 작성되어 있으나, 거주지인지 기류지인지 등 조사 자체의 방법이 명확하지 않기 때문에 신뢰도에 대한 검토가 필요하지만, 대략적인 경향을 이해하는 데는 유효한 자료이다.

총독부가 도시로 하고 있던 지역에서 특별지원병이 된 자는 〈표 9〉와 같이 555명에 불과한 것을 알 수 있다. 전체 1만 1,364명의 5% 미만밖에 안된다. 대부분의 특별지원병은 농촌 지역을 기반으로 한 사람들로 직접 농업에 종사하고 있던 자는 56%였음을 확인할 수 있다.

이상과 같은 특별지원병의 이전 직업, 학력, 출신지의 여러 요인을 고찰하면 다음과 같은 출신 계층을 상정할 수 있다.

1) 이전 직업에서 알 수 있는 것은 직접 농업생산에 관계하고 있던 자는 56%로 의외로 적었고, 이미 농촌에서 각종 직업을 경험하고 있던 자로 구성되어 있었다는 점.
2) 학력에서 알 수 있는 것은 무학력자와 고학력자는 비교적 적었고 대부분이 공립보통학교 졸업자에 집중되어 있었다는 점. 따라서 이 시기의 공립보통학교 졸업자는 농촌, 도시에 있어서 유식자로서 존재하고 있었다는 점을 확인해 두고자 한다. 사립학교인 서당 출신자보다 일본어 등에서 격차를 보이며, 농촌에서는 중류층에 속해 있었다고 생각된다.
3) 도시 출신자가 적은 것은 농촌에 비교하여 상업 등 다른 직업 선택의 여지가 조금이라도 있어, 도시 청년이 특별지원병을 선택지로 삼지 않은 사람이 많았을 것으로 예상된다. 또 도시 거주자는 지주와 상공업자, 유통관계자 등으로 특별지원병을 직업으로 의식하지 않아도 되는 사람들이었다. 또한 도시로 거론된 앞의 도시 이외에도 중간적인 성격의 읍이 있었는데 그것이 농촌에 포함되고 있었다는 점에 주의해야 할 것이다.

이상의 요건을 종합하여 말하면 특별지원병의 출신 계층은 농촌의 중간층을 기반으로 하고 일본어와 기초적인 교육훈련을 받은 사람들에 의해 구성되었다고 할 수 있다.

3. 상층 계층의 학도병

조선의 병사(兵事) 제도와 병사의 출신 계층을 생각할 경우, 학도병을 주목해야 된다.

학도병은 전문학교와 대학에 재학하고 있던 사람들이었고, 대부분이 지주, 상공업 경영자 출신으로, 계층은 조선 사회 중에서는 상층에 속해 있었다고 말할 수 있다. 학도병에 대해서는 각종 기록과 자료가 간행되어 있어, 여기서 출신 계층을 다시 증명할 필요는 없지만, 학도병 징병으로 실질적으로 조선의 모든 계층에 징병이 실시되면서 유력자 자제까지 빠짐없이 병사가 되었던 것이다. 이 '지원'에 응하지 않는 자는 혹독한 훈련 후 공장 등에 징용되고 있었다. 또 징병연령에 이른 학생은 병역을 요구받았다. 지원병 제도 아래에서는 상층 계층인 대학생 등이 지원하지 않는 것이 문제였지만 징병제 실시 후 모든 학생이 징병대상이 되었던 것이다.

4. 1944·45년도 징병자의 출신 계층

징병제도가 성립된 이후의 출신 계층은 모든 계층에서 일정하게 징병되었다고 보아야 하겠지만 실질적으로는 병사가 된 사람들 중에는 병종에 의해 두 가지로 구분되어 있었다고 생각된다. 하나는 어느 정도 일본어를 배운 자, 다른 하나는 일본어를 모르는 그룹이었다.

병사로 징병되어 무기를 받고 전장으로 보내진 자는 4만 5,000명(그 외 해군병 1만 명)으로, 이 사람들의 대부분은 일본어를 말하고 쓰는 것이 가능한 보통학교 졸업자였다. 징병검사의 갑종 합격, 을종 합격자였다고 추정된다. 따라서 이 사람들은 1925년을 전후하여 소정의 학교 교육을 받았던 사람들이었다.

병사로 동원되는 학력이 있던 사람은 학교 교육을 받는 것이 가능한 재력이 있는 계층이었다. 소작농의 상층, 자작농을 중심으로 한 계층이었다고 생각된다.

한편 병사 중에서도 일본어가 불가능한 자는 근무대(勤務隊)라고 하는 군 노동요원으로 채용되었다고 생각된다. 주로 징병검사 을, 병 합격자였다. 군의 물자수송이나 방어진지를 구축하는 부대로 무기 등은 지급되지 않은 부대였다.(104쪽 참조) 이 부대에는 일본인이 배치되었던 사례도 있지만 간부·소대장·하사관의 대부분이 일본인이었고, 나머지는 전부 조선인으로 구성되어 있었다. 이 부대에 동원된 자는 학교 교육을 받을 만큼의 재력이 없는 자, 즉 농촌사회에서는 소작농 하층과 농업 노동자 출신이 중심이었다고 할 수 있다. 이처럼 두 개의 계층으로 분리되어 병사가 되었던 것이다.

따라서 징병제도 하에서 병사가 된 자는 조선 사회의 제1계층인 상·중층의 사람들, 제2계층인 하층의 사람들이었다고 할 수 있다. 제1과 제2를 구분하는 것은 일본어를 아는 사람인지가 결정요인이었다고 할 수 있다. 따라서 조선의 병사 출신 계층은 교육 수준에 의해 구분될 수 있었다고 생각된다. 조선인 병사의 경우는 보통학교 졸업자가 중심이 되었던 것이다. 교육 수준이 정확하게 징병의 계층 구분을 반영한다고는 할 수 없지만, 교육을 받을 수 있는 재력에 따라 구분할 수 있다는 점에서 농촌 내 출신 계층이 배경이었다고 할 수 있다. 다만 중등교육을 받은 사람들도 이 중에는 포함되어 있었을 것으로 생각되지만, 그 사람들은 당연히 무기를 휴대하는 징병 그룹에 포함되어 있었을 것으로 생각된다.

〈표 10〉 징병자의 출신 계층

	일본어 이해도	교육 수준	토지 소유
전투부대 배속자	있음	공립소학교 졸업 이상	있음
근무대 배속자	없음	공립소학교 미수료자	없음
		불취학자	

이것을 일람할 수 있게 나타낸 것이 〈표 10〉이다. 이 표의 토지 소유와 일본어 이해도, 교육 수준 등과의 관계는 대략적인 경향을 나타낸 것이다. 소작농 하층에서도 교육을 받은 사례도 있고 서당 교육을 받은 경우도 있다.[4)]

〈표 11〉 징병대상자의 소학교 졸업자·입학자

년도	졸업자	입학자	년도	졸업자	입학자
1923	19,640	116,251	1930	53,118	121,144
1924	29,047	116,206	1931	54,820	121,467
1925	36,140	105,885	1932	57,600	125,923
1926	42,879	115,270	1933	62,955	145,119
1927	52,524	110,716	1934	70,130	166,023
1928	53,902	111,230	1935	78,953	164,920
1929	53,034	118,059	1936	89,060	173,397

주: 1. 조선인 학생의 경우는 입학자에 비해 졸업자의 비율이 현저히 낮은 것이 특징이다.
2. 징병을 위한 연성대상자는 연령 17세 이상 21세 이하인 자.
3. 서당에서도 일본어 교육을 행하고 있거나, 공립소학교 부설의 간이학교에서 일본어 교육이 행해지기도 하였다. 일본어 교육을 받은 자의 숫자는 약간 많을 것으로 생각된다.

4) 여기서 말하는 중층, 하층이란 자작농, 소작농, 농업노동자를 말하고, 상층은 지주층을 상정하고 있다. 따라서 농촌 인구의 대부분은 자작농·소작농이 차지하고 있어, 학도병이 상층 출신자로 구성되어 있던 것 외에는 대부분이 자작농·소작농 출신의 병사였다고 볼 수 있다.

총독부가 생각하고 있던 병사로서의 징병대상자 5만여 명이라는 숫자와 졸업자 수는 〈표 11〉과 같이 1926년 이후에는 거의 일치하고 있다. 총독부에서는 처음부터 모든 청년의 병사 징병을 고려하지 않고, 일본어가 가능한 자를 상정하고 있었다고 생각된다. 출신 계층에서 말하면 공립보통학교를 졸업한 계층인 사람이 무기를 지니는 병사가 되었다고 생각된다.

〈표 12〉 조선청년특별연성소 생도의 직업 및 학력

(1) 경성부 동부지구 연성소 생도 직업조사 1942.12.1. 현재

농업	공업	상업	교통업	공무 자유업	기타 유업자	무업(無業)	계
20	80	52	8	26	78	10	274

(2) 경성부 동부지구 연성소 생도 학력조사 1942.12.1. 현재

불취학자	사설학술 강습회 및 서당	사립초등학교(국민학교와 같은 정도의 인정 학교 제외)		간이학교		국민학교 중도 퇴학자(인정학교 포함)	합계
		중퇴	수료자	중퇴	수료자		
14	63	34	15	−	5	13	274

출전: 경성부 학무과장 宮野 寬, 「朝鮮青年特別錬成令と京城府」, 『京城彙報』 225號, 1943.12.
주: 합계가 맞지 않지만 자료 그대로 했다.

징병자의 출신 계층에 대한 조사 등에 대해서는 자료가 발견되지 않지만 조선청년특별연성령의 입소자, 즉 학력이 없는 자들의 교육상황은 〈표 12〉와 같으며, 전혀 지식이 없는 자는 아니었던 점을 확인해 둘 필요가 있다.

이 표는 '경성'이라는 도시의 연성소의 것이기에 농촌과는 다르겠지만 상당수의 비율로 조선어와 한문의 소양이 있는 사람들이 있었다는 것을 증명하기도 한다. 공립학교를 졸업하지 않았다는 이유로 조선청년특별연성소에 들어가게 된 사람들은 조선어와 일본어를 모두 사용할 줄 아는 것이었다. 이 자료에 의하면 조선어를 전혀 읽고 쓸 수 없었던 사람은 적었다. 일본어를 이해하지 못할 뿐으로, 그것이 일본의 징병률에

일정한 영향을 주었더라도, 조선인의 문화, 사회 수준의 차이와 관계가 있는 것은 아니었다. 오히려 한문 소양, 문자 지식은 풍부한 경우도 있었다. 농촌의 경우에는 일본어, 조선어의 읽기·쓰기 비율이 더 낮아지겠지만 일본인 징병자의 눈에는 일본어 가능 여부만이 문제가 되어 병사 채용의 기준이 그 점에 있었던 것이다.

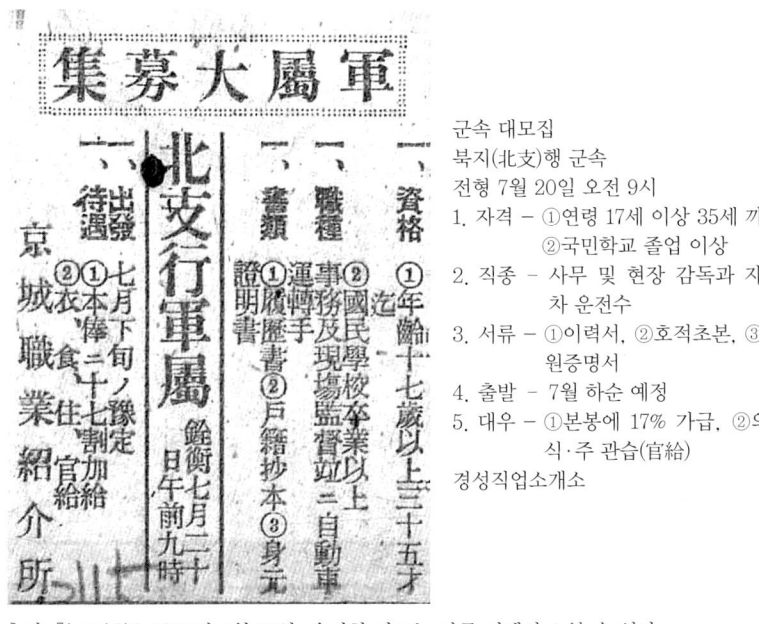

군속 대모집
북지(北支)행 군속
전형 7월 20일 오전 9시
1. 자격 – ①연령 17세 이상 35세 까지 ②국민학교 졸업 이상
2. 직종 – 사무 및 현장 감독과 자동차 운전수
3. 서류 – ①이력서, ②호적초본, ③신원증명서
4. 출발 – 7월 하순 예정
5. 대우 – ①본봉에 17% 가급, ②의·식·주 관습(官給)
경성직업소개소

출전: 『每日新報』 1944년 7월 12일. 유사한 광고는 다른 것에서도 볼 수 있다.

5. 태평양전쟁 하의 군속·군부

1941년 말에 시작된 태평양전쟁 하에서는 다수의 군속이 동원되었다. 여기에도 동원된 군 내 직종에 의해 계급도 달랐던 것으로 보인다. 포로감시원의 경우는 거의 전원이 학력이 있는 사람으로 구성되었고,

남방의 기지 건설에 종사한 자는 학력자와 그렇지 않은 자가 혼재되어 있었던 것으로 보인다. 확실하게 증명할 수 있는 자료가 없지만 이 사람들의 경우는 징병 실시 직전인 1942~1943년에 대량으로 모집되었다는 점에서 일본어를 어느 정도 이해하고, 징병 실시 이전이기 때문에 보통학교를 졸업한 정도의 학력자가 중심이었던 것으로 생각된다.

일본'본토'와 조선 내의 군 직할 공장 및 비행장 건설 등 조선과 일본'본토'의 노동에 동원되기도 한 군속, 군부(軍夫)[5]는 대부분이 학력이 없는 자에 의해 구성되어 있었다. 이 시기의 군속·군부는 보통학교 졸업자와 학력이 없는 계층 출신자로 구성되었다고 판단된다.

6. 청년층의 총동원과 구분

군속·군부, 지원병, 학도병, 징병자의 출신 계층은 모든 계층에 걸쳐 있었다고 할 수 있지만 총독부와 군은 동원 목적에 따라 구성·출신 계층을 나누어 나름 합리적으로 동원하고 있었다고 할 수 있다. 일본어가 숙달되어 일본군 병사로 기능할 수 있겠다고 판단된 자는 무기가 지급된 병사로 동원되었다. 이 부분이야말로 가장 '황민화'되어 있던 부분이라고 일본군에서는 판단하고 있었던 것이다. 일본어를 할 줄 모르고 '황민화'의 수준이 낮다고 판단된 계층에게는 무기가 주어지지 않고 노동

---

5) 〈역자주〉 오키나와에 동원되어 사망한 조선인 군속을 보면 명부 상 '군부(軍夫)'로 되어 있다. '군부'의 의미는 '군(軍)'에 고용된 '인부(人夫)'라는 의미이다. 오키나와에 동원된 군속 명부에 '군부'라는 명칭이 유독 많아 이를 통해 오키나와에 동원된 군속은 다른 지역 군속과 다르게 취급된 것으로 보는 견해도 있다. 다만, 『육군전시명부』에 따르면 임무 수행 중 사망한 군인, 군속은 거의 예외없이 1계급 특진하는데, 군속의 경우 '군부'에서 '용인(傭人)'으로, '용인'에서 '고원(雇員)'으로 각각 추서된 정황이 파악된다. 따라서 군속이라 하더라도 모두 동일했던 것이 아니라 '군부'→'용인'→'고원'의 순으로 직급이 달랐던 것으로 판단된다.

자로 군에 동원되었던 것이다. 군대 내의 역할도 학력, 즉 일본의 숙련도가 '황민화'의 척도로써 이용되었다는 측면이 있을 것이다. 일본어의 숙련도에 의해 구분하였던 것으로 판단된다.

군과 총독부는 동원 목적에 따라 분류를 하고 있었던 것이다. 군이라는 조직에 동원함에는 일정한 수준이 요구되었고, 조선인측 상황이 구분을 하게끔 하였다는 측면도 있다.

징병 대상자를 농촌과 도시 출신자로 구분할 수 있는 자료는 없지만, 인구 구성에서 보자면 농촌 출신자가 중심이 되었다고 할 수 있다. 도시 거주자는 기류 신고의 미비 등도 있어, 모든 조선인 징병 대상자를 일본인에 대한 징병과 마찬가지로 징병하는 것은 매우 곤란하였다고 할 수 있다. 더구나 징병을 정점으로 각종 방법으로 군에 동원된 조선 청년의 모습은 농촌 출신 계층의 모습을 반영하고 있었다. 이는 일본군·총독부가 일본과 같은 징병체제를 구축함에 있어서도 규제 요인이 되었고, 실질적으로 무기를 들고 싸울 수 있는 병사로서의 징병률 저하를 가져왔다. "약 23만 명의 장정 중에서 현역으로 입영할 수 있는 것은 겨우 4만 5,000명(별도로 해군병 1만 명)으로"[6] 대부분은 보충병이 되어 나중에 근무대로 배속되었다는 것이 이를 잘 보여주고 있다.

한편 조선에서의 징병검사 당시 출신 계층을 알 수 있는 자료나 읍내 징병서류는 현재까지 발견되지 않았기에 정확한 분석은 할 수 없다.

6) 앞의 자료, 「朝鮮人志願兵·徵兵の概要」

제3장
조선 민중에 대한 군사적 동원 – 군속·군요원 –

전시하의 조선인 민중은 다양한 형태로 동원되었는데, 여기서는 정규 병사를 제외한 군속, 군 징용자, 군 고원(雇員) 등 군 관계로 일하고 있던 사람들의 동원 상황을 파악해 두고자 한다. 주지하는 바와 같이 군은 전투 요원인 병사와 이를 지원하는 다양한 직종의 사람들로 구성되어 있다. 가령 토목작업에 종사하는 사람, 병사를 수송하는 자동차 운전수, 통역, 징용선 선원, 목수, 마수(馬手) 등 기술을 지녔던 사람들로 구성되어 있었다. 일본군은 이러한 군사적 요원으로서 대량의 조선인을 동원했던 것이다. 언제부터 어떤 직종에 몇 명 동원했는시 기초자료와 연구는 현재까지 일본과 한국, 북한에서도 전혀 없다.[1)]

이러한 문제를 보기 전에 우선 어느 정도의 인원이 동원되었는지 현재 확인할 수 있는 수치를 〈표 13〉에 게재했다. 이 자료는 조선총독부 사계과(司計課)가 제85회 제국의회설명자료로 작성한 것이다. 총독부가 1944년 8월 현재 시점에서 정리하여 공식적으로 파악하고 있던 수치

---

1) 여기서는 군대로 직접 동원되었는지, 군속으로 직할 공장에서 일한 사람, 군 관계 공사에 징용된 사람을 조선인 군사적 동원자로 규정하였고, 강제동원 등의 노무동원과는 구별하였다.

로, 상당히 정확하다고 판단할 수 있을 것이다.

〈표 13〉 1944년 8월 현재의 군사적 동원 조선인 송출 수

	일본'본토'	조선 내	'만주'	'중국'	'남방'	계
1939			145			145
1940	65		656	25		746
1941	5,396 (4,895)	1,085	284	13	9,249	16,027 (4,895)
1942	4,171 (3,871)	1,813 (90)	293	50	16,159 (135)	22,486 (4,096)
1943	4,691 (2,341)	1,976 (648)	390	16	5,242	12,315 (2,989)
1944	7,997 (4,600)	9,210 (6,205)	1,617	260	4,833	23,917 (10,805)
계	22,320 (15,707)	14,084 (6,943)	3,385	364	35,483 (135)	75,636 (22,783)
비율	29.5%	18.6%	4.5%	0.5%	46.9%	100%

출전: 朝鮮總督府,『帝國議會說明資料』第9卷 복각판 수록, 朝鮮總督府 司計局 說明資料 290쪽에 의함.

주: 1. ( ) 안은 징용자 수로 원표에는 '중국'은 지나로 되어 있다. 또 '만주', '남방'은 원자료에 ' ' 표시가 없다.
2. 1944년은 8월 22일 현재. 비율은 필자가 기재하였다.(역자주: 원저에 표기된 비율에 오류가 있어 수정하여 게재함)
3. 또한 이 표에는 '위안부'가 포함되어 있지 않다.

이 표에 따르면 전체는 7만 5,636명에 이르고 있다. 이 설명자료에는 이 표 외로 1944년 9월에 일본'본토'로 9,500명을 송출한다고 부기되어 있다. 아울러 1945년에도 일본'본토'의 본토방위 진지 구축 등을 위해 대량으로 동원되었다고 생각된다. 그리고 1939년 이전에 중국 전선으로 군속 동원된 사람들도 있어 이들도 가산되어야 한다. 이러한 점에서 거의 10만 명의 사람들이 군사적 동원의 대상이 되었다고 생각된다.

지역별로는 '남방'이 가장 많아 전체의 46.9%에 이른다. 이 시점에서는 일본'본토'는 30% 정도로 본토 방위의 군 토목공사가 본격화되지 않았고, 오키나와 전투 이후에 일본'본토'로의 징용자가 대량으로 증가했다. 조선 내는 19%였지만, 제주도에 연합군이 상륙할 것으로 예상하여

병력을 소집한 바 패전 직전에는 동원 수가 대폭적으로 증가했다고 생각된다. '만주'와 중국은 비율은 낮으나 1939년 이전에도 많은 군속이 동원되고 있어서, 실제 수치는 이것보다 많았다고 생각된다. 또한 이 표는 1944년 8월 현재의 수치로 이 시점 이후에는 노동력 부족과 전황의 핍박으로 동원자 수가 급격하게 증가했었다는 사실을 염두에 두기를 바란다.

1. 군사적 동원의 채용 형태와 직종

채용형태

군속: 먼저 군속을 거론해 보자면 직종은 다방면에 걸쳐 있다. 조선 내의 사람들은 조선군 각 부대에 군속으로 채용되었고, 통역, 운전수, 목수, 군 직속의 토목작업원, 포로감시원 등의 직종은 부대와 함께 행동하였다.[2)]

고원: 채용 형태가 어떠했는지는 명확하지 않지만, 조선인을 남방군정(南方軍政) 요원으로 기용하는 계획이 방침으로 존재하여 1명의 조선인이 해군 기사(技師)로 채용되어 일하고 있었다는 기록이 있기에, 각지에 전개된 군정 요원도 대상이 되어 있었다.[3)]

징용자, 선원 등: 군의 요청에 따라 직접 군속이 된 것이 아니라 국민징용령 적용으로 일하게 된 사람들로 그야말로 강제적으로 동원된 사람들이다. 1942년 1월 이후에 징용이 적용된 사람들

2) 군속은 정식으로는 군인이 아닌 군에 속한 문관을 칭하지만, 전시 하에는 토목작업원 등을 포함하여 광범위한 사람들이 군속이 되었다.

3) 제83회 제국의회설명자료에 의함.

은 1944년 8월까지 2만 2,785명에 이르렀다.(앞의 제85회 제국의회설명자료에서)

다음으로 직종별 동원 실태에 대해 검증해 보자.

2. 군속

군속의 직종은 다양한데 인원 수와 규모의 크기, 전투지역 투입 등에서 가장 대규모로 동원되었던 것은 해군의 '작업애국단'이라는 명칭의 토목작업원이었다.

1) 해군 '작업애국단' 3만 2,348명(1944년 8월 현재)

'작업애국단'은 특별편성된 군속 작업단으로 공장으로의 동원 다음으로 그 규모가 가장 컸다. 1941년 12월 8일에 남방 점령지의 기지 건설을 목적으로 최초의 파견이 결정되어 1942년에는 현지에서 작업하기 시작하였다. 법률적으로는 국민징용령의 적용을 받았다. 계약기간은 2년간으로 남방 점령지의 기지 건설을 담당했다.[4]

모집은 일본'본토'와 조선에서 실시되었고 1942년 7월에 두 번째 모집이 개시되어 조선 각지와 일본'본토'에서 남방으로 송출되었다.[5]

이 모집과 송출은 1943년까지 계속되었다. 모집 조건에는 학력 사항이 없어 '국어'를 못하는 사람들이 많이 포함되어 있었다.

4) 「海軍と共に征く－作業愛國團報告座談會」(上·中·下 연재기사), 『京城日報』, 1943년 3월 12~14일

5) 「半島青年を海軍軍屬に採用」, 『京城日報』, 1942년 7월 18일

1943년 3월 15일에 마감된 1주일 간의 모집기간에 조선인 '남방 군속' 모집은 4천 통에 달하였다고 보도되었다. 이는 '고원, 필생(筆生), 급사'라고 되어 있었던 점에서 작업단과는 별개라고 생각된다.[6)]

이러한 사람을 포함하여 남방으로 보내진 조선인 청년의 총수는 2만 명 이상에 이른 것으로 알 수 있지만 실제 수치는 명확하지 않다. 재일조선인 청년 중 남방으로 선발된 자는 1942년의 제2회로 천 명에 이르고 있다.(내무성 경보국(警保局) 조사)[7)]

재일조선인 중 남방으로 송출된 사람들 일부의 노동 실태는 요코스카(橫須賀)에서 할마헤라 섬으로 동원된 조선인의 힘들었던 노동 기록을 보면 명확하다.[8)]

군은 이와 같이 험난한 노동에 동원된 각지의 군속에 대하여 "조선인 노무자를 위한 식료품으로 기호품인 마른 명태, 고춧가루, 마늘, 절인 갈치" 등 34,910㎏을 1942년 1월 현재 5차례로 나누어 보냈다는 자료도 있다.[9)]

또한 작업애국단으로 동원된 사람들 중 2년 간의 계약기간이 종료된 자 일부가 귀국하여 앞서 말한 좌담회를 행하고 있다. 그에 따르면 저금이 평균 1인당 400엔이나 된다고 선전하고 있다.

이들은 남방제도에서 기지 건설에 종사하고 있었기 때문에 공사 중 사고와 질병, 연합군의 진격으로 많은 희생을 입었다. "어떤 때는 진격해서 군인들과 함께 적 앞 상륙작업에 참가한 적도 있었습니다. 탄환 속을 뚫고 잠수해서 작업하는데 …"라는 작업애국단의 회상도 있다.[10)]

---

6) 「南方軍屬に應募者殺到」, 『京城日報』, 1943년 3월 26일

7) 재일조선인의 전시동원을 다룬 樋口雄一, 『皇軍兵士にされた朝鮮人』(社會評論社)를 참조 바람.

8) 神奈川と朝鮮の關係史調査委員會, 『神奈川と朝鮮』, 神奈川縣, 1994년.

9) 「朝鮮人勞務者向嗜好品の南支方面輸出」, 朝鮮總督府, 『經濟治安週報』, 1942년 1월 26일

10) 앞의 『京城日報』, 1943년 3월 13일자 기사. 전장이 되거나 혹은 '옥쇄'한 섬에 있던

남방지역뿐만 아니라 중국에서도 진격하고 있었던 일본군은 부대마다 군 노동에 종사시킬 군속을 조선 내에서 활발하게 모집하고 있었다. 조선어 신문이었던『每日新報』에는 매일 같이 광고가 게재되고 있었다. 이에 응모한 사람들의 소식은 총독부 통계에도 각 부대의 기록에도 게재되어 있지 않다.

2) 포로감시원 3,223명

작업애국단보다 인원수는 작으나 '미·영인' 포로감시원이 대대적인 선전하에 모집되었다. 3천 명을 모집한다고 발표된 것은 1942년 5월로, 그 자격은 19세부터 35세까지의 조선인 남자, 일본어 일상 회화에 지장이 없는 자로 국민학교 4년 종료 이상인 자, 그해의 지원병 합격자가 아닐 것이 조건이었다. 경성부에서도 5월 25일에 제1회 전형이 있었으며 예상을 넘는 수였다고 전해진다.[11)]

전형 결과, 약 3천 명 전후가 합격하였고 조선 내에 설치된 '미·영인' 대상의 포로수용소를 시작으로 일본'본토', 남방점령지 등 넓은 범위에 배속되었다. 이 사람들 중 전투 희생자는 적었지만, 패전 후에 전범이 되어 처형된 사람도 있다.[12)]

3) 군속 공원

조선인 노동자의 군 직할 공장 동원이 정식으로 결정된 것은 1942년

사람들은 전투원이 되는 바람에 희생자가 많았다.(희생자에 대해서는 제1부 제7장을 참조 바람) 미군의 포로가 된 자도 있었다. 그들은 하와이의 포로수용소에 수용되었고, 그 명부가 보존되어 있다. 또한 오스트레일리아군에 포로가 되거나 그 외 지역에서 포로가 된 사람도 있다.

11) 『京城日報』, 1942년 5월 26일자 다른 기사

12) 內海愛子,『朝鮮人BC級戰犯の記錄』, 勁草書房, 1982年.

에 들어서면서부터로 실제 동원은 4월 이후였다고 생각된다.

그전까지 일본군 직할 공장에서 조선인이 근무한 일은 없었고 모집도 하지 않았다. 일본인 청년 노동력과 숙련노동자가 전장으로 동원되어 그 부족이 심각해지자 조선인 동원이 결정된 것으로, 주된 요인은 노동력 부족이 배경이었다. 후방의 군사 생산력 확보가 지상명령이 된 것이었다. 이 정책결정은 1941년 12월 연합군과의 개전 후에 성사된 1942년 1월과 3월 두 차례에 걸친 도죠(東條) 수상과 미나미(南) 조선 총독 간 회담에서 방향이 정해져, 조선인 징병과 공장으로의 강제동원 등이 결정된 것으로 생각된다.

조선 내에서의 구체적인 사례로는 1942년 9월 조선군 부대의 의뢰로 시작된 군속 공원의 대량 모집이 있다. 경성직업소개소가 모집의 중심이 되어 13~17세까지의 국민학교 졸업자를 군속인 항공기술공원을 모집한다는 것이었다. 채용 후 성적에 따라 고원, 판임문관, 고등관까지 승진할 수 있다고 선전하고 있다.[13]

그 후에도 노동력 부족이 심각해짐에 따라 군속 노동자 모집은 일상적으로 이루어지게 되었다. 조선어로 간행되고 있던 『每日新報』에는 「○○육군조병창 군속 모집」(1945년 5월 15일자), 「인천조병창 군속 긴급대모집(仁川造兵廠 軍屬 緊急大募集)」(1945년 6월 1일자) 등의 광고가 활발하게 게재되고 있었다. 생각처럼 사람들이 모이지 않았기 때문이기도 하여 간혹 이러한 광고가 나오게 되었다. 공창에서의 노동조건은 매우 엄격하여 일단 취업하면 임금이 적어도 전직(轉職)이 불가능하였다. 이러한 모집은 일본'본토' 공장 등에도 적용되었기에 광범위하게 청년들이 동원되었다고 생각되는데 전체 인원이 얼마나 되는지는 밝혀지지 않았다. 대상 공장은 육군만이 아닌 조선의 해군 관계 공장도 있었으며 진

13) 「航空技術工員 － 軍屬として大量に募集」, 『京城日報』, 1942년 9월 20일 기사에 의함.

해의 해군 공장에 동원되었다고 생각된다. 일본'본토' 해군 관계 공장에는 조선인과 함께 다수의 대만 출신 소년공 동원이 해군 당국에 의해 고려되고 있었다.[14)]

4) 징용

국민징용령을 조선에서 실시하기로 결정된 것은 1944년 1월의 일로, 이후 대량으로 사람들이 동원되게 되었다.[15)] 신분적으로는 국가의 직접적인 비호를 받을 수 있다는 것, 징용은 사실상 명령인 것이므로 공무원에 준하는 위치에 있고 군속과 동일한 존재였기 때문에 여기서는 개요만 다루고자 한다. 징용에는 두 종료가 있었다. 실제로 일하고 있던 사람들을 그 노동현장에 징용한다는 형태를 취하는 것을 현원징용이라고 하고, 새롭게 징용하는 경우에는 일반징용이라고 하였다.[16)] 어떤 경우에도 군사적인 요인에 따른 동원이어서, 군사적 동원의 하나로 볼 필요가 있을 것이다.

---

14) 일본'본토' 해군 공장에는 대만에서 3만여 명의 소년들을 양성, 노동시키기 위해 데려올 예정이었지만 실제로는 8천여 명이 전국의 해군 항공기 생산공장에 군속으로 배치되었다. 대만 소년공에 대해서는 大和市史編集室, 『高座海軍工廠關係資料 – 臺灣少年工關係を中心に』에 게재된 필자의 해제를 참조 바람.

15) 〈역자주〉 저자는 1944년 1월 조선에서 '현원징용'을 실시하기로 결정하여 2월에 시행했다고 하는 제85회 제국의회 설명을 근거로 하고 있는 것 같다. 그런데 '국민징용령'으로 일본'본토'로 조선인을 동원한 것은 1941년의 일로, 이듬해인 1942년에는 조선 내에서도 '국민징용령'에 따른 조선인 동원이 있었다. 허광무, 「일제 말기 '국민징용령'에 따른 조선인 노무동원의 시기와 실태」, 『한일민족문제연구』제44호, 2023년.

16) 〈역자주〉 '국민징용령'에 따른 징용은 크게 두 가지로 신규징용과 현원징용으로 나눌 수 있다. 현원징용은 노무자가 근무하는 현 직장에 징용령을 발동하는 것으로, 노무자의 작업장 이탈 방지와 신규징용을 실시하기 위한 전제조건으로 발동되었다. 신규징용은 현재 종사하는 업종과 다른 업종에 종사시키거나(노무 재배치), 직업이 없는 자에게 근로를 명령하는 것을 의미하며, 신규징용에는 특수한 기능을 갖고 있는 자를 징용하는 특수징용과 일반인을 대상으로 하는 일반징용이 있다. 国民総力朝鮮聯盟, 『国民徴用の解説』, 1944 및 厚生研究会編, 『国民徴用読本』, 新紀元社, 1944년 참조.

현원징용

총독부는 1944년 2월에 노동자 이동 방지라는 목적도 있어 조선 내의 중요 공장 73개소, 광산 56개소, 합계 129개 공장·광산에 징용령을 내렸다. 그 결과, 피징용자는 일본인을 포함한 숫자로 생각되지만 14만 7,450명에 이르고 있다.(1944년 8월 20일 현재)

일반징용

1944년 8월에 조선 내 광산으로 1,200명을 동원한 것이 첫 번째로, 일본으로의 첫 번째 동원은 해군함정본부 소관 해군 관리 조선공장 21개소 요원으로 3만 8,500명의 요구가 있어 1944년 9월에 1만 8,500명을 보내고, 10월에는 나머지 2만 1,000명을 송출할 예정이라고 기록되었다. 석탄산으로는 2만 4,650명에 대해 그 절반을 징용할 예정이라고 서술되어 있다.[17] 두 개 모두 동원이 실행되었던 것으로 생각된다.

일본'본토'로의 일반징용은 1945년 8월 15일 일본 패전 시까지 어느 정도의 규모였는지에 대해서는 실체가 분명하지 않다. 징용 인원에 대해서는 징용이 활발하게 석용·실행되었던 것이 1944년 말부터 1945년 8월까지의 기간이었는데 자료적인 제약 때문이다. 징용은 국가 책임하에 동원한 것으로 총수의 실체는 규명되어야 할 것이다.

이 징용은 일본 국내 연구에서는 강제동원 노동자로 규정되어 군사적 동원과 구분하여 생각할 수도 있겠으나, 징용기에는 군사적인 색채가 한층 강해지므로 군사적 동원으로도 규정할 수 있다.

---

17) 朝鮮總督府 司計課,『第八五回帝國議會說明資料』復刻板 第九卷

5) 선원 징용

전쟁 말기가 되자 제공권을 상실한 일본군 수송선은 대부분이 격침되고, 부족한 수송은 소형 목선을 증산하여 군사용으로 이용하게 되었다. 조선에서도 목재 공출과 함께 목선이 건조되어 군에 제공되었다. 여기에 조선인 선원이 동원되었던 것이다. 수송선의 침몰은 일본인 선원의 대량 소모로 이어졌고, 그 부족을 조선인 선원 노동자들로 충당하려 했던 것이다.

그러나 어느 정도의 인원이 군에 징용되었는지 그 전체상은 파악할 수 없으며, 그 일부를 공장(公葬)의 사례를 통해 조선인 징용선원의 존재를 확인해 보고자 한다. 당연한 일이지만 선원으로 징용된 사람들의 희생은 커서 1943년 8월에 거행된 체신성 주최 제1회 선원 공장에서도 모지(門司), 요코하마(横浜) 해무국(海務局)의 이름으로 확인되는 조선인 희생자는 수십 명에 이르고 있다.[18]

한편, 1943년 12월 시점에서 해군과 육군에 징용되어 있던 조선 선박은 45척에 이르고 있었다. 조선우선(朝鮮郵船) 소속의 興東丸 3,557톤이 최대이고 385톤을 최소로 하고 있었다. 그 후 선박 침몰에 따르는 소모가 극심하여 더 많은 선박이 조선인 선원과 함께 징용되었다고 생각된다.[19]

6) 군대로의 노동동원

군 직할 공장에서 사역되는 사람들과는 별도로 군 공사에 동원된 사

18) 「榮譽の殉職船員」, 『毎日新報』, 1943년 8월 10일

19) 「一般船舶徵用調」, 1943년 12월, 朝鮮總督府, 『第八四回帝國議會說明資料』 遞信局(復刻板)

람들이 있었다. 징용이라는 형태를 취했을 것으로 생각되나, 군대 조직에 편입되어 있던 점은 공장과 민간기업에 징용되어 있던 사람과 구별되어야 할 것이다. 조선군 중에 특설육상근무대가 1944년 12월 5일에 편성되었다. 제105중대부터 제110중대까지이며, 같은 날에 특설수상대 제109중대, 제110중대가 조직되었다. 이 시점에는 8개 중대가 있었으며 그 중대 내 구성은 〈표 14〉와 같다. 즉, 이 부대는 공원·고원의 노동자 부대이며 병사와 하사관은 그들을 관리하는 역할을 담당하고 있었다고 생각된다. 1개 중대는 675명으로, 8개 중대였기 때문에 5,400명의 조선인들이 군에 고용된 셈이 된다. 앞의 애국작업단 등과는 별도로 전쟁 말기에 급하게 조직된 것으로 생각된다. 이들은 병사로 등록되어 작업했던 자로[20] 처음부터 군이 노동자로 별도 채용한 자였다.

〈표 14〉

병	38명
하사관	12명
하사관·기타	11명
공원·고원	675명

출전: 陸軍省 調製, 『朝鮮軍管区編成時委員表』(방위성 방위연구소 도서관 소장)
주: 이 수치는 1개 중대당 수치이다.

7) 군속 신분의 자동차 운전수·통역 등

자동차 운전수나 통역 등으로는 중일전쟁 개시 이후, 특히 중국에 대한 침략이 본격화된 다음에는 상당한 수의 조선인이 동원되었다. 통역은 중국 동북지구에 살고 있던 중국어가 능통한 청년이 선발되었다. 자

20) 야전근무대로써 편성되었고, 징병대상자가 병사로써 조직되었던 실질적인 노동부대가 존재했다. 제6장 제3절 참조. 1945년 2월에 편성된 야전근무대와 이 부대의 관계가 반드시 명확하지는 않다. 편성이 바뀌었을 가능성도 있다. 징용노동자 중심이었던 것이 이 부대였다.

동차 운전수는 조선에서 자격을 취득한 자가 선발되어 '만주', 중국의 전장으로 투입되었던 것이다. 그 수가 몇 명 정도인가 하는 것은 앞서 〈표 13〉과 같이 3천 명을 넘는 사람들이 동원되고 있었던 것이다. 이 중 통역 등 전사자에 대해서는 미담으로 선전된 것이 많았다. 아울러 전쟁 말기가 되자 중국, '만주'에 주둔하고 있던 부대가 남방으로 전출되면서 중국 내 일본군 병력 부족은 심각해져 조선 내에서 대량의 조선인 노동자를 군속으로 모집하는 일이 벌어지게 되었다.

또한 전쟁 말기에는 대량의 조선인이 군으로 조직되었을 것으로 생각된다. 예를 들면 해군은 일본'본토' 각지에서 기지를 정비하고 있었지만, 연합군의 본토 상륙을 앞두고 모든 토목공사 현장에서 일하고 있던 조선인을 1945년 4월부터 '특별공작대'로 조직하였고, 그 후 7월에는 정식으로 '토건의용전투대'로 조직하여 전투에 참가시키려 하였다. 공사에 참가하고 있던 토건의 각 '구미(組)'를 조직한 것으로 이 시점에서는 조선인도 그 대원이 되었다.[21] 구체적인 조직화도 진행되었다. 따라서 이 토목현장에서 작업하고 있던 사람들은 군속의 신분이 되었다고 생각된다.[22]

---

21) 「土建義勇隊編成運營要領」, 『海軍公報』, 1945년 7월 29일

22) 總務省, 『弔慰金等の基礎知識』, 2001년 2월 刊에는 이것을 준군속으로써 조위금 대상으로 하고 있다.

제4장
조선 민중에 대한 군수물자 동원

전쟁이란 온갖 형태로 민중을 동원하고 민중에게 희생을 강요하는 것인데, 병사(兵士)로 동원하는 것이 피라미드의 정점이라고 한다면 아래로 갈수록 그 범위는 훨씬 넓어진다. 이를 크게 보면, 1. 소비와 생산 등의 경제 통제와 물자 동원, 2. 정치·사상(思想)의 통제와 사상 동원, 3. 배급을 포함한 행정 재편, 4. 증세(增稅)와 저축 등의 수탈 강화, 5. 노동력 동원 등으로 나눌 수 있다.

병사와 군속(軍屬)으로 전장에 동원하는 것이 직접적인 동원이라면 간접적인 동원도 있는데, 만약 간접적인 민중 동원이 없었다면 전쟁 자체가 불가능했을 것이다. 조선 민중은 전시체제 아래에서 어떻게 간접적 동원에 편입되었으며, 일상생활에서 군사동원에 어떻게 대처했을까? 조선인의 전시체제 편입 과정과, 반드시 일률적이라 할 수 없는 조선인에 대한 조선총독부의 대응은 어떤 것이었는가? 이처럼, 조선인 전시 군사동원에 관해서는 미야타 세쓰코(宮田節子) 등의 정치·사상통제 동원에 관한 연구 외에 거의 없다.[1)]

---

1) 宮田節子,『朝鮮民衆と「皇民化」政策』, 未來社, 1985年

이에, 본 장에서는 상기 각 항목에 상응하는 몇 개의 사례를 통해 조선 민중에 대한 군사동원에 관하여 살펴보고자 한다. 이하에서는 군사동원의 문제를 아래의 항목으로 나누고, 특징적인 상황을 민중의 구체적인 생활에 맞춘 체계적인 동원조직과 이에 대한 조선인의 대응을 중심으로 검증해 나갈 것이다.

1. 저축 강화

팽창하는 재정을 유지하고 군사 체제를 유지하기 위해서는 저축이라는 명분으로 민중을 통제할 필요가 있었다. 민중이 보유하고 있는 재산을 전비(戰費)로 충당하기 위함이다. 이러한 시책은 일본'본토'에서 실시되고 있었지만, 조선에서 시행된 저축 강화의 특징을 살펴보자.

주지하듯이, 조선 인구의 70% 이상이 농민이기 때문에 이 사람들의 저금 여부가 전체 저축 추세에 결정적인 영향을 미칠 수밖에 없다. 이에 조선총독부는 공출대금의 일정 비율을 원천공제하여 저축하도록 강제하였다. 다시 말해, "농민들이 부지불식간에 저축에 협력하도록 할 수단으로써 조선의 농림수산물 공판대금에 대해 상당히 높은 비율의 금액을 원천공제하여 일률적으로 저금을 하도록 하였고, 판매대금의 인상분 또는 보조금 증액분에 대해서는 그 대부분을 저축하게 함으로써 매우 양호한 실적을 거두었으며, 또한 쌀과 잡곡에 대한 장려금, 보조금에 대해서도 대부분(약 80%)을 원천공제한 후 저축하도록 할 예정"이라 하였다.[2] 이 시기의 주요 농산물은 대부분 공출이었는데, 그 대금의 상당액을 원천 공제하여 저금시킨 것이다. 공출 대금은 통제를 받는데,

2) 朝鮮総督府, 『第八五回帝国議会説明資料』, 朝鮮総督府司計課, 1944年(復刻版), 303쪽.

생산물의 실질적인 유통가격보다 싸게 공출을 당한 데다가 대금마저 원천 공제함으로써 실제 농민의 손에 돌아오는 대금은 아주 적었다.

이러한 방법 외에도 1940년부터 구매품과 유흥비에서도 일정 비율을 저축하게 하였고, 1943부터 이자조건부 정기예금을 실시하고 복권식 채권의 판매 등을 실시하는 등 다양한 방법으로 민간에 유통된 돈을 회수하려고 했다. 그 결과, 1938년부터 해마다 조선총독부가 설정한 저축목표액을 초과하는 실적을 올렸는데, 1943년에는 목표액의 122%까지 달성하기도 했다. 하지만, 조선의 소득수준이 낮기 때문에 2,500만 명의 인구에도 불구하고 저축율은 일본에서 규모가 큰 현(縣)의 저축율과 비슷한 정도에 지나지 않았다.[3)]

전비 조달을 위한 증세는 일본'본토'보다 약간 늦었지만 광범위하게 실시되었다.

2. 군(軍)의 직접동원

전장으로의 인적(人的)동원을 제외한 직접동원의 형태는 1. 국방헌금, 비행기 등 무기헌납, 2. 군대눌자 납입(징빌), 3. 군 행사 참가(군이 주최하는 강연회, 병영견학회)로 나눌 수 있다.

1) 국방헌금과 무기헌납

1931년 9월 류타오거우(柳条溝)에서 시작된 일본의 중국침략전쟁은

3) 이러한 저축은 맘대로 인출할 수 없었다. 1945년 8월 일본 패전과 인플레이션 때문에 예금으로서의 가치가 없어졌다.

조선에서 물자와 자금을 군대로 동원하는 계기가 되었다. 조선에서는 1938년 군인후원회가 조직되어 국방헌금 등의 모집이 시작되었으며, 그 성과를 선전하기 시작했다. 조선군사령부는 애국부(愛國部)를 설치하여 1932년 4월 헌금 등에 관한 미담을 엮은 『애국(愛國)』 2호를 간행하였으며 1934년 5월에는 3호를 발행했다. 3호에는 각종 헌금에 관한 구체적인 사례가 254쪽에 걸쳐 상세하게 소개되었다. 일본인의 사례가 많지만 의도적으로 조선인의 사례도 소개하고 있다. 예를 들면, 경상남도 창원군 진영면 하자마(迫間)농장[4]의 '생활이 궁핍한' 조선인 소작농 1,261명이 헌금을 했다거나, 충청남도 조치원 남광면업(南光綿業)에 소속된 '매우 보수가 적은' 공장 노동자 103명이 기부를 했다는 등의 내용이 실려 있다.

그러나 조선인의 참가는 저조했고 재조일본인의 헌금이 절대적이었다. 그런대로 조선인의 헌금 등이 많아진 것은 1937년 7월 중일전쟁이 본격화된 이후였다. 1938년 조선에서 지원병령(志願兵令)이 공포되고 시행되자, 일본인의 미담과 더불어 조선인이 헌금했다는 식의 미담을 널리 선전하였다. 일례로, 『반도(半島)의 총후진(銃後陳)』이라는 책에는 다음과 같은 사례가 소개되어 있다.

이 책에는 상이군인, 기다리는 가족, 유가족, 헌금, 기타 여러 사례가 보고되어 있는데, 헌금에 관한 미담 편에 각 도별로 146건의 사례가 수록되어 있다. 환갑기념으로 헌금했다는 이야기, 어린이가 헌금했다는 내용 등이 그것이다. 그밖에 평안남도의 해군연료광업부(海軍燃料鑛業部)에서 일하는 조선인 1,700명이 5전, 10전을 모아 헌금했다고 한다. 무기헌납도 눈에 띄는데, 무기나 헌금은 아니지만 여러 소학교 아

4) 〈역자주〉 원문에는 '창원군 하자마 진영(進永)농장'으로 되어 있지만, 이는 저자가 '김해군 진영면 하자마(迫間)농장'을 오인한 것이다. 하자마 농장은 일본인 지주 하자마 후사타로(迫間房太郎)가 1928년 김해에 설립한 소작제 농장이었다. 1930년대 초반 소작농 쟁의가 발생한 곳이다.

이들이 군용 건초를 헌납하여 조선인들의 추억에 남아 있다는 내용이다. 이 책에서는 의도적으로 조선인에 관한 기록을 담고 있다. 이러한 헌금활동을 미담으로 칭송하고 있지만, 이는 조선인을 제도적으로나 체제적으로 전시체제에 편입시켜 가는 것을 보여준다.[5]

그 후 1941년 12월 연합군과의 전쟁이 시작되자[6] 국방헌금, 휼병금(恤兵金)이라는 명목으로 헌금 모금을 한층 더 강화하였다. 특히 경쟁적으로 비행기 헌납을 각 도별로 실시하였다. 금액은 일본인 쪽이 많았겠지만, 조선인들의 미담도 의도적으로 신문 등에 자주 보도하였다. 1943년 12월 10일자『京城日報』의 1면에는 여러 헌금의 사례가 소개되어 있다. 무기제조로 표창을 받은 공장은 상금으로 받은 300엔을 기부했다고 하고,「적성(赤誠)부대[7], 긴 행렬」이라는 제목의 기사에서는 각 경찰서에 답지한 헌금자의 주소와 씨명, 그리고 헌금 액수까지 한 명 한 명 소개하고 있다. 또한 성신(誠信)가정여학교 학생들은 절약하여 모은 돈 500엔을 비행기 생산에 써달라며 헌금했다고 보도하였다. 지역의 조선인 유력자들은 각 경찰서가 헌금을 발표하기 때문에, 어느 정도 소득이 있으면 헌금을 하지 않을 수 없는 상황이었을 것이다. 소득이 없는 사람들도 미담에 거론되는데, 지역이나 직장에서 집단헌금을 자주 그리고 의무적으로 내는 경우가 많았을 것이다.

조선군 애국부와 무관부(武官府)가 조선 전체의 개별 헌금을 총괄하여 조사한 결과가 〈표 15〉이다.

5) 朝鮮軍事後援連盟(総督府内),『半島の銃後陣』, 1940年(月刊), 307쪽. 군사후원연맹은 지부가 있는데, 경성의 경우 1937년에 결성되었으며 헌금, 군인원호 등의 활동을 했다.『京城軍事後援連盟』, 1937年

6) 〈역자주〉 진주만과 홍콩 등에 대한 일본군의 공격, 즉 태평양전쟁의 시작을 가리킨다.

7) 정성이 담긴 기부 행렬을 부대라 표현한 말이다.

〈표 15〉 조선의 국방헌금·휼병금 상황

년도	국방헌금		휼병금		합계	
	금액	건수	금액	건수	금액	건수
1941	807,768.67	2,292	320,103.94	1,090	1,127,875.61	3,382
1942	12,521,123.13	13,598	942,085.85	6,298	13,463,206.98	19,896
1943	3,913,031.17	23,753	923,463.73	15,732	4,546,494.90	38,485

출전: 警保局保安課, 『朝鮮民心の好転状況』, 國民總力朝鮮聯盟, 1944年, 15쪽

이 조사표에는 일본인과 조선인의 구분이 없지만, 조선인 비중이 높지 않았을 것으로 추정된다. 이는 국채소화(國債消化) 상황을 보면 알 수 있는데, 조선에서 일본인과 조선인의 국채소화 비율은 〈표 16〉에서 보듯이, 조선인의 비율은 일본인의 21%에 지나지 않았다. 국채의 경우, 증서가 발행되어 매년 상환되는 방식인데, 급여에서 공제됨에도 불구하고 조선인의 비율이 낮았다.

〈표 16〉 일본인과 조선인의 국채소화

년도	일본인	조선인	비율
1942	29,540,000	7,862,000	79.0%/21.0%
1943	14,594,000	3,870,000	79.0%/21.0%

출전: 警保局保安課, 『朝鮮民心の好転状況』, 國民總力朝鮮聯盟, 1944年, 17쪽
주: 1. 1943년은 8월까지의 집계
2. 1942년 이전의 조선인 비율은 1941년이 19%, 1940년이 12%, 1939년이 14%에 지나지 않는다.

이는 인구 비율로 봐도 조선인이 압도적으로 많다는 점을 감안하더라도 조선인의 '적극성'이 어떤 것이었는지를 보여주는 결정적인 증거라고 할 수 있다. 개별적인 사례를 들자면, 충청북도 영동군 황간(黃澗) 우체국에 할당된 국채가 61매 250엔이었는데, "조선인은 1엔권 십여 매를 구입한 것이 전부이며, 나머지는 모두 소수의 일본인이 소화했다. 조선인 유력자 중 15만엔의 자산을 보유한 조중혹(曺重或)은 〈쓸모없다〉며 거절했고, 남선상회(南鮮商會)는 수만 엔의 자산에도 불구하고 〈먹을 것도 없는데 살 수 있겠냐〉며 폭언을 내뱉었고, 도회(道會) 의원인

권중혁(權重赫)은 손님이 왔다면서 교활하게 빠져나가는 등 시국인식이 결여되었는데 이들을 빨리 계몽시켜야 한다"고 기록되어 있다.[8)]

물론 국채 구입자가 적은 것은 조선 민중의 소득이 낮다는 것으로도 증명되지만, 오히려 나중에 현금화 가능성이 있는 국채보다 모든 헌금 등에서 조선인은 더욱 소극적이었으며 헌금의 대부분은 일본인이 낸 것으로 추정된다. 조선인의 헌금에 관한 미담이 다수 소개되었지만, 실제로는 매우 적은 사례였을 것이다.

2) 군대에 물자 납입

군에서 사들이는 형식이었지만 다양한 군수물자의 납입 요구가 있었다. 조선 농민은 섬유제품이나 생선, 목재 등의 모든 생산품을 군의 필요에 따라 납입(공출)해야만 했다. 이는 조선에 주둔하는 조선군에 납입하거나 일본군 전체의 요구에 따라 납입하는 것이었다. 그리고 산업계 역시 군에서 직접 물자생산의 요구가 있을 때는 이에 따라야 한다. 따라서 곧 조선의 모든 사람은 군수생산체제 하에서 동원된 상태에 있다고 할 수 있다. 이는 조선총독부가 각 단계의 행정조직을 통해 실시하였다. 이하에서는 구체적인 납입(공출), 생산 상황을 통해 문제점을 점검해 보기로 한다.

1942년 10월, 조선군사령부가 함경북도에 소(牛)의 공출을 할당했다. 함경북도는 용성군 풍국면에 5마리를 할당했다. 그런데 이 경우에는 규격이 정해져 있었는데, 실제 농사일에 사용할 수 있고, 살이 붙어 있는 소여야만 했다. 이런 소를 공출하려면 공정가격으로 100관(貫)당 290엔이지만 실제 거래가격은 최고 360엔이기 때문에 70엔이 부족하다. 사정이 이러하여 농민들이 소를 살 수 없어서 공출을 기피하다보니

8) 朝鮮総督府警務局, 『経済治安週報』 53号, 1942年5月9日, 2쪽 '금융관계'

면(面)에서는 각 부락의 국민총력연맹 이사장에게 1마리씩 할당을 하고, 연맹은 소를 소유한 농민들을 대상으로 추첨을 하여 이를 할당했다. 소가 할당된 면은 이를 농민에게 전가한 것이다. 소는 조선의 농민들에게 꼭 필요한 생산수단인데, 군이 이를 요구함으로써 결국 농민의 부담만 늘어나게 된 것이다.[9]

농작물의 경우 군의 요구는 다양했는데, 쌀과 보리의 '공출'이라는 명목으로 농민에 대한 수탈이 광범위하게 이루어졌다. 공출이라는 일반적인 방법으로 끌어모은 농산물이 군에 들어가는 사례가 있는데, 이 외에 군이 직접 요구하여 '공출'하는 경우도 있다. 1942년 10월 황해도에 보리 5,000석이 할당되었다. 황해도는 북부에 있기에 쌀 수확이 적은 농민들 입장에서는 보리가 중요한 역할을 담당하기 때문에 보리 5,000석의 공출은 큰 부담이었다. 10월 20일 현재 2,527석을 군으로 반출하라는 지령이 있는데, 나머지 대부분 역시 나중에 군에 납입되었을 것이다.[10]

군이 직접 요구한 물자 생산의 사례를 살펴보자.

함경남도의 북선조선(北鮮造船)공업조합은 관동군이 발주한 주정(舟艇) 205척(15톤, 소형목조, 15마력 발동기)을 수주하여, 이를 6월 12일 청진에서 화차로 발송했다는 기록이 있다. 이처럼 관동군은 부산의 마키노시마(牧の島)조선사에게도 300척을 발주했는데, 업자는 다른 발주처의 배 건조와 수리 주문을 거절해야만 했다. 군의 주문을 우선적으로 수행해야만 하는 시스템이기 때문에 민수(民需)는 억제되었다. 이처럼 군의 직접적인 주문과 동시에 군이 조선총독부에 요구를 하면 조선총독부가 예산을 들여 최종적으로 조선인을 동원하고, 작업은 조선인이 떠안아야만 했다.

---

9) 朝鮮総督府警務局, 『経済治安週報』, 1942年10月6日

10) 보리는 군마용 사료로써 필요한데, 건초와 더불어 자주 공출되었다. 해주지방법원 검사가 고등법원검사장에게 보낸 「食糧事情を巡る管内治安状況に関する件」, 朝鮮總督府警務局經濟警察課, 『經濟治安週報』, 1942年11月1日

3) 조선총독부에 대한 군의 요구

군이 조선총독부에 요구를 하면 예산을 들여 처리해야 하는 일이 다방면에 걸쳐 발생했다. 이때 행정방침까지 지시를 하고 있는데, 이를 보면 군부를 우선하는 사고방식이 침투해 있다는 것을 알 수 있다. 요구사항의 주요 내용을 살펴보면 다음과 같다.

- 도로 정비와 보수　군사공장, 새로 설치된 비행장 등 군사시설에 트럭이 통행할 수 있도록 도로를 정비해야 한다.
- 철도 확장과 부설　물자의 적체가 많기 때문에 수송이 지연되므로, 군사시설로 진입할 수 있는 선로의 설치가 필요하다. 항만시설에 대해서도 마찬가지 사정 때문에 정비가 필요하다.
- 방공, 통신, 기상　방공 차원에서 군사공장을 지키기 위해 주변의 민가를 이전하는 비용과, 각 도별 통신망의 확립 등이 있다.
- 교육, 훈련 관련　부대가 소재한 지구의 국민학교 설립, 각 도의 징병사무연구회 설립, 청련훈련소 의무제, 교련과목 지도원 강습소 설치, 재향군인회, 총검도회 등에 대한 보조금 증액 등
- 농림 관련 사항　섬유세품, 가축의 증산, 식생활을 개선하고 단백질 식품의 부족을 보충하는 등의 세세한 요구사항을 지시하고 있는데, 가마니와 새끼줄의 증산 목표액이 제시되어 있으며, 금액의 절반을 보조할 필요가 있다는 지시가 실려 있다. 농촌에서 가마니와 새끼줄이 부족하여 군용으로 수집하기 힘들기 때문이다.

이상은 대략적인 요구사항인데, 이미 실시되고 있거나 실상을 알 수 없는 사항도 있었다. 예를 들면, 도시의 폐기물로 돼지를 사육하라거나 담수어를 양식하라는 등, 색깔있는 옷을 착용하라거나, 염료는 간단한 식물성 재료를 사용하라는 등 현실적으로 불가능한 것이었다. 그러

나 실제 상황을 반영하고 있는 사항도 있는데, 어린이들까지 동원해서 군마용 건초를 그럭저럭 모았지만 보관시설이 거의 없기 때문에 대부분 부패하자, 저장시설을 만들라고 지시하기도 했다. 이러한 요구를 전부 조선총독부가 이행한 것은 아니지만, 직접 관련이 있는 군용도로, 철도 항만공사 등은 예산을 반영하여 실시되었다. 농민에게 직접 필요한 관개(灌漑)설비나 하천 개보수 등은 무시되었다. 조선인은 공사에 동원되었을 뿐만 아니라 생활향상과 관련이 없는 일에 동원되기 일쑤였다. 조선총독부의 예산은 군 관련 사업에 우선적으로 집행되었는데, 전체적으로 보면 농민의 부담이 늘어나는 식으로 조선인에게 전가되었다.[11)]

4) 군 병영 견학회 참가

군 시설에 조선 민중이 들어가는 일은 조선인에 대한 징병제 발표 전까지 절대로 허락되지 않았다. 그러나 징병이 구체화된 이후에는 징병대상 청년의 1일 입대나 어머니들의 병영견학회 등이 이루어졌다. 군의 의도는 군대의 모습을 보여줌으로써 징병의 충격을 조금이라도 완화시키려는 것이었다. 일본에서의 병영견학회와는 달리, 일본군에 대한 조선 민중의 공포감과 거리감이 강하기 때문에, 막사, 훈련 상황, 식사 모습 등을 보여줌으로써 병역을 이해시키려는 행사가 강력히 추진되었다.[12)]

11) 이러한 요구사항에 관한 자료는, 朝鮮郡司令部, 「総督府に対する予算及び物動を伺う施設の重要事項」, 1944년7월, 防衛廳防衛研究所圖書館 소장(연세대학교 구 소장자료) 참조

12) 이상과 같이 군의 요구가 다방면에 걸쳐 있었다는 점에 관해서는 몇 군데 군인들의 요망사항이 기재된 문서가 있다. 예를 들면, 朝鮮陸軍倉庫長 武藤武安, 「軍需品と半島の任務」, 朝鮮農會報, 1938년1월호에서는 군수품 조달에 관한 군의 입장을 설명하고 있다.

제5장
징병, 군사적 동원에 대한 조선인의 저항

징병에 대한 조선 민중의 저항에 관한 실체적 연구는 현재까지 자료나 연구사 측면에서 규명되지 않고 있다. 그 이유에 관해서는 다음의 요인을 생각할 수 있다.

① 징병에 대한 저항은 '신병(神兵)' 즉 천황의 신하인 것을 거부 또는 기피하는 것이므로 용서받을 수 없는 최고의 중대범죄로 처벌받는다. 군법회의나 민중의 저항을 배제한 채 징병정책이 엄격하게 추진되었기 때문에 저항을 확인할 만한 자료가 남아있지 않을 것이다.[1]

② 1941년 12월 8일 이후 징병은 그때까지의 조선총독부 행성의 총력을 기울인, 명실공히 군이 직접 추진한 총동원태세에서 실시된 정책이었다. 이 때문에 저항의 양상이 개별적으로 표현되었으며, 직접적인 징병 기피나 도망, 반란과 같은 저항은 일부 조선인에 의해서만 이루어졌을 뿐인데, 이 역시 군이 총력을 기울여 억압했기 때문에 은폐되었을 것이다.

③ 일본과 한국에서 조선에서 징병에 관한 연구가 적은 것은 1944년부터 1945년 8월 15일까지 짧은 기간 동안 '일시적'으로 실시되었다는 인식이 일반적이며, 징병 제도 실시가 조선의 식민지 지배 문제를 총괄적으로

---

1) 조선군은 패전과 동시에 문서를 소각하기 시작했는데, 연합군에 군의 문서를 인도하지 않았을 것이다.

드러낸 것이라는 역사적 의미부여가 적기 때문이다.

④ 현재 한국과 북한, 중국 동북부에서는 일본군의 병사였던 것이 명예가 아니라 일제의 협력자라는 인상을 주는 경우가 있는데, 특히 조선 총독이 방문했다거나 2계급 특진이라는 처우를 받은 사람들은 많은 비판을 받게 되었다. 일제에 저항했다는 흔적을 남긴 사람들의 역사는 중요시되고 있지만, 강제로 징병된 경우라도 일제에 협력했다고 평가되거나 일본군이었다는 사실을 밝히기 어려운 사정이 있다.

⑤ 일본에서 이 시기를 연구하는 연구자는 소수에 불과하며, 아시아사, 일본사 속에서 징병에 대한 저항의 연구는 전혀 진전이 없다. 일본에서 조선사 연구와 일본사 연구의 현 상태를 상징한다고 할 수 있다.

이하에서는 몇 가지 사례를 통해 저항의 실태에 관해 살펴보고자 한다.

1. 조선 민중의 저항

여기에서 소개하고 싶은 것은 군과 전시체제에 대한 조선 민중의 비판이다. 조선 민중은 징병을 정점으로 하는 전시체제에 협력적이었을까 아니면 부정적이었을까? 이 시기의 치안 관련 자료로는 형법 대상자가 아니라, '경제범죄', '사상범죄', '불경죄', '군형법' 등의 치안과 밀접한 관련이 있는 동향을 검토하는 수밖에 없다.

이 시기의 치안 관련 자료는 매우 제한적인데, 여기에서는 조선총독부 고등법원 검사국이 편찬한 『조선형사정책자료(朝鮮刑事政策資料)-쇼와19년도판(1944년)』을 통해 조선 민중의 동향을 살펴보기로 한다.

조선총독부 검찰 당국은 조선 민중에 대해 "특히 우려스러운 것은 민중들의 가슴 깊은 곳에는 독립 의지가 여전히 남아 있는데, 아직 이를 완전히 불식시킬 수 없어서 불순분자들의 암약에 놀아나 쉽게 부화뇌동할 우려가 있다. 특히 무지한 일반 민중은 당국의 끊임없는 지도계몽에도 불구하고 요즘 시국의 중대성에 대해 충분히 인식하지 못하므로 … 반전(反戰), 반관(反官)의 불경한 말을 늘어놓는 조짐이 있는데, 이는 매우 유감스러운 일"이라고 했다. 이에 검찰 당국은 "일반 형사사건은 감소하는 데 반하여 사상범과 경제사범, 기타 시국 관련 사범이 점점 증가하는 추세이며, 또한 그 내용 역시 악질적으로 진행하는 중이다"라고 분석하였다.[2)]

다시 말해, '무지한 일반 민중'은 당국의 지도를 따르지 않고 전쟁에 반대했으며, 협력은커녕 각종 통제에 비판적이며 법을 존중하지 않는다고 지적하고 있다. 이제 각 지방법원의 검사보고에서 언급한 '사상범', '경제범'의 실상을 통해 민중의 구체적인 동향에 관해 살펴 보자.

1) 전시경제체제 비판

전시체제하 조선에서는 엄격한 경제 통제가 실시되었다. 특히 쌀의 공출에는 엄중한 책임을 지게 했다. 농민은 식량을 확보할 수 없어서 초근목피로 연명해야 했다. 이 때문에 경제 통제 위반이 증가하자 이를 단속하는 고등법원 검사는 "점점 더 악질적이고 교묘해지는 한편 국민생활의 전 분야에 걸쳐 공공연하게 이루어지는 것을 알 수 있다."고 발언하였다. 암시장의 유통이나 가격통제 위반이 일반화하고 있음을 지적한 것이다. 조선 전체의 위반 건수는 다음과 같다.

시기	검사국 접수 건수	검사국 기고 건수
1942년도	26,444(월 평균 2,200명)	15,732
1943년 8월말	20,800(월 평균 2,600명)	13,153

출전: 「杉本高等法院検事指示希望事項-昭和18年各道経済警察課長打合會」

2) 앞에서 언급한 자료, 「昭和18年4月於裁判所及検事局監督官會議における戸沢京城地方法院検事正の管内状況報告」 참조.

총 건수의 60~70%가 가격통제령 위반이었다.

구체적인 위반 내용은 1942년을 중심으로 『경제치안주보(經濟治安週報)』에 여러 사례가 수록되어 있는데, 여기에서는 이를 생략하고, 통제를 따르지 않았던 사람들이 많았고 전시통제를 따르기보다는 생활에 필요한 행동을 우선시하는 민중의 모습을 확인하는 데 초점을 맞추고자 한다. 통제가 심해지면서 생존을 위협받을 경우 민중은 일제히 단결하여 면사무소나 배급사무소로 쳐들어가 요구사항을 관철하는 행동을 하게 된다.[3)]

가장 심각한 식량문제에 관해서는 면(面) 내 유력자를 끌어들이는 행동이 있었다. 배급을 받는 사람뿐만 아니라 "배급과 관련된 자들이 그 기회를 이용하여 배임과 횡령을 하는 경우가 많은데, 부군읍면(府郡邑面)의 직원, 연맹 이사장(국민총력연맹, 필자), 조장, 애국반장 등의 사범이 연일 출두하고 있는 추세이며 식료품 빼돌리기 또한 증가하고 있으므로 엄벌할 방침이다. 최근에 거제도에서 쌀 배급과 관련해서 다수가 소요를 일으키는 사건이 있었다"고 보고되었다. 그리고 검거하기가 어렵다면서 이 외에도 다른 사건이 있었음을 시사하고 있다.

경제 상황에 관한 유언비어도 발생했는데, 경찰은 이에 대응하기 급급했다. 특히 "다수가 소요를 일으키는" 상황은 부산뿐만 아니라 조선 각지에서 발생하고 있었다.[4)]

이 시기 조선 농촌사회의 일반적 상황은 일부 지주와 유력자를 제외하면, 다수의 민중은 경제통제가 강화된 가운데 간신히 하루 식량을 구하기도 여의치 않기 때문에 전시체제에 협조할 만한 여유가 없었다.

---

3) 이러한 사례는 樋口雄一, 『戦時下朝鮮農民の生活誌』에 일부 소개하였다.

4) 앞의 자료, 「伊藤釜山地方法院検事正の官内狀況報告」 참조

2) 군과 총독부 체제에 대한 민중의 비판

1938년부터 지원병 제도가 실시되고 있었는데 지원병은 일본어를 이해할 수 있는 계층에게만 한정된 것이고, 일본어를 모르는 다수의 농민들은 징병에 의해 천황의 병사가 되는 데 불안과 공포를 느끼는 측면이 강했을 것이다. 1942년 5월 징병 제도 실시 발표는 신문을 읽지 않거나 일본어를 모르는 사람들에게는 면장, 애국반장, 국민학교 등을 통해 알려졌다. 그런데, 이는 '황군'의 병사가 되는 이유를 자세히 설명하지 않고 일방적으로 결정되었다고 통지하는 데 지나지 않았다. 조선 사람들로서는 무기를 든 병사가 되는 일이 처음이기 때문에 '죽음'을 암시하는 제도로 인식되었다. 조선 농민들은 자신들의 솔직한 느낌을 말한 것이지만, 당국으로서는 지배체제를 흔들 수 있는 발언으로 간주하여 처벌 대상이 되는 것이다. 조선총독부는 1941년 12월 8일 연합국과 전쟁을 개시한 이래 1943년 4월까지 '불온한 언론'을 단속한 상황을 『쇼와17년판 조선 불온언론 단속집계서』로 정리하였다. 여기에는 전쟁에 대한 민중의 생각과 조선총독부의 단속이 엄중했음이 드러나 있다. 우선 총괄표를 살펴 보자.

〈표 17〉 불온 언론의 단속·처분 일람

죄 명		질서안정에 관한 죄	군형법 위반	조선임시보안령 위반	계
체형	6월 미만	9	51	39	99
	1년 미만	20	125	67	213
(징역·1년이상 금고)		1	85	9	91
계		30	261	115	409
벌금형	50 미만			21	21
	100 미만	1	1	62	64
	100 이상	37	1	74	112
계		38	2	157	197
기소유예		30	24	57	112
합계		98	287	32	718

이 총괄표에는 소문이나 자기 생각을 이야기했다는 이유만으로 체포되거나 취조를 받은 자가 718명이나 되었다는 사실을 보여준다. 질서안정에 관한 죄(형법)란 인심을 미혹케 하는 허위 사실의 유포, 경제를 혼란케 하는 허위 발언, 천재지변 시 허위 사실의 유포에 해당하는 것, 육해군 형법 위반이란 군사에 관한 유언비어를 퍼뜨린 것, 조선임시보안령이란 시국에 관한 유언비어를 날조한 것을 대상으로 한다. 이들 법령에 따르면, 조선인은 전쟁에 관한 감상, 물가나 경제 통제에 관한 발언, 군의 행동에 조금이라도 비판적인 발언을 하면 체포·취조·벌금·실형을 받게 되는 것이다. 당국이 생각하는 대로 단속할 수 있기 때문에 조선인 입장에서는 자유로운 발언은 절대 할 수 없는 시스템인 셈이다.

단속 내용을 보면, 1942년 2월 신의주의 총력연맹 이사장 야마모토(山本淵國)[5)]가 "말하는 소가 나타나서 올해엔 역병이 유행할 것"이라 했는데, 그는 질서안정을 문란케 했다는 죄로 벌금 200엔의 처벌을 받았으며, 이 얘기를 퍼뜨렸다고 해서 3명이 벌금 100엔, 기타 9명이 기소유예 처분을 받았다고 한다. 이러한 미신이 사회를 불안하게 하기 때문에 이를 단속한 것이다.

군사행동에 대해서도 농업인인 시라카와(白川守業)는 1942년 2월 황해도 봉산군 토성면과 무릉면에서 "일본이 장개석과 5년 넘게 전쟁을 하면서 아직도 이기지 못하고 있다. 그런데 이번에는 세계에서 제일 큰 나라이자 물자가 풍부한 미국·영국을 상대로 전쟁을 시작해 어떻게 이기겠는가? …"라고 발언했다. 이에 그는 육해군 형법 위반, 임시보안령 위반에 해당하여 징역 1년의 처벌을 받았다. 앞의 자료에서는 718건의 사례가 게재되어 있는데, 군형법 위반을 보면 조선 민중이 전쟁에 비판적이었으며 패전하리라 전망했음을 알 수 있다. 징병에 대해서도 조선

5) 〈역자주〉 창씨개명에 의한 일본식 이름으로 표기된 조선인이다. 이하 마찬가지이다.

인들은 "군대에 가면 두들겨 맞는다, 만주에 가면 징병을 피할 수 있다, 학교를 졸업하면 군대로 끌려가니까 학교를 그만둔다" 등의 말을 했다는 이유로 체포되어 처벌을 받았다.

이런 발언으로 처벌되는 것은 경찰에 의해 고발되거나 종종 관헌들이 알게 되어 체포되어 처벌을 받았는데, 실제로 이런 소문이 사람들에게 널리 퍼져있었다고 판단해도 무리가 없을 것이다.[6]

이처럼 일반 민중들이 군을 비판하는 소리는 일본군과 민중 간에 거리가 있음을 시사하는데, 경찰은 한층 더 엄격하게 단속하는 체제를 만드는 한편, '공정'하게 단속을 함으로써 순조롭게 조선인을 전시동원할 수 있는 궁리를 해야만 했다. 징병 대신 참정권을 준다든가, 일본으로 도항하는 조건을 완화하는 등의 각종 '양보' 조치도 고려해야 할 정도로, 조선 민중과 일본 사이에 위화감이 존재했던 것이다.

2. 학도지원병의 저항

학도지원병들의 '지원'은 사실상 '강제' 지원이었다. 이들은 일본의 학교생활에서 차별을 경험하며 민족의식에 눈을 떴고, 신문 등의 정보를 통해 아시아민족의 독립 지향성 등에 관한 지식을 갖고 있었기에 일반 민중들보다 높은 민족의식을 갖고 있었다. 학생들은 일본에서 엄중한 감시하에 있었지만, 징병되어 각 학교 학생들이 같은 부대에 소속되

6) 다만, 이런 사례들 가운데는 경찰서가 "천황 폐하께서 붕어하신 다음에는 어떻게든 피의자를 추궁하여 불경스런 말을 한 것으로 만든 사실이 있었다"는 내용이 나온다. 또한 기독교 관련자를 검속한 사례가 많은데, "사법경찰관리가 기독교 신자들에게 고의로 종교문답을 강요한 후 이들이 불경한 말을 한 것으로 만들었다"와 같이 경찰관이 실적을 올리기 위해 날조한 말들도 적잖게 포함되었다고 할 수 있다. 高等法院檢事局, 『朝鮮刑事政策資料』 참조

자 서로 은밀하게 연락을 주고받으며 반란과 탈주를 도모하게 되었다.

이러한 학생들의 저항 사례로서, 1944년 10월을 중심으로 반란준비를 했다는 기록이 『1·20 학병사기(學兵史記)』[7]에 자세하게 정리되어 있다. 특히 제2권의 「저항과 투쟁사」에는 그 전모가 상세히 기록되어 있다. 용산, 평양 지구에 배치된 학도병의 각 부대에서 저항조직에 참가한 사람들은 수기에서, 체포된 후 당한 고문이 지독했다는 것과 형량이 무거웠다고 지적하고 있다. 이들의 투쟁은 조직적이었는데, 평양 보병 제42부대 소속 추오(中央)대학 법학부 출신의 김원룡(金元龍), 와세다(早稻田)대학 이공학부 출신의 박성화(朴性和)를 지도자로, 포병 제47부대 등의 학도병이 참가할 예정이었다. 반란은 헌병대에 발각되어 모두 체포되고 실패로 끝났다. 그러나 이 사건의 영향은 컸다. 중국 전선에서 학도병이 도망하고 반란에 참가하고 일반 조선인 징병자를 인솔하여 도주하는 등 광범위하게 영향을 미쳤다. 또한 이처럼 투쟁에 참가한 자들도 있었지만, 대다수는 분산 배치되거나 감시를 받게 되자 모순을 느끼면서도 그냥 군대 생활을 견디며 전투에 참가한 자들도 많았다.

학도병에 관한 기록은 많은 편인데, 여기에서는 일부만 게재하고 나머지는 말미의 참고문헌을 참조하기 바란다.

3. 징병자의 저항 - 주로 도망에 관하여

조선인이 징병으로 입대하면 각 부대로 배속되는데, 조선인으로만 편성된 부대는 존재하지 않았다. 일본군에는 군대 내 조선인 비율이 정해져 있으며, 이는 조선인을 완전히 신뢰하지 않는 군 당국의 인식을

7) 1·20學兵史記刊行委員會, 『1·20 學兵史記』(전3권), 1·20동지회중앙본부, 1990년. 제1권, 『시련과 극복』, 제2권, 『저항과 투쟁』, 제3권 『광복과 홍국』으로 구성되어 있다.

보여주는 것이다. 부대별 조선인 비율(최대)은 다음과 같다.[8]

부대	조선인 비율(최대)
최전방 부대	20%
후방 부대	40%
근무대	80%

전술한 바와 같이, 근무대는 사실상 노동자인데 80%는 무기도 없는 조선인으로 편성된 부대이다. 또한 후방 부대도 끊임없이 재편성되어 전선에 투입되었기 때문에 실제로는 20% 이하로 억제하려면 1944년의 징병자는 조선 밖으로 파견된 부대의 경우 사실상 5% 전후로 억제되어 있었을 것으로 추정된다. 이는 해당 부대가 작성한 명부에서도 확인할 수 있다. 이러한 사실은 일본이 조선인을 신뢰하지 않았으며 군의 의도를 배신할 수 있다고 생각하여 조선인을 차별했음을 증명하는 것이다.

또한 군 내에서의 처우도 매우 열악했는데 차별이 있었다. 조선인 징병자 가운데는 특별히 차별을 받은 적이 없다고 증언한 경우도 있지만, 구조적인 차별 속에 놓여 있었다고 할 수 있다. 군은 "국어(일본어)를 모르는 자가 있어 … 내지인과 상호 소통이 부족한 데 기인하는 사적(私的) 제재 등이 발생하기도" 했다고 평가했다.[9] 조선인 징병자의 대다수는 일본인 수준으로 일본어를 이해하고 말할 수 없었는데 이것을 이유로 제재를 가했음을 인정한 것이다.

다시 말해, 군 내에서 조선인의 처우는 제도적으로 조선인 비율을 억제하고 민족적 차별과 제재가 있었다. 사적 제재가 민족적 편견에 바탕

8) 『支那事變·大東亞戰爭間動員概史』 第9章 「異民族の使用」 참조. 방위연구소도서관 소장 문서. 이 자료는 패전 후 일본군 관계자가 작성한 것이다. 中央·軍事行政動員·編成 169-3. 같은 자료가 국립국회도서관에 소장된 片倉衷文書 671, 朝鮮人·臺灣人徵兵メモ에도 기재되어 있다.

9) 앞의 책 『支那事變·大東亞戰爭間動員概史』 참조

을 둔 것인지 여부에 대해서는 판단이 어려울 수 있지만, 일본군 내에서 조선인 다수에 대한 사적 제재가 일반적으로 이루어졌다고 할 수 있다. 이러한 군의 제도적, 사적 차별 속에서 조선인 병사들은 끊임없이 민족적 자각과 각성을 할 수밖에 없는 상황에 놓여져 있었다.

이런 가운데, 가장 일반적으로 이루어졌던 저항의 수단은 도망이었다. 전쟁 말기로 갈수록 일본군 전체에서 도망이 늘어났다. 군법회의에 회부된 도망 건수는 1941년도에 434건이었다가 1944년에 1,108건으로 급속하게 증가했다.[10)]

제1기 징병자는 학도지원병의 저항과 마찬가지로 조선인 병사 중 다수가 도망했다. 일본군에게 도주란 중대범죄로서 용서받을 수 없는 일인데 조선인 병사들은 그다지 중죄로 생각하지 않은 것 같다.

제1기 징병자의 도주는 조선인 학도병이 지도를 했다. 학도병은 집단적인 '반란'을 상정하고 준비했다가 군 당국에 발각되어 주요 멤버들이 구속되거나 혹독한 취조를 받아 희생자가 발생했다.[11)] 체포된 자들은 1945년 6월의 군사재판에서 최고 13년의 형을 받았는데, 이때 고문 등이 지독했다고 증언하고 있다. 군 당국이 이들을 철저하게 억압했던 것이다.

이때의 반란에 대해서는 전술한 『지나사변(支那事變)·대동아전쟁 동원 개사(大東亞戰爭間動員概史)』에서도 "부대 내 단결이 부족하여 상당히 많은 도망자가 나오게 되었고" 또한 "1944년 1월 입영한 특별지원병은 주로 민족해방의 논리, 1944년 9월 이후에 입영한 징집병은 주로 민족감정의 영향을 받은 자들인데 항상 민족감정을 유발하여 군 기율 사건을 야기하는 온상이 되었으며"라고 언급되어 있다. 그리고 이들 도망 병사를 수색하기 위해 세타가야(世田谷) 동부 제10부대가 편성되어

10) 앞의 책 『支那事變·大東亞戰爭間動員概史』 참조

11) 조선인 학도병들의 행동은 자신들이 기록한 『1·20 學兵史記』에 자세히 설명되어 있다.

1944년 평양 조선 제50부대 우에다(上田)부대(자동차부대)에 배속되었던 군인 중 한 명은 당시 "조선인 장교도 꽤 있었어요. 그런데 이 장교들이 내내 반란군처럼 폭동을 일으켰어요. 주로 밤중에 병사들을 데리고 탈주를 하는데, 이들이 반대운동을 일으키는 것이죠. 그래서 저도 자주 밤중에 자다 깨서 기차역 같은 데로 병사들을 수색하러 다녔어요."라고 증언하고 있다. "조선인이 탈주했는가"라는 질문에 이 증언자는 "장교가 탈주를 해요. 병사들을 데리고 도망간단 말이죠."[12]라며 조선인들이 저항한 모습을 진술하고 있다.

이처럼, 조선인의 도망이라는 저항은 전시하에서 형벌이 무거운 저항이었으며 체포될 경우 지독한 고문과 형벌을 피할 수 없었다. 그래도 도망이 끊이지 않았다. 조직적인 행동과 지도만 있으면 다수의 병사들이 도주를 했으며, 그 규모는 반란이라고 할 수 있을 정도로까지 확대될 가능성을 지녔다. 그러나 현재로서는 그 전체 규모 등을 증명할 만한 자료나 증언도 없고, 일본군 내에서 일본군 병사와 조선인 병사가 서로 투쟁하거나 전투를 할 만한 상황으로까지 가지는 않았다고 할 수 있다.[13]

징병 정책에 대해 조선 민중과 병사들이 소극적이나마 적극성을 내포한 도망이라는 수단을 통해 조선총독부나 일본군에 순응하지 않고 저항했음을 확인할 수 있다.

이러한 저항을 논할 때 특공대(特攻隊)가 된 조선인 병사와 같이 적극적인 행동을 취한 사람도 있다. 이는 동족, 가족과 강한 유대를 지닌 조선인 사회 속에서 학도 지원을 거부하거나 징병을 거부할 경우에 가족 전체에 미칠 불이익 때문에 다른 출구가 없는 체제에서 살아남기를 선

12) 「聞き書き, 戰中·戰後の相模鐵道と市域の移り変わり」, 『大和市史研究』25號, 1999年 3月

13) 일본군에 대한 징병자의 저항에 관한 연구는 각 연도별로 된 『韓國軍史』(논문집), 한국전쟁기념관·한국국방군사연구소자료실 소장 등에서도 발견할 수 없었다.

택한 것이라 할 수 있다. 일본인으로서 살아가는 것 외에 다른 선택지가 없는 경우, 일본인에게 뒤처지지 않고 인간답게 살아가는 것이 조선인으로의 자각과 긍지를 갖고 살아가는 것이나 마찬가지였다. 이는 조선인 군인이라면 특공대뿐만 아니라 지원병이나 학도병에게도 공통된 자세였다고 할 수 있다.[14)]

전쟁터라는 폐쇄된 상황에서 일본인 병사들로 가득 찬 부대에 배속된 조선인 병사나 특공대 병사들의 태도는 일본인 병사들의 적극적인 태도와 달리, 조선인이라는 민족성을 지닌 채 나타나는 하나의 행동양식이었다고 할 수 있다.

4. 한순간에 사라져버린 군사교육의 성과

조선인 징병제 발표 후, 군과 조선총독부는 총력을 기울여 일본어 교육과 황민화정책을 실시했는데, 특히 징병연령 대상자에게는 조직적인 교육이 실시되었다. 일본군과 조선총독부는 조선인이 황군의 병사가 되는 것이 내선일체를 구현하는 것이라 여겼고, 군은 조선인이 완전히 일본인이 되었다는 확신을 갖고 일본군 병사로 간주하였다. 그러나 일본이 패전하자 일본군 내의 조선인 병사들은 한순간에 조선인으로서 독자적인 행동을 하였다. 패전 후에도 연합군이 조선에 상륙하기까지 일본군은 계속 무력을 유지했고, 일본군에 대한 공격은 없었지만 조선인 병사와 민중들은 일본군과 조선총독부의 지배로부터 자립하기 시작했다.

패전할 무렵 조선에는 일본군 2개 군단, 9개 사단, 5개 사관구, 2개

14) 일반적으로 같은 지역 내에서 지배민족과 피지배민족의 관계에서는 이러한 현상이 생기게 마련이다. 미군으로 참여한 일본인 2세 군인들 역시 전시에 적극적이었다는 사실을 확인할 수 있다.

혼성여단, 항공대 1군1사단에 23만 명이 있었다. 패전 후의 상황에 대해 조선군 보도부장 나가야(長屋常作)는 다음과 같이 보고하고 있다. 조선 민중의 동향에 대해 그는 “일한병합 이후에 출생한 자로서 기존의 고통을 알지 못하고 근대 일본 교육의 영향을 충분히 받지 못한 자들이 다른 나라의 유언비어와 선전에 미혹되어 반일적인 언동을 하는 자들이 매우 많은 점은 극히 유감스러우며, 지원병이나 제대한 병사 또는 내지에서 귀환한 고용노무자 가운데는 군대와 내지에서의 처우에 불만을 갖고 있으며, 또는 일본인에게 불법적인 압박과 모욕을 가하는 자들이 있는데 그 행동이 포악하고 야비하여 그동안 저들을 수양시킨 성과가 한순간에 사라진 느낌”이라고 했다.

그가 “수양시킨 성과가 한순간에 사라진”이라고 평가할 정도로, 일본의 황민화정책과 군의 존재는 조선 민중과 거리가 있었다.

일본군은 패전 직후에도 도망자가 발생한 것, 특히 헌병대에서 “보조헌병이 상당수 부대를 이탈하거나 도망한 것에 대해 (천황 폐하께, 필자) 대단히 송구할 따름”이라고 기록할 만큼, 군의 근간이 되어야 하고 가장 믿을 만한 조선인 보조헌병들이 도망한 것을 개탄하고 있다.[15)]

조선에 있던 부대는 도망한 자 외에 조선인들만 현지에서 제대시킨 경우가 많았다. 이러한 사실은 일본군에서 조선인이 일찌감치 도망하거나 제대함으로써 일본군이 해체된 최초의 사례를 보여주는 것이라 할 수 있다.

한편, 중국·남방·일본군에 배속된 조선인들은 일본군과 함께 행동할 수밖에 없었지만, 조선에서는 패전 직후 조선인들이 곧바로 도망하여 독립을 위해 행동하였다. 이는 조선인 입장에서 볼 때, 일본군과 조선총독부의 지배는 강권에 의한 강제적 지배였기 때문에 병사를 포함한 조선인 민중의 정서와 일정한 거리를 두고 있음을 보여준다고 할 수 있다.

---

15) 『朝鮮狀況報告』, 防衛廳戰史室 소장, 文庫-柚, 175

5. 조선인 저항의 의미

조선인의 저항은 일본인 병사들에서는 볼 수 없는 집단적 도망을 포함해 광범위하게 나타났다. 그러나 학도병의 의식적인 저항 외에는 조직적이지 않았고 분산적이었으며 개별적인 저항이었다고 할 수 있다. 이러한 저항의 특징을 몇 가지 살펴보자.

첫째, 조선인 병사의 저항은 군 내에서뿐만 아니라 조선인이 일반적으로 가지고 있는 저항의 모습과 공통되며 조선인 군인과 민중 간에는 큰 차이가 없다고 할 수 있다. 조선인 병사의 67%가 농촌 출신인데, 생계를 이어나가면서 군대에 입대하였다.

둘째, 이러한 요인 때문에 일본인들이 가지고 있는 '황군' 의식이 일반적으로 조선인들에게는 없었으며 전투의식도 낮았을 것이다. 일반 조선인 병사는 일본어를 중심으로 연간 600시간의 훈련과 징병이 결정된 후 40일 간의 사전훈련을 받는 것이 전부라서, 일본군 병사처럼 청년기 내내 황군 의식을 교육받은 경우와 비교하면 그 정도의 군인 의식은 없었을 것이다. 다만, 지원병과 같이 일정한 교육 수준에 있고 장기간의 훈련을 받은 자들은 어느 정도 영향을 받았을 것이다.

셋째, 저항의 형태는 군인이 된 후 도망치는 것뿐만 아니라 기류(寄留)신고서를 제출하지 않고, 징병검사를 거부하고, 의도적으로 만주나 일본으로 이동하는 방법 등을 통해 병사가 되기를 거부한 사람들이 많았다.

조선에서 집안을 이끌어 갈 남자를 사망할 수 있는 전장에 내보내는 일은 민족적인 관행상 가능한 한 피하려고 했다. 징병 기피자의 수를 파악하는 것은 직접적인 통계자료의 한계상 어려운 일이지만, 다양한 기피 수단을 선택할 수 있었던 자작농이나 지주층에서 많이 있었다고 할 수 있다.

넷째, 징병에 대해 여성과 모친의 저항이 강했다. 조선 여성을 대상으로 일본어와 황민화 교육을 실시(71쪽 참조)한 주된 이유는 여성들이 민족적인 전통을 유지하고 있었다는 측면과 남편이 병사로서 전장에 나가서 죽을 수 있다는 불안이 컸기 때문이다. 대개 이들은 천황에 대한 이해가 낮았고 어째서 전장에 나가야 하는지를 이해할 수 없었다.

다섯째, 일본군 내에서는 부당한 폭력이 일상적으로 이루어졌는데, 조선인 다수가 이러한 폭력의 대상이었으며 태어나서 처음으로 매를 맞아 도망치는 사람도 있었다. 일본의 군대는 조선인을 받아들일 태세가 되어 있지 않았다. 이 때문에 일본군은 군대 내 조선인 병사에 대한 교육자료를 작성하였는데, 여기에는 다음과 같은 주의사항이 거듭 강조되고 있다. 군대에서 조선인 병사를 맞이한 일본인 병사에 대한 지도 교육의 첫 번째 요점은 "내선일체를 드높이고 모든 차별적인 대우를 없앨 필요가 있다"면서 구체적으로 "일반적으로 잘못된 차별적 감정이나 멸시적 관념 또는 그 잔재가 남아 있으며" 사례를 들어 차별하지 말 것을 주의시키고 있다. 그리고 멸시적인 태도를 갖기 쉬운 간부 이하 장병들이 특별히 주의할 필요가 있다고 했다. 이 문서는 일본군 내 차별이 있다는 전제 하에 작성된 일본군을 대상으로 한 자료이다. 일본군과 일본군 병사들 사이에 이러한 차별이 있었으며, 이 때문에 조선인의 저항을 초래했다고 할 수 있다.[16)]

이상과 같이 조선인과 조선인 병사의 저항은 일본이 패전할 때까지 계속되었는데, 이는 일본군 내에 이질적인 집단이 계속 존재했으며 일본군이 조선인 비율을 정하여 조선인을 분산 배치하지 않을 수 없었던

16) 教育總監部, 『朝鮮出身兵の教育參考資料』 1·2, 1944年2月, 防衛研究所圖書館 소장. 육군이 작성한 상급 간부를 대상으로 배포한 것으로 추정된다. '극비'라는 인장이 찍혀 있다. 조선인을 차별하지 않고 성공한 사례 등이 소개되어 있다. 일본인 병사 교육과 별개로 이러한 조선인 병사용 교육자료를 배포할 수밖에 없었던 일본군의 실상을 알 수 있다.

이유이기도 했다. 패전과 동시에 일본군 내의 조선인들은 희망한 경우도 있지만 현지에서 해산하거나 흩어져서 해체되는 경우가 있는데, 일본군과는 처우가 달랐다. 패전 후 처리에서도 조선인은 처우가 달랐으며 차별을 받았다.[17]

이상과 같이 조선인의 저항은 민중 차원에서의 저항, 군인이 된 이후의 저항 등 각각의 특징이 있으면서 실상은 일본 및 일본군과 위화감을 지니고 있었다. 일부 황민화 교육의 영향을 받은 자나 의식적인 내선일체론자를 제외하면 대다수의 조선인, 특히 농민들은 일본의 정책과 일치되지 않았으며 일본의 전황이나 장래를 여전히 냉담하게 전망했다고 할 수 있다.

17) 1945년도에 징병된 조선인의 초년병은 그해 5월 이후 대거 관동군에 배치되었는데, 패전 후 해산할 때 조선인 병사들만 현지에서 해산하여 각자 행동하게 되었다. 이러한 내용은 여러 전쟁사 기록에서 몇 가지 사례들을 확인할 수 있다. 여기에서는『アムール河畔の英靈に捧ぐ 松風·123師團, 不朽·獨混135旅團戰史』戰史刊行會, 1982년 참조 바람. 일부에 조선인 병사의 입대, 해산 관련 내용이 기록되어 있다. 그리고 현지에서 해산되지 않고 일본군과 함께 시베리아에 억류된 조선인 병사가 1만 명에 달한다는 설(金贊汀,『語られぬシベリア抑留朝鮮人』朝日新聞, 1999年6月17日)도 있는데, 이들은 혹독한 억류생활을 보냈다는 증언을 토대로 한 것이다. 이에 관해서는 앞으로 구체적인 검증이 필요하다.

제6장
조선인 징병 문제를 둘러싼 문제들

1. 조선인 징병, 노무동원과 농업 재편

중일전쟁 확대와 더불어 일본의 노동자원 고갈이 두드러지자 국가총동원체제의 확립을 위해 조선인 노동자 활용이 구체화되는데, 일본과 조선총독부는 노동력의 공급원인 인구의 증가와 농지면적의 협소화가 진행중인 조선의 농촌에 눈을 돌렸다. 조선총독부는 그 준비 작업으로 노무자원조사를 실시했는데, 정책적으로는 농촌변혁을 목표로 농촌 재편성 정책이 제시되었다.[1)]

농업 재편 정책은 노동력동원과 관련되며, 미나미(南) 총독에서 고이소(小磯) 총독으로 교대되는 시기이기도 하여, 고이소 총독의 전쟁협력체

1) 노무자원조사란, 1942년에 적정농가 규모를 정하여 노동자를 몇 명이나 추출할 수 있을지, 각 도별로 제출된 자료이다. 이에 관한 자료는 樋口雄一 編·解說, 『戰時下朝鮮人勞務動員基礎資料集』第1卷(綠陰書房, 2000年)에 수록되어 있다.

제 확립 시행방침과 관련해서 농업 재편을 한층 더 강조하게 되었다. 농업 재편에 관한 다양한 방안들이 조선총독부의 홍보지라 할 수 있는『조선(朝鮮)』이나 조사연구 잡지인『조사월보(調査月報)』에 게재되었다.

예를 들면, 1942년『조선(朝鮮)』11월호에는 특집으로 이토(伊藤俊夫)의「농업재편의 기초적인 문제」, 구마(久間健一)의「농촌재편성 과제」, 미스기(三杉英雄)의「농촌재편성의 진의」, 오노데라(小野寺二郎)의「농촌재편성과 조선농촌의 특수성」, 히로타(広田豊)의「농업노동론」등의 논고가 게재되었다. 그밖에「조선농회보(朝鮮農會報)」,「조선행정」등의 논문도 수록되어 있다.

이상과 같이 조선총독부가 주도한 논문 등이 있지만, 농촌 재편성 정책에 관해서는 한국과 일본에서 거의 연구가 이루어져 있지 않다. 또한 1943년도 조선농업계획요강(朝鮮農業計畫要綱), 1944년의 농업책임생산성(農業責任生産性)에 관한 연구도 마찬가지이다.

여기에서는 이 시기의 농업정책 전체에 관해 설명할 수 없지만, 노동자동원과 관련된 징병과의 연관성 차원에서 조선의 농업 재편성 정책을 검증할 필요가 있다.

조선 농업재편의 본질적인 목적에 관해서는 아주 명확하지 않지만, 부분적인 농업개량이나 생산확대에 관한 논의가 대부분이었다.

취임하자마자 고이소 총독은 1942년 6월 26일 제1회 각 도지사회의에서 "반도 농업의 현상을 대략 살펴보면, 1호 당 경지면적은 지방마다 차이가 있는데, 어떤 곳은 경지면적이 매우 협소할 뿐만 아니라 소작농민이 많고 자활에 적합하지 않은 곳이 적지 않다."고 하면서 농촌의 전면적인 '개선과 향상'을 기하라고 지시하였다. 또한 고이소 총독은, 쌀 등의 농산품을 생산하기보다 소비하는 농민이 더 많은데, 이를 재편하여 농지면적을 적정하게 함으로써 식량증산과 '적정화'가 이루어지면 과잉농가의 농민들을 노동자로 또는 병사로 동원할 계획임을 분명히 밝혔다. 이것이 농업 재편성의 본질이라고 할 수 있다. 다시 말해, 조선에서는 1939년에 이어서 1942년의 한발 등의 요인 때문에 쌀 생산이 감소하고 있는데, 이 때문에 조선에서 농업 재편성을 강행할 필요가 있었다. 이 방법 외에는 일본이 요구하는 노동력과 주요 농산품인 쌀의 생산을 확보할 수 없었다. 예를 들어, 일본에서 농가 한 집의 생산량이 두 집의 식구를 먹일 수 있다고 한다면, 조선에서는 농가 수로 보면 생산 농가의 식량조차 부족한 상황이었다. 계산해 보면,[2] 적정농가 수는 전체 농가 수의 절반보다 더 적게 줄어야 하거나 또는 농가 수를 그대로 둔다면 경지면적을 두 배 이상 늘려야만 하는 결과가 된다. 농가 수를 적정규모에 맞추려는 정책과 농지를 확대하는 정책을 동시에 시행하는 것이 농업 재편성의 기본적인 목표 중 하나이다. 농지의 확대는 간단한 문제가 아니므로, 만주이민 등 '분향(分鄕), 분촌(分村)에 의한 농가의 이식(移植)'이 추진하기 쉬운 과제가 된 것이다. 또한 노동력 문제에 관해서는, "기업 측에서는 농촌인구를 약 절반으로 줄여서 농업을 안정시킬 필요가 있다고 요구하며, 국가는 그 이상으로 농촌에서 공업지대로 노동력을 공급해야 한다고 요구한다. 노동력을 의도적으로 외부로 방출하고 나머지 노동력으로 농산물의 증산을 도모하려는 두 개의 모순된 노력을 동시에 실현시킨다. 이것이 곧 농촌 재편의 첫째 과제"라고 지적하였다.[3]

이러한 발상은 1942년에 실시된 노무자원조사와 같은 것인데, 조선 농촌의 '과잉인구'를 노동자와 병사로 동원하기 위한 농업 재편 정책이었다고 할 수 있다.

이러한 농업 재편 정책을 구체화하는 과정은 어떠한 방침으로 재편

2) 朝鮮銀行京城總裁席調査課, 『朝鮮農村の再編成について』, 1942年8月 참조. 농촌 재편성의 의도, 향후 전망, 명확한 상황을 파악하기 위한 자료 중 하나이다. 관계기관의 참고자료로 작성한 문헌이다.

3) 위의 자료

이 이루어졌을까? 노동력 동원에서 볼 때 과잉농가에 속하는 소작농과 농업노동자에 대한 징용을 포함한 동원을 실시하는 것이 이른바 강제동원의 정책적 배경이 되는 방침이었다고 규정할 수 있다. 농촌노동력 부족에 대해서는 여성을 조직적으로 동원하고 학생·학도를 생산현장에 근로봉사대로 투입하는 것이 목표였다. 이러한 정책은 '성공' 여부와 별개로, 농민을 만주개척단으로 송출하여 자작농을 새로 만들고, 쌀을 중심으로 하는 생산통제 등의 강권적인 방법을 포함하여 각 방면으로 구체화되었다.

징병과 관련해서는, 농민 계층과 상관없이 일정한 연령자를 동원하는 것이므로 농업정책과 관련이 없는 것처럼 보이지만, 다음과 같은 관련성이 있다고 할 수 있다.

① 징병자 훈련, 특히 조선청년특별연성령, 여자연성령의 특징은 병사에 대한 훈련과 황민화정책이라는 과제도 있지만 동시에 노동자를 새로 창출하고 농촌여성을 농업노동자로 동원하는 데 있다.(이에 관해서는 제3장 참조) 여기에서 알 수 있듯이, 징병은 조선농촌사회 전체의 변혁, 즉 조선 농업 재편성을 전제한 과제로서 징병과 노동자동원이 계획된 것이다.

② 실현되지는 않았지만, 의무교육의 실시 발표 등 조선인에 대한 교육의 확대는 병사로서의 요건을 충족시키는 동시에 노동자로서의 요건을 충족시키는 것이기도 했다. 황민화정책 등도 이러한 범주에 속한다고 할 수 있다. 교육 개혁도 조선 농업 재편 과제 중 하나인 것이다.

③ 징병제 실시를 전제로 한 농업 재편 정책이 당장은 농업 재편성의 과제들을 목표로 하면서도 구체적인 목적은 조선농촌의 근대적 재편을 완전히 달성하여 강병(强兵)을 배출하는 농촌으로 변혁시켜야만 한다는 관점에 있다.[4)]

4) 징병은 실시되었지만 징병률은 낮고 무기를 들고 싸울 수 있는 병사가 될 수 있는 실질적인 징병대상자는 1/5 정도이며, 나머지는 군 직할의 노동자 성격이 강한 근무병으로 징병되었다. 이 때문에 조선에서의 징병은 성공적이라 하기 어렵고, 불완전한 형태의 징병이었다고 할 수 있다. 일본'본토'와 비슷한 수준의 높은 징병률을 달성하려면 어떻게든 농업재편이 필요했던 것이다.

이러한 요인 때문에, 조선에서의 징병제 실시와 징병체제의 확립은 농업 재편성과 표리일체의 관계에 있는 것이다. 동시에 징병과 관련이 있는 노동자의 창출, 동원 역시 일본 입장에서는 심각한 과제였으며 이를 실현하기 위해서는 고이소 총독이 과제로 든 바와 같이 농업재편이 그 전제였던 것이다.

조선에서 농업재편정책을 중심으로 한 징병과 노동자 창출을 시도한 결과, 그 대량동원 때문에 농업노동력 부족이 심각해졌고, 여성동원 등의 정책을 실시했지만 여전히 농업노동자는 확보할 수 없었다. 조선총독부의 최대 과제 중 하나였던 농업생산조차 위험해졌다. 이 때문에 조선총독부에서는 1944년 9월 '전시농업요원(戰時農業要員)'을 지정하고, 지정된 자는 노동자동원에서 제외하라고 지시해야만 했다. 조선총독부가 추진한 농업 재편 정책은 징병체제 실현의 배경이며 전쟁 말기의 기본정책 중 하나였다고 할 수 있다. 다음 장에서 살펴보겠지만, 이 정책은 하층 농민의 전시 대량동원 정책과도 관련이 있으며 조선총독부 지배의 모순을 심화하는 결과가 되었다.

2. 조선총독부의 이중지배 구조

조선총독부는 지배기구의 총력을 기울여 징병제를 실시했지만, 징병 대상자 전원을 정규군으로 징병하지 못했다. 일본어를 전혀 모르는 사람들은 근무병 등 노동을 목적으로 한 병사로 동원하였다. 일본어 이해 정도를 기준으로 징병제를 변칙으로 운용한 것이다. 이것이 상징하듯이, 징병제 실시를 통해 알 수 있는 것은 조선총독부 지배의 이중성이다. 이하에서는 징병제 실시 과정과 조선총독부가 실행한 조선 민중의 동원 실태를 검증하고, 조선총독부의 조선 민중 지배의 이중성에 대해 살펴보기로 한다.

1) 청년훈련 실시 과정

모든 적령기의 청년을 대상으로 징병을 하기 위해서는 일정한 훈련을 실시해야만 하는데, 이에 관해서는 제3장에서 언급했다. 그런데, 아무리 훈련을 실시해도 일본어 이해력과 '황군병사'로서의 정신상태를 주입하는 일은 매우 어렵다는 것이 명백해졌다. 조선총독부는 처음부터 2개의 훈련방향에 중점을 두었다. 징집하여 병사로 만드는 과제 외에 또 다른 목표는 "근로(勤勞)에 적응할 수 있는 소질을 연성"하는 것이었다. 징병제를 시행할 때 조선총독부는 청년들의 학력에 맞춰 훈련을 실시했는데 가장 규모가 크고 기본이 되는 것은 조선청년특별연성령(朝鮮青年特別鍊成令)이다. 이 법령의 제1조는 다음과 같이 지시하였다.

> "본 법령은 조선인 남자 청년을 대상으로 심신을 연성(鍊成)하고 기타의 훈련을 실시하며, 장래 군무에 복무할 경우에 필요한 자질을 연성하는 것을 목적으로 하며 **동시에 근로(勤勞)에 적응할 수 있는 소질을 연성하는 것**을 기하는 데 있다."(강조는 필자)

조선청년특별연성령은 징병이라는 목표와 동시에 명백하게 근로를 목표로 하고 있다. 또한 중요한 점은 이 연성령의 제4조 1항에서 국민학교 초등과를 수료한 자는 연성대상에서 제외한다고 되어 있는 것이다. 다시 말해, 이 연성령은 일본 교육제도를 받은 적이 전혀 없는 조선의 청년들을 병사나 노동자로 동원하기 위한 연성이 그 목적이었던 것이다.[5] 또한 국민학교를 졸업한 자에 대해서도 별도의 훈련이 실시되었는데 훈련제도 전체에 관해서는 제3장을 참조하기 바란다.

5) 조선청년특별연성령(1942년 10월 1일 제령 제33호, 조선총독부관보 호외)

조선총독부는 처음부터 징병자 훈련과 노동자 훈련을 목적으로 연성을 실시했다. 이 자체가 조선총독부 지배의 이중성을 보여주는 것이다. 다시 말해, 조선총독부는 처음부터 일본어를 모르는 자까지 징병할 수 있다고 생각하지 않았기 때문에 이러한 노동자 훈련을 목적으로 한 조항을 집어넣음으로써 노동자를 동원하려고 했던 것 같다. 겉으로는 어디까지나 모든 조선인 청년을 일률적으로 징병하도록 병역법에 정해져 있기 때문에 징병사무와 징병검사를 실시했지만, 실제로 일본어를 모르는 자를 징병할 수는 없었다. 청년훈련소의 훈련과정을 완전히 수료하더라도 일본어 이해 수준이 낮았고 집단훈련에서는 일본군 병사로서 적응할 수 없었을 것이다. 그러나 이러한 훈련을 수료하면 노동자 훈련에는 도움이 되었을 터이다. 병력 부족과 심각한 노동자 부족을 동시에 해결한다는 이중의 노림수가 존재했던 것이다. 양자를 구분할 수 있는 하나의 기준은 일본어 숙련도였을 것이다. 즉, 전시에 일본어를 이해할 수 있는 자와 일본어를 약간 이해하더라도 조선말만 할 줄 아는 자로 구분하여 동원하려고 했던 것이다.

2) 징병 실시과정의 이중성

징병 대상자인 청년의 훈련에서 볼 수 있는 이중성은 실제 징병 과정에서도 적용되고 있다. 초기 징병 실시에 관여한 오노(大野緑一朗)의 문서나 징병 실시를 축소한 구 일본군의 기록에서도 징병자 수가 5만여 명으로 되어 있다. 징병 적령자는 25만 명 전후였기 때문에 대략 1/5만 정식 군인으로 징병한 것이다. 나머지 징병 대상 청년의 대다수는 근무대 등 무기를 들지 않는 사실상 군용 노동자로 징병되었다. 25만 명이라는 숫자는 조선인 징병 적령자 중 일본어를 이해하는 자, 즉 조선인 취학율과 거의 일치하는 숫자이다. 일본어가 가능한, 황군의 조직과 정신을 체득할 수 있을 것으로 판단되는 숫자였던 것이다.

여기에서도 일본어를 이해하고 말할 수 있는 계층과, 그렇지 않은 계층으로 구분했음을 알 수 있다.

3) 노동자 동원의 이중정책

징병제도의 실시 과정에서 알 수 있는 것은 다른 동원정책에서도 볼 수 있는 공통된 시책이었다. 예를 들면, 1939년부터 1942년까지 일본으로 강제동원된 자는 탄광, 광산, 토목현장에 배속되었는데, 이때는 학령 등이 문제가 되지 않았으며 농촌 출신으로서 농업생산성이 낮은 계층에 속한 자가 그 대상이었다. 일부, 일본어를 이해하는 조선인도 포함되었지만, 대다수는 일본어를 할 줄 몰랐다. 그러나 1942년 전후부터 일본 내 공장으로 동원된 사람은 국민학교 졸업생에 한하여 동원되었다. 직업소개소에서 내 건 모집 요건에는 반드시 학력이 있는 자가 조건이었다. 니혼(日本)강관, 야하타(八幡)제철 등 중요 공장에 동원된 자들은 일본어를 이해할 수 있는 황민화 교육을 받은 학력자에 한정하였다. 1942년 이후 토목·탄광·광산으로 연행된 사람들은 이러한 학력 조건을 갖추지 않았다.

여기에서 명확한 것은 일본어와 황민화 기초교육을 받은 학력자와 일본어를 모르는 사람을 구분하고, 이중적인 동원정책을 실시했다는 점이다.

4) 농민계층의 이중성과 지배

농촌에서는 농민계층을 소유자와 비소유자, 지주 및 자작농과 소작농, 빈농층으로 구분할 수 있지만, 식민지배하의 조선에서는 일본어를 이해하는 계층과 오직 조선말만 하는 사람으로 구분하는 것이 또 하나의 기준이 될 수 있을 것이다. 이는 조선에서 일본어 교육제도인 소학교를 졸업한 계층과 서당에서 공부했거나 취업을 하지 못한 계층을 가리킨다. 이들을 토지 소유와의 관련성으로 보자면, 교육을 받았을 가능성이 있는 지주, 그리고 자작농, 상층 소작농, 하층 소작농, 빈농, 농업노동자로 구분할 수 있을 것이다.

전시하에서 일본어를 이해하는 계층은 읍·면의 행정조직, 면협의회원, 1944년 무렵 2만 8천여 명에 달하는 읍, 리, 동의 장(長), 금융조합 등 각종 단체의 구성원·임원, 국민총력조선연맹의 하부조직인 애국반 반장, 교원, 경찰관 등을 구성하고 있었다. 여기에 군(郡)이나 도(道)의 조선인 직원 등을 더할 수 있다.

한편, 오로지 조선말만 하는 사람들의 대다수는 지배기구의 구성원이 되지 못하고, 언제나 노동현장에서 일해야 했다. 인구비율로 보자면 하층농민, 노동자, 여성 등이 압도적 다수를 차지하고 있었다. 〈표 18〉과 같이 1940년이 되어도 일본어를 모르는 계층이 전체의 80%를 차지하고 있다. 조선 민중의 압도적 다수가 오로지 조선말만 사용하고 있었다.

〈표 18〉 조선인의 일본어 보급 상황 1939년 12월 현재

구 분	인원 수(명)	비율(%)
조선인 총수	22,908,310	100
일본어를 이해할 수 있는 자	3,069,032	13.89
약간 이해할 수 있는 자	1,491,120	6.75
일상회화에 지장없는 자	1,577,912	7.14
일본어를 전혀 모르는 자	19,839,278	86.11

출전: 朝鮮總督府, 「朝鮮人國語普及狀況」, 『調査月報』1940年6月號

물론, 일본어를 모르는 면장이 있기도 했지만, 조선총독부는 부(副)면장 제도를 도입하는 등의 방식을 통해 조선말의 세계에 갇혀 사는 사

람들에게 영향력을 행사했다. 물론 전시하에서도 일본어를 이해하는 계층에게 일본어는 공용어일 뿐, 조선인 사회나 가정에서는 조선말로 대화를 하고 살았다. 일본어는 공용어로서 일정한 교육을 받은 사람들에게만 통용되었는데, 이들이 곧 토지 소유자나 농민 계층의 상층부였던 것은 분명하다.

일본어 지배나 전시동원의 구조와 관련이 없는 장면이 있는데, 일반적으로 조선인들끼리의 대화나 모임, 그리고 가정에서는 일부의 예외를 제외하면 대부분 계층에 상관없이 조선말로 생활을 하고 있었다. 이런 측면에서 조선인이 조선말로 살아가는 세상, 다시 말해 조선인 사회는 이중성을 갖고 있었다고 할 수 있다.

5) 지배정책의 이중성 1 - 일본어 사용 문제

조선말의 세상에서 살아가는 사람들은 일본어 세상과 선을 긋고 살았기 때문에, 통제경제가 진행될수록 조선인을 전면적으로 전쟁에 협조하게 할 필요가 생기자 조선총독부는 끊임없이 정책을 수정하여 조선말 세상에 사는 사람들을 대상으로 한 시책을 취하지 않을 수 없었다.

대표적으로, 한글로 표기한 신문인 『每日新報』를 전시에 일관되게 계속 발행하였다. 내용은 완전히 조선총독부를 홍보하는 기능이었지만 조선인을 대상으로 한 조선말 신문이었기 때문에, 어떤 면에서는 일본어 사용을 강제했던 것과는 크게 모순된다고 할 수 있다.

신문은 정책 전반에 걸쳐 다루고 있는데, 각각의 정책을 철저히 시행하기 위해서는 표어나 선전문구에 조선말을 쓰고, 징병 적령자신고를 제출하지 않은 자에 대해서는 조선말로 신고를 독촉할 수밖에 없었다. 농촌에서 강제동원 노동자를 모집하여 동원할 경우에도 실제로 이를 설명할 때는 조선말이 기본이었다. 일본인이 일본어로 훈시할 때는 통역이 필요했다.

물론, 정책을 시행하는 관공서 등에서의 회의나 학교 등에서는 일본어를 사용했다. 지배정책을 추진할 때 일본어를 사용하는 세상과 조선말을 사용하는 세상이 이중적으로 존재하는데, 조선총독부는 조선말을 사용하는 사람을 고려하면서 정책을 시행할 수밖에 없었다. 조선말 사용을 규제하거나 반대하면서도 조선말을 사용해 시책을 시행할 수밖에 없는 이중적 구조, 모순된 정책을 시행하지 않을 수 없었다. 이는 단순히 조선말과 일본어라는 언어의 문제만이 아니라 전술했듯이 청년훈련이나 징병 등을 실시할 때에도 공통적으로 수반되는 지배 구조의 모순을 보여주는 것이다.

6) 지배정책의 이중성 2 - 계층별 대응

조선에서 일본의 지배는 일본인 지배층이 존재하고 이에 대응하는 형태로 조선인 사회가 존재하는 방식으로 이루어졌다. 조선인 사회는 토지 소유의 형태로 이른바 지주, 자작농, 소작농, 농업노동자로 구분할 수 있고, 직업은 농업, 공업노동자, 상업종사자 등의 계층으로 분류할 수 있다. 기존에 조선총독부의 지배는 지주와 자작농 계층을 포섭하면서 전개되었다는 관점에서 설명되었는데, 전시하의 지배에 관해서는 새로운 관점의 설명이 필요해졌다. 전시체제하에서는 조선의 일부 지주를 중심으로 한 계층뿐만 아니라 모든 사람의 통제와 동원이 긴요해졌다. 조선인을 한 사람도 빠짐없이 노동에 동원할 뿐만 아니라 농업 생산과 저장, 금속 류의 공출 등 각종 정책에 협력하게 만들기 위해서는 지주 외에 각 계층별로 새로운 대응이 필요했다. 특히 일본의 정책이나 방침을 이해하지 못하는 조선말 세상에서 살아가는 계층에 대해서는 별도의 대응과 태세가 필요해졌다. 이때 특정인을 동원하는 과제에 있어서 각 대상자의 성격을 따져봐야 하는데, 이에 따라 대응을 바꿀 필요가 있다. 대상자의 성격이란 일본어 이해력이나 단체행동에 순응할 수 있느냐 여부를 살펴보는 것이다. 일반적으로 일본어 이해 정도는 교육 수준에 상응한다. 원칙적으로 식민지체제하에서 교육 수준이 높을수록 일본어 정책이 침투하기 쉬우며 교육 수준이 낮으면 정책이나 동원의 의미를 이해할 수 없었다.[6] 그 핵심은 일본어 이해 정도였다.

간단히 말해서, 병사의 경우라면 병력 동원을 가리키고, 또는 공장 노동자라면 일본어가 필요한데, 일본어 이해력을 기준으로 일본의 필요에 따라 두 가지 방향에서 조선인을 동원했다. 이것이 전시체제하 식민지 지배의 특별한 이중적 구조였다.

이를 징병 및 병력 동원과 더불어 노동자 동원이라는 측면을 중심으로 살펴보면 〈표 19〉와 같이 정리할 수 있다. 지주·자작농 계층과 소작농·빈농 계층에 대한 정책이 상이하다고 할 수 있다.

〈표 19〉 징병을 둘러싸고 조선인 사회에 대한 조선총독부의 이중지배 구조

	청년 연성	징병	토지소유 정도	노동 배치	교육 수준
조선말 세상에 사는 사람들	조선청년특별연성소	근무병 군속	하층 소작농 농업 노동자	토목 광산 탄광	서당 무학
일본어를 이해할 수 있는 세상에 사는 사람들	조선청년연성 별과	육해군 병사 학도병	지주·자작농 상층 소작농	철강 등 중요 공장	소학교 졸업 이상

6) 다만, 교육 수준의 정도가 일본의 정책에 협조적이었거나 또는 친일적이었는지 여부를 가늠하는 기준은 아니다. 오히려 교육 수준이 높은 계층일수록 민족자립의 세계적인 추세나 사회개혁의 이념 등에 관한 지식이 풍부하며, 일본의 정책에 비판적인 경우가 많았다. 교육 수준이 낮더라도 생계 차원에서 노동자 동원에 순응하는 측면이 많았으며 정책에 협조하는 것과는 관련이 적었다. 다시 말해, 전시하 조선인 사회가 일본어 이해 정도를 기준으로 이중적이었던 것은 아니다. 오히려 조선인 사회 전체를 평가할 경우에는, 조선말 세상이 존재하고 조선인으로서의 정체성이 뚜렷했다고 할 수 있을 것이다.

7) 지배정책의 이중성을 규정하는 것 - 일본어 이해도

전시하 조선총독부는 이중적 지배정책을 전개하지 않을 수 없었는데, 이를 규정하는 하나의 요인을 조선인의 일본어 이해 수준에서 찾을 수 있을 것이다.

여기에서 자세히 설명할 수 없지만, 조선인 여성의 일본어 이해 문제를 하나의 예시로 들어 보자.

조선인 여성 중 소학교 입학자, 졸업자의 교육 보급율은 〈표 20〉과 같이 남자에 비해 현저하게 낮았다. 교육 자체의 보급율이 낮았던 것도 있으며 조선총독부의 조사에서도 여성의 일본어 이해도는 전체 조선인 여성의 5.55%에 지나지 않으며, 실제로 여성의 94.45%는 일본어를 이해하지 못했다.[7)]

〈표 20〉 조선인 남여의 교육 보급율 격차

구분	입학			졸업		
년도	남자	여자	비율	남자	여자	비율
1920	53,757	7,719	14%	8,055	737	9%
1930	121,144	27,760	23%	53,188	8,032	15%

출전: 『朝鮮總督府統計年譜』 참조. 이밖에 서당 등 교육기관이 있지만 통계에는 포함하지 않았다. 서당에서 일본어를 가르친 경우도 있을 것이다.

따라서, 대다수 여성이 일본어와 관련이 없는 조선말 세상에서 살고 있었던 셈이다. 이처럼 조선총독부 역시 조선 사회에서 일본어를 통한 전시하 사회통합은 무리라는 것을 자각하고 있었고, 여자청년연성소령(女子靑年錬成所令)을 시행하더라도 여성에 대한 일본어 교육을 커다란 과제로 꼽고 있었다. 전시통제와 동원, 징병체제도 여성의 협력이 전제되지 않으면 완성되지 않는다고 할 수 있는 상황이었다.

7) 앞의 자료, 朝鮮總督府, 「朝鮮人國語普及狀況」, 『調査月報』1940年6月號.

예를 들면, 징병이 실시되기 전후로 각 지역에서 부녀자들을 대상으로 한 병영견학회(兵營見學會)가 개최되었다. 1944년 경기도에서 국민총력조선연맹이 개최한 병영견학회는 병사들의 병영 생활을 보여주는 것이었다. 경기도 내 각 군에서 모집된 200여 명의 부녀자들은 부대장의 인사와 설명을 일본어 통역을 통해서 들었고, 부녀자들이 발언할 때도 조선말로 하고 통역이 부대 안내자에게 설명하는 식이었다. 모인 부녀자들은 국민총력조선연맹의 군과 읍 등에서 활동하는 간부들이었을 텐데, 이들조차 일본어를 전혀 이해하지 못했던 것이다. 이를 보더라도 일본어 사용을 내세우고 강조했지만 모두 헛수고였음을 알 수 있다.[8)]

이상과 같이 일본어 보급률 문제는 황민화정책 형해화하고 조선인이 민족성을 유지할 수 있었던 요인이며, 조선총독부가 일본과 똑같은 징병체제를 시도했지만 이를 완성할 수 없었던 기본적인 요인이라고 할 수 있다. 이때까지 일본에서 통용된 지주제를 통한 지배방식을 조선총독부가 그대로 답습을 하여 조선지배에 적용해 왔지만, 전시총동원 체제하에서는 일본어를 알지 못하는 조선 민중에게 이러한 방식이 더 이상 통용되지 못했던 것이다.[9)] 이것이 이중지배 정책이 생겨난 기본적인 요인이다.[10)]

조선총독부는 이러한 모순을 해결하지 못한 채 패전을 맞이했다. 일면, 이러한 모순을 해결하지 못한 것이 조선 지배를 확정하지 못한 요

---

8) 牧野哲子, 「母も兵隊さんとともに一婦人兵營見學會に加わって」, 『新女性』1944年5月號에 게재된 체험기. 『新女性』은 경성에서 쓰다 쓰요시(津田剛)가 조선인 여성의 황민화를 과제로 간행한 잡지이다.

9) 일본 내에서는 전시동원정책에 대한 지주 계층과 자소작농, 소작농 계층의 대응에 관하여 조선과 비교할 때 큰 차이가 없다. 전시동원에 대해서는 지주나 소작농도 마찬가지였던 것이다.

10) 여기에서 사용하는 이중지배라는 용어는 일반적인 식민지 지배체제가 존재하고, 이 가운데 전시하 노동자, 징병 동원 과정에서 특징적으로 구분할 수 있는 지배체제가 존재했다는 의미에서만 사용하는 것이다. 따라서, 조선인을 구분하는 동원 정책, 계층별 지배라는 표현도 가능하지만, 여기에서는 이중지배라는 용어를 사용했다.

소라 할 수 있고, 일본이 조기에 패전한 요인 중 하나였다고 할 수 있다. 또한 조선총독부의 전시동원이 통용되지 않는 조선말 세상의 존재가 해방 후 조선이 재건될 수 있었던 요인 중 하나로 기능하게 되었다고 할 수 있다.

제7장
징병 실현과 평가의 문제

조선총독부는 징병제 발표가 있던 1942년 이후 군과 협력하에 총력을 기울여 징병제를 실시하였다. 1944년과 1945년에는 실제로 징병과 배치가 이루어졌다. 징병 대상인 청년의 대다수는 병사나 근무병으로 군대 생활을 보냈다. 또한 징병은 조선의 모든 일반 민중과 여성 등 조선인에게 커다란 희생과 생활고를 초래하였다. 징병에 한하여 말하자면, 약 2년간의 단기간이었지만, 이는 일본 식민지배의 귀결을 상징하는 문제였다. 이하에서는 조선에서의 징병제 실시를 종합하고 평가한다.

1. 구 일본군 관계자의 평가

1945년 패전 후 조선에서 실시한 징병제에 대한 일본 사회의 평가는 매우 드물다. 교과서나 개설서에서는 징병 사실을 간략하게 서술했을 뿐이다. 징병에 관해서는 조선총독부 관계자가 패전 후 부분적으로 설명한 것이 전부인데, 여기에서는 일본인의 일반적인 평가와 큰 차이 없다고 생각되기에 구 일본군 관계자가 패전 후에 조선에서의 징병제 실시를 종합적으로 정리한 견해를 소개하고자 한다. 우선 패전 후 초기의 평가를 살펴보자. 전(前) 조선군 징병주임 참모였던 요시다(吉田俊隈)는 다음과 같이 말했다.

> "1938년 특별지원병에서 시작하여 1944년 징병으로 도약하였는데, 조선인 황민화에 획기적인 성과를 올렸으며, 천황 폐하께서 패전을 선언하심과 동시에 찬란했던 40년에 걸친 조선군의 역사도 막을 내렸지만[1], 그 사이 학도지원병을 포함하여 약 2만 명의 지원병과 약 40만 명의 징병을 배출하는 등 조선인 병사들은 제국의 군인으로 일본인 병사와 함께 대동아 전역에 걸친 전장을 누볐다. 이 가운데 개인이 수여하는 감사장과 나라가 내리는 수훈의 영광을 입은 자도 있었고 혹자는 야스쿠니신사(靖國神社)의 영령으로서 추앙받는 자들처럼 수많은 애국자를 배출하였으며, 현해탄의 거친 파도 때문에 또 다시 일본과 조선이 멀리 떨어진 시절이 되었지만, 징병을 통해서 저들이 희구해 왔던 지극히 공평한 실력 제일주의의 군대 생활이 저들의 가슴속에 뿌리를 내려 반드시 신흥 조선의 원동력이 될 것이며, 언젠가는 봄날의 햇살이 깃들면 싹을 틔우고 일본과 조선이 서로 경애하는 꽃을 피워 단짝의 영혼이 열매를 맺는 날이 반드시 올 것이다."

요시다의 말에서는, 패전 직후라는 상황도 있겠지만 조선에 대한 식민지 지배와 징병 정책에 대한 반성이나 가해의 관점은 전혀 찾아 볼 수 없다. 이러한 평가가 일반적이었지만 한일기본조약 이후에는 변화가 나타나게 되었다. 일찍이 육군성에서 조선의 징병제도 실시를 담당했고 패전 후에는 자위대에 있었던 다나카(田中義男)는 조선인에 대한 징병제도 적용에 대해 다음과 같이 회상하였다.[2]

그는 일본인에게는 당연한 징병이 "당시 조선인들에게는 커다란 문

---

1) 〈역자주〉 조선에 일본군이 주둔한 것은 1904년 러일전쟁 이후부터 기산하기 때문에 40년의 역사라고 하였다.

2) 田中義男, 「朝鮮における徵兵制」, 『軍事史學』8卷4號

제였기 때문에 현재도 전쟁중에 겪은 고통스러운 기억들이 가슴 속에 새겨져 있을 것"이라며 군대와 징병에 대한 생각이 일본인과 조선인 사이에 큰 차이가 있다고 했지만, 징병에 대해 조선인의 지원 상황과 일본의 내선일체 이념에서 볼 때 정당한 것으로 생각했다고 진술하였다. 그는 조선인의 경우 지원병 희망자가 많아서 그런대로 대응했는데, 징병은 병력이 부족해서 보충병을 모집해야 했다고 회상했다. 그는 조선군이나 조선총독부, 경찰이 지원병에 지원할 것을 사주했다는 점도 언급하면서 조선인 중 지원병 지원자가 많았기 때문에 징병제도를 실시하게 되었다고 설명하였다. 다나카의 생각은 일본군의 징병제 실시를 합리화한 것이다. 다나카의 설명은 이 시기 조선인에 대한 징병을 평가하는 일본인의 일반적인 시각을 보여주고 있다.

요시다는 징병이 한국의 앞날에도 긍정적인 역할을 하는 정책이라고 했고, 다나카는 조선인이 징병을 현재까지 고통스럽게 기억하겠지만 징병 자체는 당시 조선인 다수가 희망했기 때문에 실시한 것이라고 했다. 이들에게서 징병이 강제였다는 점, 징병에 의한 희생자, 전시하 군사동원 때문에 조선 민중이 고생했다는 인식은 전혀 찾아볼 수 없다. 일본군 군인이었던 과거를 밝힐 수 없을 정도로, 일본 지배를 비판적으로 바라보는 조선 민중의 태도를 이들은 인정하지 않고 있다.

그리고 이 문제 대해 패전 후 일본인의 평가는 징병의 실태를 모르기 때문이기도 하지만 거의 없는 형편이다. 역사연구자인 미야타 세쓰코의 연구나 하야시 에이다이(林えいだい)의 조사, 운노 후쿠주(海野福寿)에 의한 오키나와의 조선인 군부(軍夫)에 관한 기록 등이 몇 개 있을 뿐이다.[3)]

그밖에 식민지 지배에 관한 조선총독부 관계자의 증언이 있다.[4)] 여

3) 문헌목록 참조

4) 宮田節子 解說, 「一五戰爭下の朝鮮統治·朝鮮總督府關係者錄音記錄」, 『東洋文化研究 第2號』, 學習院大學, 2000年

기에는 귀중한 증언이 포함되어 있는데, 징병 발표를 듣고 경악했다는 증언이 있다. 당연하게도 조선총독부 수뇌부와 군 관계자 그리고 조선인을 포함하여 사전에 징병을 예상했다고 하는데, 경악했다는 증언은 조선 민중에게 천황의 '성지'에 대해 감격했다는 선전을 하기 위해 만든 말이다.[5)]

조선총독부 관계자가 시기상조라는 생각을 갖고 있었더라도, 군의 주도로 결정되었고 조선총독부가 강력히 반대했다는 것을 실증할 자료는 없으며, 조선총독부는 총력을 기울여 정책을 추진하고 협력했다. 조선총독부 관료들의 증언은 지배자인 자신들이 한 짓을 정당화하고 합리화하는 경우가 많으며, 귀중한 증언도 있겠지만 한계가 있는 증언이기도 하다. 징병은 군 주도로 이루어졌는데, 1942년 5월 징병 발표 이전에 관계기관과 협의를 통해 준비가 이루어졌음이 전술한 다나카의 논문에서도 지적된 바 있으며, 사전에 조선총독부 간부도 징병의 시기가 임박했음을 알고 있었다. 징병에 관해서는 조선인 징병 담당자였던 다나카의 증언이 일련의 사실 과정의 실태를 보여준다고 할 수 있다.

2. 조선인의 평가

징병제 실시가 조선인에게 어떤 의미가 있었는가의 문제는 징병제 평가의 기본에 관한 것이다.

조선인이 징병에 응한 배경으로 인구증가의 압박, 취업난, 전시하 경제통제에 의한 취업구조의 협소화, 황민화정책의 영향 등을 들 수 있는데, 이것들은 징병에 응한 2차적인 요인이지 결정적인 요인은 아니었

5) 제1부 제1장 참조

다.(제2부 제1장 참조)

징병의 경우, 징병되는 조선인의 입장에서 볼 때 선택의 여지가 없는 강제적인 것이었다. 일본인에게는 당연한 것으로 생각되었지만 조선인은 일본인으로서 자각이 없는 상태에서 강요를 당한 것이었다. 식민지 조선에서는 임금, 직종 등 모든 경우에 조선인이라는 이유만으로 차별을 받았으며 이러한 차별체제 속에서는 일본인과 동일하다는 의식을 가질 수 없었기에 조선인은 끊임없이 조선인이라는 사실을 확인하며 살아 갈 수밖에 없었다. 이런 가운데, 죽을 수도 있는 징병에 응하는 것이 일본인과 동등해지는 길이라는 설명을 들어도 도저히 납득할 수 없었을 것이다.

이렇게 명백한 모순이 존재하기 때문에 조선총독부 역시 징병 발표 직후부터 문제점을 의식하였다. 대표적인 모순으로서 조선인에게 참정권이 주어지지 않았다는 점을 들 수 있다. 조선인들은 참정권을 요구했지만 조선총독부는 이를 강력히 거부하였다. 오히려 조선총독부는 조선인을 대상으로 한 징병이 황은(皇恩)에 의한 것이므로 기쁜 마음으로 징병을 받들어야 한다고 설명했다. 조선총독부와 군이 사전에 징병을 검토하기 위해 조직한 갑(甲)위원회에서 작성한 징병준비 검토서류[6] 제7항에 따르면, "징병은 제국 신민의 숭고한 의무라는 점을 감안한 것이지, 조선에서 징병을 실시하는 댓가로서 참정권을 부여하는 것은 아니다"라며 애써 주의를 환기시키고 있다.

이에 관해서는 다른 관련 문서에서도 종종 '댓가'를 요구해서는 안 된다고 강조하고 있다.

그러나 실제 징병을 실시한 지 1년 뒤인 1944년 말에는 참정권 문제를 포함하여 의무교육 실시, 일본으로의 도항제한 철폐, 일본인에게만

6) 朝鮮軍令部, 「甲委員會 第1會打合事項」, 1942年4月24日(國立國會圖書館 소장 大野綠一郎 문서 1204-1)

부여했던 외지수당의 개선 등 처우개선을 내용으로 하는 제안을 조선인에게 제시할 수밖에 없었다. 이러한 개선은 대다수가 실현되지 않았지만, 징병 의무만이 일본인과 동등하다는 모순을 군과 조선총독부 모두 인정했다는 사실을 보여주는 것이다. 어떤 면에서는 조선인이 대등한 처우를 요구하는 명분을 역이용할 만큼 조선인의 요구가 강했다는 것을 증명한다고도 할 수 있다.

조선 민중은 전시하에서 군인이 되어서도 조선인으로서의 인식을 계속 갖고 있었다고 할 수 있다. 친일파라 불리는 사람들도 조선인으로서 친일파였으며 조선인을 기반으로 해서 살았던 것이다. 군인이 된 조선인도 조직적으로는 일본인 병사의 취급을 받았지만 군에서 배치를 받을 때나 일본인 병사로부터 차별 등이 끊이지 않았기에 조선인이라는 자각을 하지 않을 수 없었다. 가미카제 특공대 대원이 된 조선인도 '조선인으로서' 일본인에게 지지 않기 위해 일본인처럼 의식하며 전투에 참가했던 것이다.

따라서, 일본의 패전과 동시에 1945년 8월 16일부터 바로 조선인은 자연스럽게 본래의 조선인의 모습으로 되돌아갔고 군대에 있던 조선인들도 강제에서 풀려나자마자 민중 속으로 돌아올 수 있었다.

일본 패전 후 조선은 해방되어 독립했는데, 이 과정에서 '일제 잔재 일소' 운동이 폭넓게 이루어졌고 일본의 지배정책이 남긴 정신적 영향을 포함하여 그 심각한 피해가 드러나면서 이를 지지했던 일본군에 재적했거나 군인으로 나갔던 자들은 일제의 협력자라는 준엄한 비판을 받게 되었다. 학도병을 제외하면, 한국 사회에서 일본군이었던 경험을 말하거나 조사를 당한 사례가 매우 적은 것은 민중의 비판적인 시각이 있었기 때문이다. 학도병의 경우도 일본군에 저항했던 기록을 포함한 『1·20학병사기』라는 책이 간행되어 있는데, 서울 시내에 세워진 학도병 기념비 역시 저항의 상징으로 건립된 것이다. 일본군과 징병제는 현재 한국과 조선인 민중의 눈으로 볼 때 식민지 지배의 최종단계에서 이루어진 가장 악질적인 지배 형태이자 그 희생도 컸던 사실로써 비판의 대상이 되고 있다.[7)]

3. 조선인 징병의 새로운 평가를 위해

지금까지 설명한 바와 같이, 조선인을 징병한 사실과 수많은 희생을 강요한 것은 부정할 수 없는 사실이다. 이러한 사실을 전제로 일본인으로서 다음과 같은 점을 확인해 두고자 한다.

군과 조선총독부는 전시하에서 징병에 총력을 기울였다. 그러나 다음과 같은 점 때문에 요건을 만족시킬 수 없었다고 할 수 있다.

- 정규군으로 징병한 것은 조선인 대상 연령자 가운데 1/5 정도인데, 일본인 청년의 징병률과 비교하면 매우 낮은 수준이었다.
- 징병된 조선인은 일본인 병사들 속에 분산 배치되는 상황이었다. 배치된 곳은 관동군이나 일본 내 각 부대, 조선 내 각 부대인데, 배속된 부대에서도 각 소대별로 몇 명씩 분산되었고 조선인들끼리 접촉할 수 없도록 하였다. 일본군이 조선인을 신뢰하지 않았던 것이다.
- 징병 체제도 기류(寄留) 제도와 호적 정비, 그리고 징병검사 등이 늦어졌고 일본과 비교할 때 소재불명자나 징병검사 기피 등에 큰 차이가 있었다. 조선인이 적극적으로 신고한 경우는 드물고, 경찰이나 행정기관 등이 강제적으로 지도하여 시행했을 것이다.
- 도망자가 많았다는 사실에서 드러나듯이 군대에서 도피하는 태도가 일반적이었다.
- 조선인 군인에게 일본 천황의 충성스런 신하로서 움직이고 천황의 정신을 호위하는 방패로서 온 몸을 바쳐야 한다는 것을 이해시킬 수 없었기

7) 일본인, 조선인, 중국인 등의 징병에 대한 반향을 정리한 것으로, 「朝鮮に対する徵兵制施行の閣議決定公表に関する反響調査」, 『思想月報』95號, 1942年6月 참조

때문에 전반적으로 전투의지가 낮았다. 물론, 지원병으로서 학교교육이나 지원병훈련소에서 받은 교육을 통해 어느 정도의 황민화 영향이 있었던 것은 부정할 수 없다. 그러나 일반 징병에 의한 병사들은 청년훈련소 등에서 일본어 교육훈련이나 집단 갱도훈련을 중점적으로 받았기 때문에 천황의 병사라는 의식수준이 매우 낮았을 것이다. 일본인 병사가 어린 시절부터 철저하게 천황 중심의 교육을 받은 것과는 커다란 차이가 날 수밖에 없다.

- 조선인 장교도 있었지만 일본군 간부가 압도적 다수를 차지했으며, 조선인 병사의 대다수는 이등병이었다는 점, 즉, 군대에서 주도적인 역할을 하는 존재가 아니었다는 점이 분명하기 때문에 병사의 정원을 채우는 역할을 하는 데 지나지 않았다. 다만, 일본군의 보충병은 고령자를 재소집한 경우가 많았는데, 조선인의 경우에는 모두 젊은 현역병이었다고 할 수 있다.

이상과 같은 요건에서 볼 때, 조선에서의 징병은 단순히 병력을 보충하기 위해 숫자를 맞추는 정도였을 뿐, 충분한 훈련이 이루어지지 않아서 전투부대 구성원으로서는 쓸모가 없었다고 판단된다. 그리고 조선인 군인들은 군대의 구성원으로서 충분한 역할을 할 수 없었다고 평가해야 한다. 그러나 전쟁 말기 소모전이 한창일 때 징병된 조선인들은 강제로 전투에 참가해야 했기 때문에 수많은 희생자가 발생할 수밖에 없었다.

징병으로 전장에 간 사람들의 희생도 컸지만, 전쟁 기간 조선 민중 전체가 쌀을 공출당하고 식기를 비롯해 물자 동원, 근로봉사, 강제 저금, 군대 동원 등으로 고통을 당해야 했다. 모든 조선인 민중을 동원한 전쟁이었다. 징병과 조선 민중의 관계를 다시 생각하면서 전시하 조선의 상황을 검토해야만 할 것이다.

이러한 평가와 더불어, 앞으로 일본인은 조선인 징병 사실을 어떻게 생각할 것인지 고민할 필요가 있다.

4. 향후 일본인의 대응

조선인 징병자는 일본군에서 극히 한정된 역할을 하는 데 그쳤지만, 희생이 컸다는 실태는 판명되지 않았다. 이에, 앞으로 일본인이 해야 할 과제를 다음과 같이 정리해 보았다.

첫째, 대다수 일본인은 조선인 징병 사실과 민중의 실태를 알지 못하며, 안다고 해도 개략적인 일부 내용만 아는 정도일 뿐 거의 잊고 있다고 할 수 있다. 우선 조선의 전시하 실태를 폭넓게 확인하고 이를 일본인의 역사인식 구성요소로 해 나가야 할 것이다.

둘째, 위에서 확인할 수 있는 것은 일부 사실에 지나지 않으며, 중국 동북부에서의 조선인 징병이나 희생자 실태, 남방이나 조선 내에서의 군속 동원 등에 관해서는 불분명한 점이 많다. 일본인이 직접 정확한 사실 조사와 연구를 해야 한다. 일본 패전으로부터 50년 이상 지났으며, 사실을 추적하는 것조차 쉽지 않은 상황이다. 특히 징병된 조선인 증언자들이 노령화함에 따라 사람들의 기억이 희미해지고 있기 때문에 빨리 서둘러야 할 필요가 있다. 물론 여기에서는 다루지 못한 대만에서의 징병이나 군속 동원 사실도 함께 살펴봐야 한다. 이러한 작업은 일본군 군인이었던 사실이 밝혀지면 불이익이 생길지도 모르는 한국·중국·북한의 상황을 고려하면서 해당 국가의 국민들에게 역사적 사실을 조사할 필요가 있음을 이해시키는 것이 선결되어야 한다.

셋째, 조선인 징병은 일본의 식민지 지배 방식의 총괄적인 결과이자 조선사와 일본사의 일부로써 확실한 위치를 차지해야 한다. 적어도 징병했다는 사실, 다수가 희생을 강요당했다는 사실을 증명해 나가는 것이 모든 방향에서 필요하다.

넷째, 일본의 국가적 책임 아래에서 이루어진 징병과 군에 동원되었던 사람들에게 어떤 식으로든 개인적 보상을 할 필요가 있다. 앞에서 언급한 조사 역시 이러한 보상과 연계하여 이루어져야 한다.

다섯째, 징병의 배경이 되는 조선 민중의 생활, 경제 상태 등에 대해서도 조사와 연구가 이루어져야 한다. 징병은 조선 민중의 역사 속에서 전시하에 발생한 사실로써 일본인의 의식 속에 자리를 잡아야 한다. 동시에 일본의 황민화, 징병 정책에도 불구하고, 조선인이 독자적인 역사적·민족적 입장을 유지했다는 사실도 조선사 인식의 문제로서 중요하다.

여섯째, 조사 결과나 징병의 여러 문제에 관해서는 일본어뿐만 아니라 해당 국가의 언어로 기록되고 출간되어 각 국민의 역사자료로 사용될 준비를 해야 한다.

맺음말

이 책에서는 조선에서의 징병제 실시와 이와 관련한 조선 농민의 모습을 사실 확인이 가능한 한 당시 조선총독부 간행물을 주요 자료로 사용하며 묘사해 보았다. 일본은 일본어도 어눌한 조선인 청년을 천황을 지키는 '방패막이'로 삼고자 군에 편입하여 전장에 내몰았다. 이 책에서는 징병과 희생의 사실을 어느 정도는 규명할 수 있었다고 생각한다. 필자를 포함하여 일본인의 대부분은 조선인 징병의 사실을 모를 뿐만 아니라, 알고 있다 하더라도 그 강권적인 징병 과정과 희생자, 징병체제를 지탱해야만 했던 농민들의 상황에 대해 아무런 지식도 없다,

한편, 당사자였던 조선인은 징병과 일본 정부가 공식적으로 인정한 2만 1,919명의 희생자 외에도 희생자가 존재한다는 사실을 알고 있으며, 일본군 병사가 된 것을 치욕이라고 생각하고 있다. 징병 관련 사실을 확인하는 과정에서 줄곧 생각했던 것은 병사로 내몰린 조선인의 어머니와 아버지는 이를 어떻게 생각하며, 또 청년 그 자신들은 일본군 생활을 어떻게 보냈는지 그 이야기를 직접 듣고 싶었다. 그러나 청년들의 대부분은 이미 80세에 가까운 나이였고 부모님들은 고인이 되어 있었다. 다행히 지인들의 도움으로 몇 분의 이야기를 들을 수 있었으나 일부에 지나지 않았다. 징병 사실은 체험자 조선인을 무겁게 짓누르고 있어, 많은 경우 병역에 복무했던 시절에 대해 언급하려 하지 않는다.

기억하고는 있으나 이야기하려 않는다.

이와 같은 경험은 징병에 대한 일본인의 입장과 크게 다르다는 사실을 알게 해 주었다. 일본인이 조선인 징병을 사실로서 인정하고 역사에 자리매김함으로써 이와 같은 입장 차를 해소할 수 있을 것이라는 각오가 있었기에 이 어려운 작업을 진행할 수 있었다. 일본은 징병체제 하에서 식민지 지배체제를 강력하게 전개했으나 이를 지탱해야 할 조선 농민은 민족성과 조선인으로서의 세계관을 유지하며 1945년 이후 조선 사회 형성에 큰 역할을 담당하고 있었음을 새삼 배울 수 있었다.

필자는 황민화정책 관련으로 징병을 다룬 책이나 학도병에 대해 언급한 도서에서 취급한 것 말고 징병에 대해 역사적으로 취급한 경우는 없었다고 생각한다. 그런 만큼 부족한 부분도 있겠으나 독자의 지적을 받아 가며 언젠가 다시 개정해 가고 싶다.

이 책 집필에는 많은 분의 도움과 교시가 있었다. 특히 아리랑문화센터 지역사 연구회 분들, 新納豊, 李熒娘, 神谷丹治, 吉川宣子, 宣在源, 庵逧由香 등 연구자로부터 교시를 얻었다. 그리고 海野福壽 선생님으로부터 수집 자료를 제공받았다. 선행연구자인 宮田節子, 姜德相 선생님의 저작을 참고했다. 재일조선인운동사연구회 崔碩義, 山田昭次, 許一昌 선생님과 젊은 연구자, 『海峽』의 小澤有作 선생님을 비롯한 동인들로부터 고견을 받았다. 小野直樹, 다카시·후지타니로부터 자료의 도움을 받았고, 일본사 연구자 今井淸一, 金原左門, 大浜徹也, 大畑哲 선생님으로부터 역사의 이해 방법 등에 대해 배웠다.

이 책 집필에 친우 南里知樹로부터 각별하게 도움을 받았다. 이와 같은 많은 분들로부터 가르침을 받으며 본서를 집필할 수 있었기에 깊은 감사의 말씀을 드린다. 마지막으로 본서 출판을 흔쾌히 수락해 준 總和社 竹下武志 사장께도 깊이 감사드린다.

2001년 5월 21일

제3부
식민지 조선인 민중의 역사를 밝히는 길, 평생의 시무(時務)

구술일자: 2023년 11월 9일
구술장소: 서울 세미나룸(누구나)
구술자: 히구치 유이치(樋口雄一)
면담자: 정혜경, 허광무
통역: 허광무
구술 녹취: 정혜경, 허광무
윤문 및 편집: 정혜경

2023년 11월 9일 서울에서 인터뷰 모습

히구치 유이치(樋口雄一)[1)]

1940년 중국 심양(瀋陽, 당시 봉천奉天)에서 출생

1945년 11~12월경 일본 시즈오카현(静岡県)으로 귀환

1946년 2월 후쿠시마현(福島県) 이와키(いわき)시로 이주했다가 도쿄 세타가야구(世田谷区)로 정착

메이지(明治)학원대학 사회학부 입학

1965년경 일조협회 입사 후 일본도서관협회, 가나가와현(神奈川縣) 도서관, 가나가와현 공문서관 근무

전 고려박물관장, 주오(中央)대학교 객원연구원

1998년부터 현재까지 재일조선인운동사연구회 관동부회장

1986년부터 2024년까지 단독 저서와 자료집만 25권 출간

---

1) 이 글은 재일조선인운동사연구회 관동부회장인 역사학자 히구치 유이치의 인권 투쟁과 학문 활동에 대해 생애사를 중심으로 한 인터뷰 기록(요약문)이다. 2023년 8월 도쿄에서 사전 인터뷰 승낙을 얻어 11월 9일 서울에서 인터뷰를 하게 되었다. 8월 도쿄에서 연구회 연구위원(정혜경, 조건, 허광무)들과 만났을 때, 처음으로 부친의 사연을 털어놓은 것이 계기가 되었다. 인터뷰 내용을 통해 히구치 회장의 평생 식민지배체제와 조선인 민중의 역사를 연구하고 실천운동을 이어가는 추동력의 토대를 알 수 있다. 인터뷰에는 1960년대부터 현재까지 일본에서 활동한 많은 연구자와 실천운동가의 활동 내용도 담겨 있다. 가독성을 고려해 3시간에 걸친 방대한 인터뷰 내용 가운데 중복되는 부분은 생략하고, 일부 내용은 주제별로 편집했다.

주요 저서 및 자료집: 『協和会: 戦時下朝鮮人統制組織の研究』(1986), 『皇軍兵士にされた朝鮮人: 一五年戦争下の総動員体制の研究』(1991), 『協和会関係資料集: 戦時下における在日朝鮮人統制と皇民化政策の実態史料』총5권(1991), 『戦時下朝鮮の農民生活誌: 1939~1945』(1998), 『戦時下朝鮮人労務動員基礎資料集』총5권(2000), 『日本の朝鮮·韓国人』(2002), 『日本の植民地支配と朝鮮農民』(2010), 『戦時下朝鮮民衆の生活』총4권(2010), 『在日朝鮮人史資料集』총2권(2011), 『金天海: 在日朝鮮人社会運動家の生涯』(2014), 『植民地支配下の朝鮮農民: 江原道の事例から』(2020), 『協和会: 戦時下朝鮮人統制組織の研究 増補改訂版』(2023), 『戦時末朝鮮の農政転換: 最後の朝鮮総督·阿部信行と上奏文』(2024)

중국 봉천(奉天)에서 식민자의 아이로 태어나

면담자: 오늘은 2023년 11월 9일입니다. 서울에서 히구치 유이치 선생님과 인터뷰를 진행하겠습니다. 이번에 연구회에서 선생님의 저서인 『조선 민중과 징병』의 번역서를 내려고 하는데, 거기에 선생님의 인터뷰를 실으려 합니다.

선생님께서는 중국 심양(瀋陽)[2]에서 태어나 5살 때까지 생활하셨는데 기억이 좀 어려우시겠지만 혹시 어렸을 때 떠오르는 기억이 있으실까요?

히구치: 지금은 심양이지만 당시는 봉천(奉天)이었지요. 일본인 마을에 살고 있었는데요. 그곳은 당시 식민지와 같은 곳이었으므로 일본인만 살고 있었어요. 제가 살던 곳은 보통의 일본인 마을에 있는 주택이었다고 생각합니다. 잘 생각나지 않지만, 그 건물에 두 세대가 살았다고 생각하는데, 법원이 가까웠고, 아마 학교 관사에 살았던 것 같아요.

2) 현재 중국 랴오닝성(遼寧省)의 성도(省都)이다. 청조부터 중국 동북지역의 중심지였는데, 러일전쟁 이후 일본 남만주철도주식회사의 부속지가 되어 일본이 행정권이나 경찰권을 장악했다. 1931년 만주사변으로 일본 관동군이 중국 동북지역을 점령하면서, 만주국의 수도가 되었고, 지명을 펑톈(奉天)이라 했다가 1945년 일본의 패전 후 선양으로 회복했다.

당시 문서라던가 하는 기록은 일체 가지고 있지 않았는데, 어머니가 이야기를 해주시면 좋았겠지만 별로 이야기해 주지 않으셨고, 어른이 된 후에도 어머니와 별로 이야기하고 싶지 않았어요. 저는 식민자(植民者)의 아이였으니까요.

전전(戰前)에 나온 책에도 나오지만, 그곳에서 책임자나 교원을 했다 하더라도 역시 식민자는 식민자라는 생각이 있었기 때문에 깊이 그 문제에 대해서는 들어보려 하지 않았습니다. 지금 생각해보면, 제가 식민자의 아이였다는 것을 별로 인식하려 하지 않았나 생각해요.

우리 집에서 기억나는 것은 당시 만주가 추웠기 때문에 페치카 등이 있어서 주변을 따뜻하게 했던 것입니다. 누나가 한 명 있었는데, 나중에 일본으로 귀환한 후 2년 정도 지나서 영양실조로 사망했어요. 세 살 정도 위의 누나였고 무슨 이야기를 나눴는지는 모르지만 누나와 같이 놀았던 기억이 납니다. 사진이 몇 장 남아 있어요, 그 정도만 생각날 뿐입니다.

1935년 이전에 부모님이 만주에 갔다고 생각해요. 언제 갔는지는 정확히 모릅니다. 집에 남아 있는 자료가 하나도 없어서 잘 모르는데, 만주 생활은 평온했던 것으로 생각합니다.

일본의 패전과 쓸쓸한 귀환

그런데 패전하던 해 7월인가 8월인가 잘 모르는데, 갑자기 마을에서 아버지에게 징병령이 왔어요.[3] 징병을 떠날 때 현관에 서 있었던 기억

3) 대본영은 1945년에 대소전에 대비한 지구전 준비를 관동군에 지시했다. 그러나 1945년 5월 30일 오키나와 전선이 심각해지자 본토결전이 임박했다고 파악한 일본 대본영이 만주에 주둔하던 관동군의 일부를 본토 결전을 위해 일본 본토로 전용(轉用)함에 따라 관동군은 대소전을 위해 1945년 7월 30일까지 만주에 거주하던 일본인 성인 남성을 대량 동원하게 되었다. 加藤聖文, 『'大日本帝國'崩壞』, 中公新書, 2009年, 148쪽.

이 납니다. 당시 아버지가 어떤 표정이었는지는 기억나지 않아요. 현관 앞에서 아버지를 배웅한 걸 기억해요. 아버지가 떠난 후에 외부 사람이랄까? 일본 병사였다고 생각하는데 어디 멀리 나가지 말라고 그런 식으로 말한 거 같아요. 이윽고 소련군이 진군해서 봉천에 왔는데요. 봉천에는 집 밖에 맨홀이 있었는데, 그 위로 소련군 전차가 지나가서 철로 된 맨홀 뚜껑이 부서졌어요.

패전 당시 천황의 방송을 들었는지는 전혀 기억나지 않아요. 그런 일이 있고, 전쟁 후에 어머니 이야기로는 귀환자들이 모여서 지냈다는 식으로 들었는데, 돈이고 뭐고 아무것도 가지고 돌아오지 못했고, 사진도 가지고 오지 못했는데, 몇 장의 사진을 감추어서 가지고 왔어요. 그 전 상황은 기억을 못하고, 섬인가 어디에서 귀환선을 타고 왔는데, 처음으로 배를 타고 바다를 보고 놀랐던 기억이 있지요.

시즈오카현에서 후쿠시마 탄광지대로

일본에 도착해서 어머니의 친정이 시즈오카현(静岡県)의 고텐바(御殿場)에 있어서 거기로 갔어요. 아버지가 전사했으니까 친정으로 간 것이지요. 아버지가 언제 전사했는지, 전사한 상황도 전혀 몰랐어요. 어머니는 아버지가 살아 있을 것으로 생각했지요. 그 때가 1945년 11월인가 12월인가 그래요.

1946년 2월경에 어머니가 친정에서 옮겼어요. 당시 할머니(아버지의 어머니)가 살아 계셨으니까, 어머니는 당시 여성으로서 당연히 시어머니를 챙겼거든요. 친정에서는 어머니에게 친정에 남으라고 했지만 어머니는 후쿠시마현(福島県)의 이와키(いわき)탄광이 있는 이와키시로 갔어요. 죠반(常磐)탄광의 중심에서 약간 떨어진 곳인데, 탄광 노동자 마을이었어요. 대규모 탄광에 일하는 사람들이 탄광주택에 살고 있었는데,

그 이외에 귀환자를 중심으로 살았지요. 제가 사는 동네 부근에도 탄광이 있었어요. 아버지는 탄광 노동자 중에서도 조금 가난한 사람들이 주변에 많이 있는 그런 곳에서 자랐습니다.

이와키시 석탄화석관 전시물(2005년 11월 9일 정혜경 촬영)

당시에 일본 국내에 귀환자가 많고 탄광에 사람들이 많이 모여들었는데 교원이 모자랐어요. 어머니가 마침 대학을 나왔기에 중학교 선생님으로 근무했어요.

저는 그곳에 간 후 6년 만에 소학교에 들어가서 졸업하고 근처의 학교에 진학했지요. 한 반에 60명인가 70명인가 그랬는데, 교육환경이 좋지 않아서 어머니가 걱정했지요. 이와키시가 죠반탄전의 중심지였는데, 당시에는 다히라(平)라고 불렀어요. 거기에서 중학교를 다니고 고등학교를 거쳐 도쿄의 대학에 가려고 했어요. 그곳에 있는 이와키 고등학교로 진학하려고 했어요.

다다미 장인에게 들은 아버지 소식

그런데 그 무렵에 아버지의 전사 당시 소식을 알게 되었어요. 어머니가 만주의 아버지 소식을 알려고 노력했는데, 만주에 있을 때 같은 후쿠시마현 출신으로 아버지와 같이 군대에 간 후에 친하게 지낸 분과 연락이 되었어요. 아버지는 럭비를 했던가 봐요. 달리기도 잘하고 체격도 좋았는데, 어머니가 그분을 만나러 가자, 그분이 말씀하시기를 "나는 다다미 만드는 사람이어서 장거리라고 해도 겨우 50미터 정도를 달릴 수 있을 뿐"이었답니다. 일본에서 다다미 만드는 일은 1년 내내 앉아서 하니까 다리의 힘이 부족하지요.[4] 그분이 40대였던 거 같았고, 아버지도 그랬던 거 같아요.

관동군이 철수하고 봉천에는 일본군 병사가 한 명도 없었어요. 무기도 아무것도 없고 줄 수 있는 것은 폭탄뿐이어서 전원이 그 폭탄을 안고 전차에 돌격했다고 했어요. 그걸 말해 준 사람이 다다미 장인이었습니다. 그 후 어떻게 됐는지는 모릅니다. 아무튼 모두 사망했다고 했습니다. 소련군 전차가 위를 지나가면 그 밑에 폭탄을 붙여서 그렇게 폭발해서 막을 생각이었던 것 같은데요.

당시 상황을 증언해 준 분은 어머니에게 상세하게 이야기한 것 같은데, 본인도 본 것이 아니어서 어떤 상태였는지 알 수 없지만, 폭탄을 안고 달려간 사람이 아무도 돌아오지 않았기에 모두 사망해서 전멸한 것이 아닌가 하는 식으로 말했어요.

---

4) 히구치 유이치는 2023년 9월 12일 가나가와현에서 연구회 연구위원들(정혜경, 조건, 허광무)과 만났을 때, 명확히 '다다미 장인은 잘 달리지 못해서 탱크에 충돌하지 못해 살았다'고 표현했다.

아들을 걱정해 도쿄 세타가야구(世田谷区)로 이사하신 어머니

아버지가 사망했다는 걸 알고 나서는 할머니를 모시고 생활하게 되었어요. 현재 제가 살고 있는 곳이 세타가야구인데 거기에 집을 샀어요. 당시에는 온통 논투성이었지요. 조용한 곳이었어요.

제가 어머니와 같이 도쿄에 살게 된 것은, 누나가 갑자기 사망해서 자식이 한 명이 되어서 어머니가 매우 걱정했기 때문이에요. 후쿠시마의 집이 탄광주택이어서 탄광 노동자의 아이들과 같이 놀았거든요. 나쁜 짓도 했지요. 당시 아이였으니까. 농가 2층 계단에 올라가면 나무가 있어서 그것을 딛고 지붕에 올라가면 남의 집 안이 다 들여다보여요. 벽에 구멍이 있어서 집안이 다 들여다보이지요. 당시에는 히로뽕이 유행이어서 그 집 남자나 부부가 히로뽕을 피우거나 파는 것을 훔쳐보다 들켜서 도망친 적이 있어요. 하마터면 잡힐 뻔했죠. 당시에는 먹을 게 그다지 없었어요. 그래서 탄광촌 아이들을 따라다니며 그 아이들이 상점에서 주인이 보는데도 물건을 확 낚아채서 도망가면 따라가서 그걸 얻어먹고 그랬어요.

소학교 시절에 그랬고, 중학교 시절에는 좀 괜찮게 생활했지요. 집에서 버스로 40~50분 정도 걸리는 곳에 학교가 있었어요, 시 중심시였지요. 각 지역에서 유복해 보이는 사람들이 다녔어요. 그때까지 책은 안 읽었는데, 버스 기다리는 시간이 1시간 정도 있어서 할 수 없이 도서관에 가서 『장발장』이나 고단샤(講談社)의 『소년문고』 같은 책을 읽으며 시간을 보냈어요.

중학교 때 우리 집은 크리스천이었는데, 동네 주변에 교회가 없었어요. 어머니는 남편도 없이 지역에서 학교 선생님을 하면서 열심히 신앙생활을 했지요. 도쿄에 도와주는 사람이 있어서 도쿄의 유명한 여학교 사립학교에 취직했어요. 대학 시절의 교수님이 어머니를 추천해 주었지요. 어머니는 도쿄여자대학 출신이었어요. 그래서 도쿄로 왔어요.

어머니는 제가 고등학교 시절에 평화행진이나 그런 것에 참가하는 것을 굉장히 걱정했어요. 어머니는 전쟁 시기에 사람들이 특고(특별고등경찰)에 끌려가는 것을 본 적이 있는데, 아들이 그렇게 되면 큰일이라고 생각해서 필사적으로 막으려 했어요. 그렇게 도쿄 생활이 시작되었어요.

이와키 탄광마을의 추억

사실 최근에 여러분 외에 다른 사람에게도 여러 번 들었어요. 주로 제가 왜 이런 일을 시작했는가 하는 질문이 있었고, 태어났을 시절부터 이야기해달라고 할 때도 있었어요. 그래서 익숙하다고 할까, 같은 이야기를 한다고 생각되지만.

앞서 말한 후쿠시마 시내 동급생들은 모두 좋은 생활을 하고 있었어요. 탄광촌 아이들과는 전혀 달랐어요. 집에서 40~50분 정도 걸리는 학교에 장거리 통학(越境留学)을 하면서 책을 읽고 그러면서 '이 탄광촌 아이들은 왜 이렇게 가난한가' 하는 생각을 하게 되었어요.

탄광주택에 공중목욕탕이 있었는데, 깨끗한 목욕탕이지요. 죠반탄광 탄광주택의 목욕탕이라고 하는 규모가 큰 목욕탕인데요. 탕에 들어가기 전에 뜨거운 물로 몸을 씻고 들어가야 하는데, 그렇게 안 하는 사람들이 있어요. 정말 새까맣지요. 친구와 같이 그저 집에서 놀거나 했지요. 우리 집 근처의 아이도 우리 집에 와서 놀고, 간장이나 된장 그런 것이 없으니까 빌려주고 그랬어요. 저희 할머니가 그때 마을에서 민생위원(民生委員, 구호 봉사자)를 하고 있었어요. 당시 농부 자식들은 글을 모르는데 우리 할머니는 글을 아셨죠. 근데 목욕시킨 적이 있었는데 탄광 아이들은 오랫동안 안 씻었는지 팔이 새카맣고 몸 전체가 더러워서 깜짝 놀란 적이 있었어요. 그렇지만 그런 아이들하고도 참 친하게 지내고 그랬어요. 그런데 시내 학교에 가보니 그런 경험은 해 본 적도 없는 듯한 아이들이 다니고 있었고 그런 무렵에 '장발장'을 읽고 감동하고 그랬어요.

2023년 11월 9일 인터뷰 모습

기독교 학교에서 싹튼 인권 사상

도쿄의 중학교에 온 이후는 근처에 친구가 있어서 놀고 하다가 공립 고등학교에 들어갔어요. 입학할 때 신원보증인이라는 제도가 있는데, 여성은 할 수 없고 남성 친척이 보증인을 하는 것이 좋다고 했어요. 지금은 없어졌는데요. 그 때 시부야구(渋谷区) 아오야마(青山)교회 장로파가 있어서 미국계 기독교 학교에 들어갔지요. 장로파 계열 학교인데, 메이지(明治) 학원 계열인데, 장로파였어요. 그 교회 목사가 제 숙부였으니까 숙부님은 제가 목사가 될 것이라는 기대도 있었지요. 그러나 저는 목사가 될 생각은 하지 않고, 고등학교에 들어갔어요.

그곳 선생님들이 참으로 굉장한 일을 했는데요. 부락차별에 관한 책이 있는데, 『파괴』라는 소설이 있었어요. 부락민 출신의 사람이 쓴 부락문제를 다룬 소설인데요. 일본에서 유명한 작가가 쓴 책입니다. 국어 선생님이 1년에 걸쳐서 학생들 전원에게 '부락차별이 무엇인가' 하는 것을 쓰게 하고 책을 읽게 했어요. 국어나 한자수업은 하지 않고 말이예요. 그 때 나가노현(長野県)에 부락이 많았는데, 차별이 심했거든요. 그 소설의 작가가 메이지(明治)학원대학 출신이라 별 부담이 없었던 거 같아요. 아무튼 그걸 5,60명의 학생들에게 차례로 1년간 읽게 하고서는 한 명씩 감상을 말하라는 거예요.

그리고 또 역사 선생님들도 남달랐어요. 지역사회가 무사 사회가 된 것은 농민들이, 무사들이 봉기해서 귀족사회를 타파하고 무사 사회를 건립해서 시대가 변하게 된 것이라고 가르쳐 주었어요. 근대 시기는 그다지 가르쳐 주지 않았던 거 같아요.

그런 수업을 들었는데, 당시 평화행진이라는 게 있었어요. 중학교 3학년 때, 도쿄의 국도 6호(로쿠고)에서 도쿄 중심인 미나토구(港区)까지 행진이 있었어요. 그런데 저는 장거리를 걸어본 적이 없어서 (행진은 하지 않고)모금에 참가했지요.

어머니 고향인 고텐바(御殿場)에 교회의 연수소가 있어서 대학 진학 학교들의 학생들이 많이 와서 집에서 묵었고, 어머니도 잘 해주셨고, 무엇을 해도 별로 야단치지 않았어요. 평화행진에 가거나 연애를 하고 그랬지요. 학생들은 아침에 15분 정도 설교를 들었는데요. 어느 날, 교회 선생님이 "예수님은 물 위를 철벅철벅 걸으셨다"고 하길래 제가 "이런 일은 있을 수 없다"고 질문했어요. 나중에 어머니가 알고 야단을 치셨지요. 숙부님에게도 야단맞고요.

데모만 하던 대학 생활

저는 대학에 갔는데. 목사가 되어볼까 하는 생각도 있었어요. 메이지학원대학(明治学院大学)에 신학부가 있어서 그곳에서 배울까 하던 차에 각 학교에 있던 신학부를 통합하여 도쿄신학대학(東京神学大学)이 되어버렸어요. 그래서 끝나버리고.

그러는 동안 '안보투쟁'이 있었고 한일조약문제도 있었고 매일 같이 데모하면서 보내고 했던 시절이 있었죠. 3학년이 되어 지도교수를 선택해야 하는데, 사회복지를 전공한 선생님이셨어요. 도쿄대에서 세틀먼트 운동을 했던 선생님인데, 산별회의(産別会議)라는 일본 좌익노동조합의 연합체가 운영하던 조사부에 있었던 선생님이 제 세미나 선생님이 되었는데, 저는 바빠서 세미나에 한 번도 나가지 못한 상태로 졸업했어요.

당시 대학에 간다는 것은 드문 일이었지요. 물론 대학에 가는 사람도 있었지만 대부분 취직했어요. 제 중학교 동급생 중 대학에 간 경우는 5,6명 정도인가 그러니까 10%도 되지 않았어요. 그런 시절이었지요.

저는 대학에 들어가서도 데모만 하고 선생님 말씀도 듣지 않고 다니다가 졸업했어요. 그 선생님은 특고에 잡혀서 투옥되었다가 폐결핵으로 석방됐던 분으로 상당히 좌익이셨죠. 수업에 나오지 않아도 좋다고 하셔서 나가지 않고 거의 그러다가.

3학년 때인지 4학년 때인지 2학기 때인데요. 미이케(三池)[5]에서 비교

5) 후쿠오카현 오무타시(大牟田市) 동부의 이전 명칭이다. 세계유산으로 등재된 미이케항이나 미이케탄광으로 유명한 곳이다. 에도시대에 야나기가와번(柳川藩)의 지번(支藩)인 다치바나시(立花氏)의 영지였고, 번이 운영한 탄갱을 개발한 곳이며, 메이지 이후에 석탄적출항구인 미이케항을 운영했다. 석탄적출항구를 가진 일본의 대표적인 탄광 마을로 알려져 있다. 미이케의 탄광은 미쓰이(三井)광산이 운영한 미이케탄광이다. 일명 미쓰이미이케탄광은 1872년 일본에서 가장 먼저 채탄을 시작한 곳으로도 유명하지만 죄수노동으로도 유명한 곳이다. 1883년부터 탄광 측은 현장에 집치감(集治監)이라는 감옥을 설치하고 탈주를 방지하기 위해 발에 족쇄를 채우고 옷을 벗긴 채 투입했다. 미이케 탄광에서 시작한 죄수(수인)노동은 인근 다른 탄광에 널리 퍼졌다. 그

적 큰 탄광에서 파업이 일어나서 그곳에 갔어요. 아이들 공부를 가르치는 선생님이 필요하다고 했어요. 여름방학 때인데, 2개월간 가르치는 것이었는데, 거기에 가자는 제안을 받았어요. 큰 조직이었는데, 탄광주택에 묵으면서 아이들을 가르치는 것인데요.

탄광 노동자에는 큰 조직이 있는데 지부가 있고 분회가 있었어요. 탄광주택마다 분회가 있었어요. 그 분회에서 먹고 자면서 아이들을 가르치는 것인데, 오히려 제가 배우는 점이 많았죠. 그냥 시골의 학생들이니까 같이 놀고 그랬지요.

남사할린 샤죠르스크 탄광의 호퍼(2005년 8월 6일 정혜경 촬영)

현재 남은 미쓰이미이케탄광의 집치감(감옥)의 벽(2020년 2월 정혜경 촬영)

그런데 어머니가 걱정하셨던 일이었는데, 당시에 '호퍼투쟁'이라는 게 있었어요. 호퍼(ホッパ. 석탄이나 광석을 적재하는 곳)라는 것이 있는데,

후 죄수만으로는 부족해 일반 노동자로 전환했으나 탄부에 대한 인식과 대우는 달라지지 않았다. 죄수 대신 투입한 탄부는 한인이나 일본 최하층민이었다. 미야우라(宮浦)갱 자리에 세운 석탄기념공원의 석탄·역사박물관에는 '수인(포로) 노동'이라는 주제의 전시공간이 마련되어 있고, 오무타시에는 집치감의 흔적이 남아 있다. 이러한 죄수노동의 역사는 아태전쟁기에 연합군 포로 동원으로 이어졌다. 일부 탄갱이 2015년에 세계산업유산으로 등재되었다.

그 충전장(充塡場, 호퍼) 앞에서 노사가 맞부딪히는 결정적인 상황이 전개됐어요. 그런데 "너 거기 갈거야"라고 물으셨어요. 사실 죽을지도 모른다고 해서 학생은 아무도 안 갔지요. 정말로 격돌하는 분위기였는데, 저는 그 때 여기서 죽어도 좋다고 했어요. 역시 다치는 것은 경봉(警棒)이라고 하는 것이 있지요.

면담자: 경찰관이 가지고 다니는 것이요.

히구치 유이치: 그것으로 두들겨 맞는다는 이야기지요. 도쿄에서는 붙잡힐 뻔한 적이 몇 번 있었어요.

호퍼투쟁은 미이케에서 있었던 일입니다. 도쿄에서는 붙잡힐 뻔하다가 몇 미터 앞에서 다른 녀석이 잡히거나 한 일도 있었고요. 아무튼 미이케 투쟁에 나설 때는 몸통에 두꺼운 만화책을 빵 둘러 보호하고 탄광주택 사람들에게 철모(헬멧)을 빌려쓰고 그 아저씨들과 같이 자면서 투쟁에 갔었는데, 결전이 중지되었어요. 최후 결전에서 어떤 일이 생길지 모른다, 희생자가 얼마나 나올지 모른다 해서 중지됐어요. 그래서 무사히 도쿄로 돌아왔는데요. 그 사실을 어머니가 알았나 봐요. 정말로 어머니에게 큰 걱정을 끼쳤지요.

책을 통해 접한 조선인 민족해방투쟁의 역사

그런 일을 하다가 졸업할 때가 되어서 기독교계 학교는 취직이 안 된다고 어머니가 말씀하셔서 그 목사님이 여러 사람의 도움을 받아서 아오모리현(青森縣)에 유명한 기독교계 학교가 있어서 그곳으로 취직을 추진한다는 말을 들었어요. 여학교였는데, 기숙사도 있고 들어가서 기숙사 사감도 겸하면 된다고 하더군요. 아무리 그래도 여학생만 있는 곳인데 제가 하기 힘들 것이라 생각했지요.

또 한 가지. 그 당시 저는 졸업할 무렵에 할 일이 없어서 도서관에 가서 책을 읽었어요. 그때 『조선민족해방투쟁사』라는 책을 읽고 처음으로 '민족해방투쟁사'라는 것을 알게 되었지요. 3권짜리 책이었는데, 북한에서 나온 민족해방운동 교과서 같은 책의 번역서였어요. 제가 살았던 만주에 대해 아무것도 몰랐구나 하는 생각도 들었기 때문에 재일조선인과 같이 뭔가를 해보고 싶다고 생각했어요. 제 친구는 상임활동가가 된 사람도 있고, 교사가 된 사람도 많아요. 그런데 저는 교사는 별로 흥미가 없어서 '재일조선인과 같이하는 일을 할 수 없을까' 하는 생각에서 도쿄에 남았지요.

그래서 일본의 회사 비슷한 곳인 '일조협회[6]'라는 곳에 취직했어요. 북한과 같이 세운 곳인데요. 당시에는 우익이 대단했어요. 강하게 무력을 사용했으니까요. 당시에는 한국의 경찰도 그렇겠지만 폭력적이었어요.

저도 이전부터 일본에 조선인이 많이 있다는 것을 알고는 있었어요. 전전(戰前)에는 조선과 일본공산당이 구분되어 있었는데 1국1당주의가 되어 조선인이 운동할 수 있는 터전이 없어져 버렸지요. 금지되었다고 생각해요. 일본인이 주도하는 일본공산당이 되어 조선인들이 모두 어딘가 가버렸는데, 어딘가에서 각자 생활하고 있으니까. 어디에서 있더라도 일본인과 접촉하지 말라는 식의 말이 계속 이어져, 수십 년이나 지난 지금도 계속되게 되었지요.[7]

---

6) 북일우호를 목표로 1955년 11월 결성된 사회운동단체이다. 재일조선인이 일본공산당에 소속되어 활동했던 시대와 결별하고 조선인총연합회(이하 총련)를 결성함에 따라 일본인 측의 연대운동단체라는 점을 분명히 하면서 등장했다. 초대 이사장은 하타나카 마사하루(畑中政春)였고, 북한으로 귀국운동이 시작되자 지원했다. 1958년부터 한일회담 반대운동에 주력했다. 일본공산당과 조선노동당의 관계 악화에 따라 1972년 8월 조선대외문화연락협회와 교류 단절을 통고받았고, 이후 북한 정권과는 거리를 두고 활동하고 있다. 최근에는 북일국교정상화 운동을 전개하고 있다. 국제고려학회 일본지부·재일코리안사전편찬위원회 지음, 정희선·김인덕·신유원 번역, 『재일코리안사전』, 도서출판 선인, 2012년, 321쪽

7) 1국1당주의 적용은 1928년 7월 17일부터 9월 1일까지 열린 코민테른 제6회 대회에서 일국사회주의론에 기초한 사회파시즘론을 주장한 후 12월 코민테른 집행위원회 정치서기국이 채택한 「조선문제에 대한 코민테른 집행위원회 결의」(일명 12월 테제)에 따라 조선공산당 일본총국 등 조선공산당 조직은 1929년~1931년 해체되었다. 그러나

나중에 이야기하게 되겠지만 박경식(朴慶植)[8]씨가 조선대학교[9]에서 쫓겨났을 때에도, 쫓아낸 이유가 그 분이 낸 책『조선인 강제연행의 기록』의 내용이 김일성의 가르침을 지키지 않았다는 식의 논리였지요. 재일조선인 사회에서 '조선인 사회는 조선인 사회로서 살아갈 수 있으니까 김일성주의는 지키지 않아도 된다'거나 하는 분위기가 있지요. 그러한 분위기가 있는 책이라고 비판당한 것이지요.

노동총동맹의 합동은 이보다 앞서 프로핀테른 제4회 대회 총회(1928년 3월 27일, 모스크바)에서 처음 제기되었다. 조직문제의 부(副)보고자인 프랑스 대표(듀디리에)의 문제 제기와 일본대표(國領五一郎)의 토의 발언을 통해 일본의 노동총동맹인 재일본조선노동총동맹(조선인)과 일본노동조합평의회(일본인)의 합동문제가 대두된 후 4월 5일부터 3일간 열린 일본문제소위원회에서 양자 간 합동이 결정되었다. 그러나 프로핀테른의 방침은 일본노동조합평의회의 해산에 따라 실시되지 못하다가 1928년 12월 23일 일본노동자전국협의회(전협)가 결성되자 1929년 9월부터 재일본조선노동총동맹 해체 작업을 시작해 1930년 7월까지 해체를 완료했다. 이후 재일조선인은 독자적인 노동조합을 결성하지 못해 조선인 노동자의 권리를 행사하는데 어려움을 겪었다.「國領五一郎豫審訊問調書」,『社會主義運動』6, みすず書房, 1965年, 366~375쪽;「朝鮮人の共産主義運動」, 金正明,『朝鮮獨立運動』4, 原書房, 1967年, 947~949쪽. 상세한 내용은 정혜경,『일제시대 재일조선인 민족운동연구』(국학자료원, 2001년) 참조

8) 박경식(朴慶植. 1922~1998). 역사학자. 재일조선인사 연구의 일인자. 경북 봉화군 출생. 1929년 부모와 같이 오이타현(大分縣)으로 이주했다. 1940년 사립 슈세쓰교(習說敎)를 졸업하고 임시(代用) 교사가 되었다가 진학의 뜻을 품고 상경해 호세이(法政)대학에 다니다가 니혼(日本)대학 고등사범부로 다시 입학해 1943년 졸업했다. 재학 당시부터 1945년 3월 도쿄대공습 후까지 고등학교의 조교를 지냈다. 1945년 8월 광복 후 가족은 귀국했으나 잔류해 1945년 12월 조선건국촉진청년동맹에 들어갔다가 1946년 6월 조선인연맹으로 옮겼다. 그 해 9월 도쿄대학 문학부 사학과에 편입해 1949년 졸업 후에는 도쿄 조선중고등학교의 역사 교사를 지냈고, 1955년 이후 역사연구에 전념하기 위해 1957년 조선연구소의 전임연구원이 되었다가 1958년 조선대학교로 옮겼다. 1965년 기념비적인 저서인『조선인 강제연행의 기록』을 출간했고, 1970년 조선대학교를 떠나 근대사 연구에 매진하며 1976년 재일조선인운동사연구회를 발족했다. 주요 저서는『일본 제국주의의 조선지배』,『재일조선인운동사』,『해방 후 재일조선인운동사』등이고,『재일조선인관계자료집성』,『조선문제자료총서』등 자료집을 출간. 국제고려학회 일본지부·재일코리안사전편찬위원회,『재일코리안사전』, 174쪽

9) 조선대학교는 조선학교의 최고 교육기관인데, 일본 법률상 대학으로 인가를 받지 못해 사립학교법에 따른 각종학교에 속한다. 약칭은 조대(朝大)이다. 학교법인 도쿄조선학원이 설립했다. 1956년 2년제로 설립해 1958년에 4년제로 전환했다. 설립 당시에는 도쿄도 기타구(北區) 시모주조쵸(下十条町)에 있었던 도쿄조선중고급학교(東京朝鮮中高級学校) 부지를 사용했다가 1959년에 현재 위치(小平市)로 이전했다. 조선적(무국적) 외에 한국 국적과 일본 국적 학생도 일부 재학하고 있으나 재일본조선인총연합회(총련)와 북한으로부터 재정지원을 받고, 교육 과목 중에 조선노동당 관련이 포함되어 있다.

당시 북한에서 온 책을 보더라도 그래요. 처음에는 그렇지 않았는데요. 전후 4~5년 지나면서 한국과 한일조약 전후의 일이라고 생각하는데요. 북한의 『노동신문』이나 『근로자』 등의 잡지가 있었는데요. 북한에서 보내오는 것이지요. 당시 제가 한국어를 읽을 수 없으니까 제 입장에서는 그냥 검은 글자이지요. 그런 논문을 읽으면서 더욱 재일조선인과 같이 활동하고 싶다는 생각이 강해졌어요.

일본조선연구소에서 만난 주옥같은 인물들

그런 생각에서 일조협회에 취직하게 된 것이지요. 그 때 '일본조선연구소'라는 것도 만들어졌어요. 저는 일조협회에 들어가서 하타다 다카시(旗田巍)[10] 선생님이라던가 데라오 고로(寺尾五郎)[11] 라던가 전전(戰前)에 교수를 지낸 미야케 시카노스케(三宅鹿之助)[12]라거나 그런 유명한 분

10) 하타다 다카시(旗田巍. 1908~1994). 일본의 동양사가. 경남 마산에서 출생해 도쿄대학 문학부 동양사학과에서 조선사를 전공했다. 1940년 만철조사부 북지경제조사소 조사원으로 베이징(北京)에 가서 허베이(河北)지역 농촌의 관습 조사를 담당했다. 1948년 일본으로 돌아가 도쿄도립대학과 센슈(專修)대학 교수를 역임했다. 조선사연구회 창립에 적극 관여했고 1971~1989년간 회장을 역임했다. 주요 저서로는 『조선사』, 『원구(元寇)』, 『일본인의 조선관』, 『조선중세사회사연구』 등이 있다. 국제고려학회 일본지부·재일코리안사전편찬위원회, 『재일코리안사전』, 458~459쪽

11) 데라오 고로(寺尾五郎. 1921~1999). 역사연구자. 홋카이도 무로랑(北海道 室蘭) 출생. 1938년 와세다(早稻田)대학 문학부 철학과 사회학 전공으로 입학했다. 재학 중이던 1940년에 사회과학연구회 서클 활동으로 치안유지법 위반 용의로 특별고등경찰에 검거되었다가 그 해 12월에 불기소 처분을 받아 석방되었다. 1943년 학도지원병으로 동원되었다가 1945년 봄에 만주 치치하얼 항공부대에서 반전계몽활동을 하던 중 헌병대에 구류를 당했다. 패전 직전에 도쿄 구단(九段)의 헌병대 총사령부 유치장에 있다가 1945년 10월 도요타마(豊玉) 형무소에서 석방되었는데, 이 때 "우리를 맞아준 사람은 모두 조선인"이었다고 회고했다. 그 후 일본공산당에 입당했으나 1950년 당이 분열로 혼란할 때 한반도 정세에 대해 연구하고 가명으로 『미국 패배?』를 집필했다. 1955년 11월 일조협회 상임이사와 조직부장에 취임했다. 1961년 후지시마 우다이(藤島宇內) 등과 같이 일본조선연구소를 창립하고 전무이사에 취임했다. 1967년 중공파라는 이유로 일본공산당에서 제명되자 일본공산당 도쿄도 위원회 좌파그룹을 형성하고 활동했다. 국제고려학회 일본지부·재일코리안사전편찬위원회, 『재일코리안사전』, 121쪽

12) 미야케 시카노스케(三宅鹿之助. 1899~1982). 오사카 출신으로 대만에서 소학교와 중

들이 전후 조선 연구를 위해 오셨는데, 그런 분들을 만나서 이야기를 듣고 그랬지요.

미야케 수형기록 카드(국사편찬위원회 소장 자료https://db.history.go.kr/id/ia_2518_1947)

학교를 졸업하고 일본으로 돌아와 나고야에 있는 다이하치(第八) 고등학교를 졸업했다. 1924년 도쿄제국대학 경제학부를 졸업하고 호세이(法政)대학 경제학부 전임강사를 거쳐 1927년 경성제국대학 교수로 부임했다. 1929년 이후 독일과 프랑스, 영국, 미국 등지에서 유학했는데, 독일 체재 중 독일공산당 활동에 참가했으며 적색구원회 등에 가입해 활동했다. 구니사키 데이도(國崎定洞)가 주관한 '재독 일본인 좌익그룹'이나 베를린 거주 일본인의 '혁명 인텔리겐차 모임'에 깊이 관여하기도 하면서 가타야마 센(片山潛) 등과 함께 제2회 국제반제동맹대회에 일본대표로 참석했다. 1931년 조선으로 돌아온 후에도 지속적으로 독일의 구니사키와 교류하며 제자인 최용달(崔容達), 이강국(李康國), 박문규(朴文圭) 등과 함께 조선사회사정연구회를 만들어 활동했다. 대학의 경제연구회를 중심으로 이강국, 박문규, 최용달, 정태식(鄭泰植) 등과 함께 1930년대 서울의 혁명적 노동운동을 주도하던 주요한 두 흐름인 이재유(李載裕) 그룹과 권영태(權榮台) 조직의 주요 성원들, 형평청년전위동맹에서 활동하던 이남철(李南鐵) 등과 만나 교류했다. 1934년 4월 조선공산당 재건 경성트로이카 조직을 운영하다가 피체된 이재유가 서대문경찰서를 탈출하자 동숭동의 교수 관사에 토굴을 파고 37일간 은신시켰다. 1934년 5월 21일, 정태식이 검거되면서 피체되었다. 이재유는 미야케가 시간을 벌어준 틈을 타 도주에 성공해 활동을 이어가다가 1936년 12월 25일 창동에서 피체되었다. 미야케는 1934년 12월 27일 경성지방법원에서 징역 3년을 받고 서대문형무소에 수감 중 옥중에서 전향한 점이 참작되어 1936년 12월 25일 가출옥했다. 출옥 후 아내가 경영하던 고서점을 정리하고 1937년 1월 일본으로 돌아갔다. 김경일, 『이재유 연구』, 창작과 비평사, 1993년, 102쪽, 114~115쪽; https://www.hangyo.com/news/article.html?no=89838

일본조선연구소가 해체되었어요. 그 때까지 조선인과 교제의 중요성을 알고 있었다고 생각합니다. 조선인과 단교했다고는 하지만 일본공산당은 일본인이 일본인을 위해 어떻게 조선인과 교류를 지속해야 하는지를 생각해야 한다는 말을 미야케 시카노스케 등 선생님께 여러 차례 들었어요.

미야케 선생님은 전전에 경성제국대학 교수였지요. 그분은 조선인 공산당 활동하던 사람(이재유)을 자기 집 마루 밑에 한 달 정도 숨겨 주었다가 잡혔지요. 그래서 대단히 고생하셨어요.

그분이 경성에서 살 수 없어서 일본에 왔을 때 고탄다(五反田)에서 조선인에게 배운 적이 있었어요. 그분은 독일에 유학하고 있을 때, 훔볼트대학에 가서 공부했는데요. 그 때 러시아까지 비밀리에 가서, 거기서 공산주의자가 된 것이 아닐까 생각합니다만. 피체된 후에도 주변 사람의 일은 끝까지 발설하지 않았습니다. 그런 분이 전문가가 되셔서 연구소에 다니셨고요. 하타다 다카시 선생님은 그 나름대로 차별해서는 안 된다는 것을 실천해 오셨으니까요. 미야타 세쓰코(宮田節子)나 가지무라(梶村秀樹)[13]나 사쿠라이 히로시(桜井 浩)도 저보다 5살 정도 많았는데요. 연구소에 다니셨어요. 미야타씨 등은 한일우방협회(日韓友邦協会)[14]라는 곳에서

13) 가지무라 히데키(梶村秀樹. 1935~1989). 역사학자. 조선근대사 전공. 1949년 도쿄대학 문학부 동양사학과를 졸업하고, 1963년 도쿄대학 대학원을 거쳐 도쿄대학 동양문화연구소 조수가 되었고, 1973년부터 가나가와(神奈川)대학 경제학부 조교수와 교수를 역임했다. 『조선에서 자본주의의 형성과 전개』, 『조선사 - 그 발전』 등 저서 출간했고, 재일조선인 민족차별 철폐운동의 지도적 역할을 담당했다. 국제고려학회 일본지부·재일코리안사전편찬위원회, 『재일코리안사전』, 19쪽

14) 사단법인 중앙일한협회를 의미. 이 인터뷰자료는 이후 가쿠슈인(學習院)대학에 기탁되었는데, '우방협회·중앙일한협회문고' 녹음테이프로 알려져 있다. 가쿠슈인대학에서 간행한 『우방협회·중앙일한협회문고자료목록』(1985년)에서 목록을 확인할 수 있다. 이 인터뷰자료는 미야타 세쓰코 등이 녹취를 풀어서 2000년부터 동양문화연구 부록으로 『미공개자료 조선총독부관계자 녹음기록 - 학습원대학동양문화연구소 소장 우방협회·중앙일한협회문고』이라는 자료집으로 약 20권 정도 간행되었고, 그 가운데 1권은 국내에서 『식민통치의 허상과 실상』(혜안, 2002년)이라는 번역서로 출간되었다. 미야타 세쓰코는 『미공개자료 조선총독부관계자 녹음기록 - 학습원대학동양문화연구소 소장 우방협회·중앙일한협회문고(1)』(2000년)에서 「해제」를 통해 조선근대사료연

구 조선총독부 임원들의 인터뷰를 열심히 했지요. 저는 거기에 참가하지 않았어요. 지금이라면 오지 말라고 거절해도 가고 싶지요. 그런데 당시에는 '왜 식민자의 얘기를 듣느냐'고 생각하고 참가하지 않았어요.

하타다 선생님과 같이 『조선연구』라는 잡지에 쓴 것이 있는데, 그 말미에 작은 논문을 썼어요. 하타다 선생님이 조선인 차별에 대해 쓴 책이 있어요.

그리고 일본조선연구소에서 데라오 고로(寺尾五郎)라는 분을 알게 되었어요. 데라오 고로라는 분을 아시나요?

데라오 고로 선생님은 반전운동에 참가했는데, 학도지원병으로 만주에 갔다가 헌병대에 잡혔어요. 구단(九段)의 육군형무소가 있었는데요. 지금의 구단회관 자리입니다. 거기에 수감되어 있었는데, 공습이 있어서 후추형무소(府中刑務所)로 이전해서 정치범들과 같이 수감되어 있다가 마지막에는 미야모토 겐지[15]와 같이 있었지요. 그분도 조선 관계에서 유명한 분이지요.

그는 6.25 전쟁 중에 미국을 배격하는 활동을 했는데요. 북한에도 몇 번이나 초대를 받아 가서 『조선문화사』라는 책을, 말하자면 북한의 원조를 받아 낸 적도 있어요. 데라오씨도 세타가야에 살고 있었어요. 부인이 데라오 토시씨라고 유명한 분인데, 매우 상한 분이지요. 남편보다 20살 정도 많지요.

구회가 발족해 인터뷰를 하게 된 배경 및 과정, 녹음기록의 내용 등에 대해 상세히 언급했다. 『우방협회·중앙일한협회문고자료목록』(1985년)에 따르면 녹음기록은 릴 테이프로 338개이다.

15) 미야모토 겐지(宮本賢治, 1908~2007). 일본 정치가이자 공산주의자, 문학평론가. 일명 미야 겐지. 야마구치현(山口縣) 출신. 전전의 비합법 정당시대부터 일본공산당 활동가였고, 1958년 일본공산당 서기장에 취임해 40년간 일본공산당을 지도했다. 1977~1989년간 중의원(2선)을 했고, 일본공산당 서기장, 위원장, 의장을 역임했다.

박경식이 낸 헌책방 일을 돕기도 하고

일본조선연구소에 가서 공부하면서 별 것을 다 썼어요. 그런 일본조선연구소 체제가 데라오씨가 연구소에서 제명됨과 동시에 사토 가쓰미[16]라는 사람이 맡게 되었지요. 해체 이유는 여러 가지가 있었겠지만, 우익적 언동을 하게 되거나 해서 해체되어 버린 것이지요. 거기서 남은 사람들이 있었는데, 총련[17]의 활동가인 박경식이 있었고요. 그분은 총련에서 밀려나서 아무 관계도 아닌 분이 됐지요. 김광지(金廣志)라는 사람이 있었는데, 구 일본공산당계의 대표 같은 분이었다고 할까요. 『조선연구리포트』라는 잡지를 냈어요. 좌익의 총련에는 들어가지 않는 사람들의 그룹이 있어서 그들이 잡지를 냈어요. 박경식 선생님도 거기서 자리를 잡으신 거지요. 박 선생님은 총련에서 추방된 것이지요. 조선대학교에서도 해고당했고요.

면담자: 추방된 이유는 무엇인가요?

히구치 유이치: 마음에 들지 않아서 그렇지요. 추방당해서 참 힘든 생활이었지요. 박 선생님은 그것을 참고 지냈는데요. 그런데 생활해야

16) 사토 가쓰미(佐藤勝巳, 1929~2013). 한반도 문제에 영향력이 있었던 평론가이다. 니가타현(新潟縣) 출생 후 선원으로 일하다가 1956년에 일본공산당에 입당해 니가타에서 북한 귀국 사업에 관여했다. 일조협회 니가타지부 사무국장을 거쳐 1965년 일본조선연구소 소장을 지내면서 『조선연구』(잡지)를 발간하고 『재일조선인의 제문제』, 『조선통일에 태동』을 저술했다. 1984년 일본조선연구소를 현대코리안연구소로 개조해 잡지 『현대코리아』를 간행했다. 국제고려학회 일본지부·재일코리안사전편찬위원회, 『재일코리안사전』, 201~202쪽

17) 재일본조선인총연합회. 1955년 결성. 총련 또는 조선총련으로 약칭. 일본공산당 민족대책부 지도 아래 활동하던 재일조선통일민주전선(민전)의 노선을 '내정간섭'이라며 거부하고, '재일동포의 조선민주주의 인민공화국 정부의 주위로 결집'을 강령으로 하고 있다. 6.25전쟁 후 동아시아 정세 변화에 따라 결성했다. 1954년 8월 '재일조선인을 공화국의 해외공민'이라 규정한 북한 남일 외무장관의 성명 발표 후 1955년 3월 민전 제19회 중앙위원회에서 한덕수(韓德銖)의 연설을 계기로 5월 24일 민전의 발전적 해소 결의를 거쳐 25일 총련을 발족하고, 일본공산당과 결별을 선언하며, "공화국의 해외공민"으로서 김일성과 조선노동당의 지도 아래 새로운 출발을 선언했다. 국제고려학회 일본지부·재일코리안사전편찬위원회, 『재일코리안사전』, 349~350쪽

하니까 책방을 시작했어요.

그 무렵에 저는 다른 곳에 취직했어요. 일본조선연구소에서는 월급 같은 것은 별로 없었던 것으로 기억해요. 일본조선연구소에서는 아르바이트라고나 할까 그런 잡일을 했어요. 그 무렵에 어머니가 돌아가셨어요. 어머니가 돌아가시자 이제는 자유롭게 뭐든지 해도 될 것 같은 생각이 들었어요.

박경식의 모습(재일한인역사자료관 소장 자료http://www.j-koreans.org/index.html)

강덕상의 모습(재일한인역사자료관 소장 자료http://www.j-koreans.org/index.html)

일본조선연구소가 해체되자 모두 각자 흩어지면서 박경식 선생님 등등도 갈 곳이 없고, 저는 박 선생님의 고서점에 책 심부름을 도왔어요. 박 선생님은 무코가오카유엔(向ヶ丘遊園)역 근처에 고서점을 열었어요. 고서점 안에 다다미 4조 정도 방이 있어서 거기서 지내고 참 힘든 세월을 보냈지요. 다다미라고는 하지만 뭉개져서 잘못 앉으면 빠져 넘어질 정도로 형편없는 곳이었죠. 제가 고서점에 가기 전부터 박 선생님은 고서를 싸게 사서 늘어놓고 했어요. 그리고 『조선인 강제연행의 기록』은

조선 관계 분야에서는 상당히 베스트셀러였어요. 인세가 63만 엔이나 되었으니까요.

제가 헌책방에 갈 일이 있어서 도쿄 짐보초(新保町)의 고서점에 갔더니 마침 거기에 박 선생님하고 강덕상 선생님이 계신 거예요. 박 선생님은 낮은 선반에 있는 (저렴한) 책을 쭉 훑어보고 계시고, 강 선생님은 높은 선반에 들어서 있는 (고가의) 책을 올려다보고 있구요. 그 모습이 제일 인상적이었어요.

거기 메이지대학 앞이 언덕길인데, 박 선생님이 오차노미즈(お茶の水)역까지 언덕길을 (구입한)책을 들고 가려니 책이 무거워서요. 역까지 책을 들고 가면 늘 가던 단골 찻집이 있었어요. 박 선생님이 그곳에 책을 맡겨두면 제가 그 책을 찾으러 몇 번 간 적이 있어요. 제가 책 심부름을 했지요. 주인이 아름다운 일본 여성이었는데요. 그 찻집이 작년까지 있었는데, 지금은 모르겠네요.

박경식과 의기투합해서 출간한 동인지 『해협』과 재일조선인운동사연구회

제가 조선인 관련의 일을 하려고 해도 동료들은 있었지만, 아무도 논의할 사람이 없었어요. 그때 처음으로 가와사키(川崎)의 조선인 마을에 갔다 온 적이 있어요. 그 문제에 대해 활동하고 싶다고 말했더니, 박 선생님이 그러면 동인지(同人誌)를 만들어 보자고 했어요. 일본조선연구소에 있던 오자와 유사쿠(小澤有作)라는 사람이 있었어요. 도쿄도립대학(東京都立大學)에 오랫동안 근무했던 선생님인데, 민족교육에 대해 많이 쓰신 분이지요. 오자와[18]씨와도 사이가 좋았지요.

18) 오자와 유사쿠(小澤有作, 1932~2001). 식민지 교육 및 재일조선인 교육 관련 연구자. 도쿄대학 교육학부를 졸업한 후 도쿄대학 대학원 인문과학연구과 교육행정 박사과정을 퇴학했다. 1964년 일본조선연구소에 근무했고, 1967년에 도쿄도립대학 인문학부 조수를 거쳐 1969년 교원으로 근무했다. 도쿄도립대학 명예교수를 역임했으

구성원은 일본인이 반이고, 조선인이 반으로 그렇게 했고요. 총련 사람도 한 사람 있었어요. 이경순이라는 분인데, 나중에 『조선신보』 편집장도 한 분인데요. 20~30년 후에 총련의 자료를 우익에게 제공했다고 하여 해고당한 사람인데요. 다른 사람으로는 일본조선연구소 사무국장인데 기모토 켄스케(木元賢輔)라는 사람, 그리고 오무라 마사오(大村益夫)라는 사람. 오무라 마사오라고 아시죠?

면담자: 오무라 마사오?

히구치 유이치: 조선문학에서 유명하고 부인이 조선 사람이에요. 1년 전에 사망했는데요.

아무튼, 그때는 박경식 선생님이 총련에서 배제되었을 때이고, 데라오씨도 공산당에서 배제되었고, 데라오씨는 미야모토 겐지의 비서도 했구요. 부인도 에히메현(愛媛県)의 공산당 일을 하고, 데라오는 조직책(오르구)을 했구요. 그래서 거기서 부부가 됐지요.

이렇게 당시에 좋지 않은 일로 일이 잘 풀리지 않았던 사람과 총련에서 쫓겨난 사람들이 같이 모여서 모임을 만들고 『해협』이라는 잡지를 만들고 연구회도 했어요. (그 당시 사람은)이제 모두 사망하고, 새로운 사람이 많아졌지요.

『해협』을 만들고 나서 2년 후에, 박경식 선생님이 재일조선인의 운동사를 전문적으로 하고 싶다며 조선인연구회(재일조선인운동사연구회)를 만든다는 전단지를 엄청 배포했어요.

면담자: 삐라를 어디서 배포했어요?

히구치 유이치: 조선사연구회 회의장에서 배포했어요, 그래서 시작

며, 1974~1993년간 일본 교원노동조합 교육연구집회 공동연구자로 지냈다. 1992년 요코하마(横浜)시 재일외국인 교육연구협의회장, 1993~1994년 가나가와현 재일외국인 교육연구협의회장, 1970년 아시아·아프리카·라틴아메리카 교육연구회 발족에 관여했다. 1997년 일본식민지교육사연구회를 창설해 2000년까지 대표를 역임했다. 국제고려학회 일본지부·재일코리안사전편찬위원회, 『재일코리안사전』, 267쪽

된 첫 번째 모임에 아무도 오지 않았어요.

제1회 회합은 아무도 오지 않을 것 같았는데, 학생이 3명이 왔어요. 이순애 씨라고 다카사키 소지(高崎宗司)씨 부인하고요. 그리고 히라바야시 히사에(平林久枝)씨, 그 외에 학생 세 명이 왔어요. 재일조선인 노동운동사의 회고와 전망이야말로 재일조선인노동을 재생시킨다는 마음으로 시작했지요.

그런데 (제1회 회합) 2,3일 전이 되어도 조선사연구회의 멤버나 대학교수 아무도 참가하지 않았어요. 당시 저는 총무를 하고 있었는데, 설립 당일 하루 전인가 박 선생님으로부터 전화가 와서, "아무도 오지 않으면 안 되니까 너라도 와라"고 해서 "이 정도가 최선이고 더 이상 아무도 참가하지 않는다"고 말씀드렸죠. 정말 곤란한 것 같아서 제가 제1회 모임에 참가했어요. 그리고 오랫동안 참가하게 되었지요. (당시) 가지무라 선생님이나 야마다 선생님 등이나 연구회가 어느 정도 궤도에 오른 다음에 '연구회에 참가해도 되겠지'라고 생각하신 것 같아요. 궤도에 오르는 데 10년 정도 걸리지 않았나 생각해요.

약간 건방지게 들릴지 모르겠지만 저는 전전의 조선노총[19] 운동사라던가 운동사를 했습니다만, 재일조선인의 생활사라던가 재일조선인 연구의 폭을 넓게 해야 한다고 생각했어요. 그래서 개인적으로 협화회[20]

---

19) 1925년 2월 창립한 재일본조선노동총동맹을 의미한다. 본부와 전국에 조합을 산하 조직으로 설치했다. 창립 다음 해인 1926년말에 일본 공안 당국이 파악한 조합원은 총 9,900명이고, 산하 조직은 도쿄지역 10개, 가나가와현 1개, 야마나시(山梨)현 1개, 오사카 10개, 교토(京都) 1개, 고베(神戸) 1개, 기후(岐阜) 1개 등 전국 총 25개 조합이었다. 이후 산하 조합의 규모를 늘리며 1920년대 조선인 노동운동과 민족운동을 주도했으며 1929년 12월 기준 33,000여 명의 조합원을 거느린 조직이었다. 그러나 1928년 3~4월에 개최된 제4회 프로핀테른 대회 및 이후에 열린 일본문제소위원회 결정에 따라 1929년에 프로핀테른에 가맹한 일본의 노동 단체인 일본노동조합전국협의회의 지도부는 재일본조선노동총동맹의 간부에게 재일본조선노동총동맹을 일본노동조합전국협의회로 발전적으로 해소할 것을 지시했다. 이에 대해 재일본조선노동총동맹 내부에서는 반대 의견과 시기상조론도 있었지만, 결국 1929년 말에 해체하고 일부 조직은 일본노동조합전국협의회로 합동하는 절차를 밟았다.

20) 협화회: 1931년 만주사변을 계기로 다시 조선인 통제의 필요성이 고조되자 1934년 일

나 재일조선인 생활사 등을 연구하기 시작했는데요. 이 점은 박 선생님의 생각과 달랐어요. 연구회의 관동지회의 논문은 박 선생님이 주도했는데, 당시는 전부 노동운동사 중에서 투쟁에 관해 연구했어요. 저는 박 선생님의 마음을 잘 알고 있었으니까 훌륭한 연구라고 생각했습니다. 박 선생님이 돌아가시기 전에는 실제로 재일조선인운동에 참가했던 사람들이 연구회에 참가하기도 했었고요.

도쿄의 아리랑문고에서 연구회 오일환, 정혜경 연구위원과 함께 담소를 나누는 히구치 재일조선인운동사연구회 관동부회장 (2013년 8월 2일 촬영)

본 각의에서 「조선인 이주 내책의 건」을 결의한 후 오사카부 내외 각 경찰서 단위로 조선인의 통제와 황민화를 위한 조직을 설립하고 오사카부 내선융화사업조사회를 결성했다. 1936년 내무성은 지방 장관에게 협화 사업의 실시요지를 통달, 각 부현 경찰이 중심이 되어 내선협회, 내선협화회 등을 전국적으로 설립했다. 1939년 전국적으로 만들어진 조직들은 협화회라는 명칭으로 통일, 중앙협화회가 총괄했다. 협화회는 1939년 6월 28일 설립 총회를 개최하고 이사장으로 세키야 데이사부로(關屋貞三郎)를 선임했다. 조직 구성은 전국 각 경찰서에 지부, 지부장은 서장. 경찰의 활동 상황과 방침은 『특고월보』에 게재해 당시 조선인 통제 현황을 파악했다. 또한 조선인의 동향 감시, 도항 귀국 관리, 거주자 조사, 황민화 정책의 전파 등을 담당했다. 지도원으로는 일본인 지역 유력자, 보도원으로는 일본어를 아는 조선인 유력자가 역할을 담당했다. 모든 조선인은 의무적으로 회원가입을 해야 했고, 사진이 들어간 협화회 수첩을 발급. 수첩을 지참하지 않으면 조사를 받았고, 상황에 따라서는 조선으로 강제 송환되기도 했다. 재일조선인에게 일본어와 일본의 전통 예절과 풍습을 배우고 익히도록 하였고, 국기 게양, 신단 설치와 참배, 국민복 장려 등 황민화 사상을 주입했다. 재일조선인은 각 마을 단위로 결성된 도나리구미(隣組)에 의무적 참여, 공출과 방공 훈련, 징병, 지원병 및 전시 노동에도 동원했다. 상세한 내용은 히구치 유이치, 『협화회: 일제하 재일 조선인 통제 조직』(정혜경 외 옮김, 선인, 2012년) 참조

1935년 만주 이민을 떠난 부모님

면담자: 1시간 넘게 선생님이 중요한 흐름을 잘 잡아 주셨는데요. 이제부터는 구체적으로 질문을 드릴까 합니다. 어렸을 때 부모님이 만주로 가시게 된 이유나 배경을 들으신 적이 있으신지요.

히구치 유이치: 이민이라고 생각할 수 있는데, 당시 상황에서 보면. 쇼와(昭和)공황이 끝나지 않았을 무렵에 일이 없어서 만주에 갔어요. 어머니는 직업이 있었는지 모르지만, 대학을 졸업하고 결혼해서 가게 된 것이고요. 아버지는 릿쿄(立教)대학에서 럭비를 했는데, 일본 국내에 프로팀이 있기 어려운 시절이었으므로 일이 없었지요. 그런데 만주에 지인이 가 있었고, 또 실업자가 많이 갔었어요. 일본의 좌익 중에서도 일이 없어서 만주에 간 사람들이 많았어요. 만주에서는 만철조사부(満鉄調査部)[21]라는 곳에 유명한 좌익들이 많이 갔어요. 만철조사부에 대해 하타다씨가 말했던가, 그곳에는 일본의 좌익 중에 직업이 없는 사람들이 잔뜩 갔었다고. 우리 아버지는 그런 의식은 전혀 없었고, 럭비를 했을 뿐인데, 특별히 일자리가 있었다면, 만주에 가지 않았겠지요. 그런 분위기였다고 생각해요.

면담자: 그 때가 언제였습니까.

---

21) 1907년 남만주철도주식회사(1906년 설립) 내 조사기관으로 설립되었다. 시기에 따라 '조사부', '조사과', '조사국' 등 명칭이 달라지기도 했으나 '조사부'로 통칭했다. 만철조사부는 당시 일본 최고의 싱크탱크라고 할 정도로 다양한 분야의 인재로 구성해 운영했다. 조사원들의 적지 않은 인원이 전후 일본의 정·재계나 학계에서 활약했고, 1946년에 규슈경제조사협회를 설립하기도 했다. 만철조사부는 '조선역사지리조사', '화북자원조사', '기동(冀東)농촌실태조사', '지나(支那)항전력(抗戰力)조사', '일만지블록인플레이션조사', '화북농촌관행조사', '화중관행조사', '전시경제조사', '남방점령지조사' 등 다양한 주제로 조사를 실시하고, 조사보고서를 발간했다. 만철조사부의 방대한 자료에 대해서는 많은 연구성과가 있는데, 대표적인 연구자는 고바야시(小林英夫)이다. 그는 『満鉄「知の集団」の誕生と死』, 吉川弘文館,1996년; 『満鉄調査部の軌跡―1907-1945』, 藤原書店,2006년; 『満鉄調査部「元祖シンクタンク」の誕生と崩壊』, 平凡社新書, 2005년; 『満州と自民党』, 新潮新書, 2005년 등을 출간했다.

히구치 유이치: 1935년

면담자: 아버님이 봉천에서 교사였다고 들은 것 같습니다만.

히구치 유이치: 만주에서 중학교 선생님을 했어요.

면담자: 만주에 갈 때 이미 중학교 교사로 결정된 것인지요.

히구치 유이치: 만주까지 가서 취직하게 된 것은 도쿄에 살 수 없었으니까 만주에 가서 일을 해야 했으니까 중학교 선생님을 했다고 생각해요.

일본도서관협회에서 일하며 금병동 선생을 알게 되고

면담자: 선생님은 가나가와현(神奈川縣) 공문서관에서 일을 하셨는데요. 여러 직업 가운데에서 공문서관을 택하신 이유가 있나요. 더구나 자택에서 상당히 거리가 있는데, 가나가와현의 공문서관으로 출근하게 된 이유가 있을까요. 언제부터 가시게 되었는지에 대해서도 말씀해 주시지요.

히구치 유이치: 언제인지는 지금 정확히 기억나지는 않지만. 일본조선연구소의 아르바이트를 그만두고 갈 곳이 없었어요. 그래서 도서관에서 논문을 쓰고 있었어요. 그 때 "도서관의 사명이 민중에게 봉사하는 것이고, 민중에게 독서를 확산하는 일"이라는 글을 썼는데. 그것을 읽고 어느 대학의 선생님이 추천한 것이지요.

일본도서관협회라고 있는데요. 일본도서관협회 추천도서라고 하면 책이 팔릴 것 같으니까 출판사 사람들이 다 회원으로 가입한 곳이기도 한데요. 그 대학 선생님이 도서관에 추천해서. 여러 가지 일을 하고 있었어요. 지금 국회도서관이 만들어지기 전에 우에노(上野)에 국회도서관이 있었어요. 국립도서관인데요.

여담인데요, 그곳에 야마베 겐타로(山辺健太郎)[22]라는 분이 게타(下駄, 나막신)를 신고 오세요. 도서관 바닥이 대리석이라서 게타 소리가 복도에 울리죠. 지하의 식당에 가보면, 그분이 자주 있었어요. 그래서 '아, 저분이 야마베 선생님이구나'하고 바라봤죠.

아무튼 저는 사단법인 일본도서관협회의 직원이 되었어요. 제가 쓴 글을 읽은 선생님이 좋다고 추천해서 2년간 근무했지요. 그러니까 도서관 단체의 직원이 된 것이지요. 도쿄에 있으면서 여러 곳의 출입이 자유로왔지요. 그때 마침 조선대학교가 설립돼서 그곳 도서관의 그 당시 금병동[23]씨가 찾아와서 도서관의 도서 분류를 어떻게 하는 것인지 문의하러 왔어요. 저는 조선인과 대화를 나누는 것이 가장 큰 소원이었으니까 정중히 대접했지요. 이후 금병동씨와는 오랫동안 알고 지냈어요.

김옥균 아시나요? 독립운동가. 금병동씨가 김옥균에 대해 책을 썼습니다. 처음에는 김옥균에 대해서는 몰랐는데, 독립기념관에 김옥균 관련 조서(調書)가 있어서 조사하고 썼지요.

면담자: 원본이 있었습니까?

히구치 유이치: 원본이 있었어요. 금병동은 당시 조선대학교 도서관의 일을 하고 있었어요. 그분은 관동대지진(関東大震災) 관련 자료를 모으기도 했었는데요. 목록 카드 만드는 방법이라거나 분류 방법을 제게

22) 야마베 겐타로(山辺健太郎, 1905~1977). 일본의 역사가이자 노동운동가. 도쿄 출신. 벳푸(別府)로 이주를 해 심상소학교를 졸업하고 1918년 경성으로 이주했다가 1919년에 일본으로 귀국해서 마루젠(丸善) 오사카 지점의 견습점원으로 일한 후 오사카의 공장에서 일하며 1921년 5월 오사카에서 열린 제1회 메이데이에 참가하고, 이후 노동조합과 일본공산당 계열 단체에서 활동했다. 1929년 4월 4.16사건으로 피검되어 1930년 4월 징역 3년을 언도받고 다카마쓰(高松)형무소에 복역 후 1933년 12월 출옥해 다시 노동운동에 투신했다. 1940년 다시 치안유지법위반으로 피검되어 1942년에 도쿄 도요다마(豊多摩)형무소에 설치된 예방구금소에 유치되었는데, 전향을 거부해 일본 패전까지 보호관찰생활을 했다. 1947년에 일본공산당에 입당해 통제위원으로 활동하다가 1958년 탈당하고 저술활동에 전념했다. 주요 저서는 『코민테른의 역사』, 『일본의 한국병합』, 『일한병합소사』, 『일본통치하의 조선』, 『사회주의운동반생기』 등이다.

23) 금병동(琴秉洞, 1927~2008). 후쿠오카현 출신의 역사학자. 조선대학교 교수를 지냈다. 관동대지진 관련 자료집과 『일본인의 조선관』, 『조선인의 일본관』 등을 출간했다.

가르쳐주었지요.

일본의 분류표를 만든 모리(森) 키요시라는 사람이 있는데요, 일본도서관협회에는 매년 전국 출판사로부터 책을 납품받았는데요, 그 아저씨가 매년 납품받은 책을 선정하는 일을 했어요. 도서관에서 책을 선정하면 출판사의 책이 좀 팔렸어요. 그래서 출판사는 자율적으로 책을 납품하는데요, 그 목록을 작성해서 모리 키요시라는 분에게 검토받는 일을 했어요. 저는 사이비 사서였는데, 그래도 즐거웠지요. 그분이 보증을 해주는 것이지요. 그렇게 같이 일을 하다 보니 나중에는 사이가 좋아졌습니다. 즐거웠지요.

2023년 11월 9일 인터뷰 모습

가나가와현에서 시작한 새로운 인생 - 가나가와현 도서관

히구치 유이치: 일본도서관협회에 취직한 후 일본조선연구소에 갔는데요. 그 사이에 그 연구소가 없어졌어요. 일본과 조선이 시끄러웠던 시절에는 제가 연구소에 가 볼 수가 없었지요. 일본조선연구소는 어머니가 돌아가시고 난 다음에 갔었는데요. 어머니 입장에서는 일본조선연

구소는 정체불명의 조직이었으니까요. 돌아가시고 난 다음에 마음대로 할 수가 있었죠. 일본도서관협회에 있을 때는 어머니가 살아 계셨구요.

그리고 일본조선연구소를 그만두고 어디 취직할 만한 곳은 없을까 생각할 무렵 사서 자격증을 따라고 도서관 사람들이 알려 줬어요. 일본도서관협회 사람들이 줄곧 저를 소중히 해 주셔서 취직을 도와준 사람이 있었어요. 그때 히비야(日比谷) 도서관의 과장님이 자기 도서관으로 오라고 했어요. 중국사를 공부한 사람이었어요. 그래서 그렇게 하겠다고 했는데, 그런데 출근하기 전날 전화가 와서 "미안하다"고 "위에서 안 된다는 지시가 있었다"고 해서 못 가게 되었지요. 히비야도서관은 경시청 소관이었어요. 그 후 가나가와현의 도서관 사서가 유명한 분인데, 가나가와현으로 오라고 해서 가게 되었어요.

면담자: 그분의 이름이?

히구치 유이치: 이시이 아쓰시(石井 敦)라는 분인데요. 가나가와현 도서관 사서였는데, 나중에는 도요(東洋)대학 교수가 되었지요. 저는 설립한 지 얼마 되지 않는 교육센터라는 곳의 도서실 직원이 되었는데, 1년 정도 지나 부서를 이동하라는 말을 들었어요. 왜 이동하느냐고 물었더니, 노동조합 문제라고.

그때 교육회가 교육센터라는 곳에서 현 내의 학교 교장을 불러서 사서교육을 했어요. 교육센터는 한 달간 묵으면서 교육받는 그런 시설이지요. 교육회가 만들었는데, 멋진 곳이었지요. 새로운 시설을 만들어서 우익의 강사를 섭외해서 교장연수를 했지요. 숙소에 묵으면서 식사도 제공했어요. 어느 면에서는 시설이 호텔보다도 좋았어요. 아침, 점심, 저녁 식사도 주고. 전국에서 처음으로 큰 시설을 만들고 거기에 도서관을 설립한 겁니다. 그 도서관 자료를 정리하라고 저를 고용한 것이지요. 그곳에 배속된 사람들은 모두 보통의 현(縣) 직원들이었어요. 일단 저는 취직할 수 있다면 좋겠다는 생각에서 취직한 후 조선과 관련되어서는 절대 말하지 않고 조용히 지냈어요.

당시 도서관에 조합이 없었으니까 조합을 만들자는 이야기가 있었어요. 제가 말을 한 탓도 있지만 다른 사람들 가운데에서 찬성하는 사람도 있었지요. 그 일이 시설(교육센터)을 만든 사람의 의향에 맞지 않기 때문에 제가 인사이동하게 된 것이지요.

후쿠다 고존(福田恒存)이라는 사람이 있었어요. 일본의 우익인데, 그 사람을 불러서 강의를 부탁한 적도 있었어요.

그러던 중 제일 높은 분이 직접 저를 불러서 적임자로서 현사(縣史)편집실로 이동하지 않을지 물어보셨어요. 그 높은 분은 좌익이라고 해서 부하를 내치거나 하지 않고 돌봐줬습니다. "자네는 도쿄에서 통근하기에 멀지. 그러니까 요코하마(橫浜)의 이런 저런 곳에 사람이 필요하니까 그곳으로 가지 않겠나"고 말하더군요. 그래서 "기꺼이 가겠습니다"라고 답해, 저만 현사편찬실로 전속되게 된 것이죠.

교육센터에서 현사(縣史)편집실로

처음 2년간은 얌전히 자료 정리를 했고, 그 다음에 편집실로 배속되어 여러 선생님들의 신세를 졌습니다. 저로서는 대학원 같은 곳이었어요. 예를 들면, 고대사를 하는 사람인데, 도쿄대학의 자료편찬소의 소장을 한 분이 있는데, 도쿄대학의 선생 중 도쿄대학에서 가까운 우에노(上野)고등학교에서 야간부 교사를 하는 분인데, 도쿄대학 자료편찬소의 조수를 했어요. 도쿄대학의 조수라는 것은 대단한 자리입니다. 포스트(정직 자리)가 없어서 언제까지 조수를 했는지 모르겠지만.

그 보다 더 유명한 사람도 있었어요. 아무튼 그 사람과 같이 조사하러 간 적이 있는데요. 그 사람이 우에노 고등학교에 조선인 학생이 있는데, 대단한 수재였는데, 학생에게 마르크스주의란 무엇인가 등을 가르쳐 주었다고 해요. 그런데 그 후 4,5년 지나서 그 학생이 자살한 모양이예요. 운동이 막다른 길에 가로막혀서요. 그분이 글을 쓸 때 실증적인 것만 쓴다고, 자료에 근거하여 쓰지 않으면 안 된다고 그런 말을 하면서 시종 이를 실천한 분이예요. 지금도 생존해 계실 것 같아서 이런저런 말을 할 수 없지만, 그런 선생님들을 만났어요. 다들 매우 대단했고요. 혹시 긴바라씨라고 아시나요?

면담자: 긴바라씨요?

히구치 유이치: 긴바라 사몬(金原左門)씨. 다이쇼 데모크라시 전문으로 『역사학연구』에도 논문을 실었어요. 저와 함께 20년 정도 현사(縣史)의 근대 사료편을 작업한 적이 있는데요. 뭐든 부탁을 잘 들어주셨지요. 관동대지진이 있었을 때 현의 특고경찰과장을 했던 사람을 알고 계셔서 한번 만나서 이야기 좀 물어봐 줄 수 없냐고 했죠. 자경단 이야기는 특히 중요하니까 한번 물어봐 달라고 했죠. 그분이 두 번이나 다녀와 줬어요.

그밖에 근세사를 가르쳐 주신 선생님도 계셨구요. 근세 문서를 전부 가르쳐 주신 선생님이 계셨어요. 그 외에 사가미하라(相模原)를 여러분께 안내하러 갔을 때 거기 근세사를 담당했던 사람이 있는데, 그 사람이 육군조병창에 학도동원을 당했다고 했어요.[24] 여러분이 조병창에 관심이 있는 줄 알았으면 조금 더 자세하게 들었으면 좋았을텐데, 유감스럽게도 사망했어요.

일본사 연구자 가운데에서도 가르침을 주신 분들이 있었습니다. 경

24) 2023년 여름, 조선인 강제동원 연구의 일환으로 일본 육군조병창을 조사하기 위해 사가미하라 시립박물관을 방문했던 적이 있었는데, 사가미하라시 역사편찬위원회 위원장을 역임했던 적이 있던 히구치 유이치 선생님이 일제강제동원&평화연구회 회원들을 직접 안내한 바 있다. 한편, 이와 같은 인연으로 2019년 도쿄에서 열린 재일조선인 운동사(관동부회, 관서부회)와 한일민족문제학회의 합동세미나가 현지답사를 사가미하라에서 실시한 적이 있다. 이 합동세미나는 2003년부터 격년마다 지역을 순회하며 열리는데, 2019년 세미나는 관동부회 주관으로 관동부회장인 히구치 선생님이 사가미하라지역의 조선인 강제동원문제와 답사를 준비했다. (인터뷰내 사진 참조)

제학으로 말하면, 니와 구니오(丹羽邦男. 농업사학자. 1928~1994)씨라거나 그런 분들이 많았지요. 여러 선생님으로부터 배웠고, 또 얼마나 좋지 않은 교수가 많은지도 알게 되었어요. 명문대 선생님 중 자기 아내에게 자기 책을 원고지에 필사하도록 해서 그걸 자기가 썼다고 제출하고 원고료를 받아 간 사람도 있었어요.

가나가와현 공문서관 설립을 위해

히구치 유이치: 당시 제 소속이 현민부였는데요. 20년간 지역사 편찬을 마치고, 공문서관을 만들고 싶다고 생각했어요. 자료를 모았으니까요. 그래서 지사실로 "공문서관을 만들어 달라"고 요청하러 갔어요. 다른 선생님들도 함께 모시고 갔지요.

그랬더니 부장님이 "너는 직원이 말이야. 다른 선생님들 데리고 여기서 뭐 하는 짓이냐"며 격노하셨어요. 부장님은 제 직속상관이자 한참 윗분이신데, 제가 선생님들 모시고 지사에게 공문서관 만들어달라고 청원하고 다니니까 화를 낸 것이죠. 화는 냈지만 무슨 처벌같은 것은 없었어요. 전근 조치도 없었고요.

제가 20년이나 다닌 것은, 어느 선생님과 관련이 있어요. 혹시 그 선생님 아시나요? 다케우치 리조(竹内理三)라고 생활사 선생님인데, 일본에서 가장 유명한 분입니다. 당시 박물관에서 그 선생님 제자를 아르바이트로 고용하고 있었어요. 선생님 대신으로 여러 명의 제자를 고용하고 있었는데. 우리 현 직원이 "내일부터 나오지 말라"고 갑자기 해고한 일도 있었어요.

그 때 해고당한 사람 중에 나중에 유명해 진 분도 있어요. 국립 나라(奈良)박물관 관장으로 오랫동안 근무했던 분도 계셨어요. 그 당시 아르바이트로 다녔던 분이셨죠. 아무튼 그런 선생님들과 전공, 시대와 상관없이 친하게 지내고 있었습니다.

그중에서 저를 잘 돌봐준 사람은 오쿠보 도시미치(大久保利通)[25]의 손자로 오쿠보 도시카네(大久保利兼), 보통 리켄씨라고 했는데요. 그분에게 제가 국회도서관 헌정자료실에 있는 자료를 읽는 방법을 배웠어요. 조선총독부 임원의 자료인데 "선생님 이거 읽을 수 없는데요" 하면 금방 읽어주시고, 그런 의미에서 헌정자료실에서 많은 신세를 졌습니다. 그렇게 공부했습니다. 그런 의미에서는 현사편찬실에 큰 도움이 되었어요. 대학교수가 이런 존재구나 하는 것도 공부했습니다.

저는 현사편찬실장 일을 하면서 현내의 시정촌지(市町村誌)를 편찬하는데 집필진을 소개하는 일도 했습니다. 시정촌에서 상담이 오면 선생님을 추천해 드리거든요. 편찬에 참가할 만한 사람이 없어서 제게도 부탁이 와서 지금도 지방사 편찬을 하고 있습니다.

전전에도 현재에도 감시 체제 아래에서 생활해야 하는 재일조선인 사회

면담자: 선생님은 1980년대 중반부터 많은 저서를 내기 시작했는데요. 그 가운데에서도 『협화회 연구』나 『황군병사가 된 조선인』 등을 출간하기 시작했지요. 특히 『협화회 연구』는 최초로 재일조선인 통제조직이자 경찰조직이라는 점을 밝힌 책이지요. 특별히 '협화회'라는 조직에 주목하게 된 계기가 있었습니까?

히구치 유이치: 박경식 선생님은 권력에 대항한 운동과 차별을 중심

25) 오쿠보 도시미치(1830~1878)는 옛 사쓰마번사(薩摩藩士)로 메이지 유신의 원훈(元勲)이자 사이고 다카모리(西郷隆盛), 기도 다카요시(木戸孝允)와 함께 '유신의 3걸'로 알려진 일본의 정치가이다. 초대 내무경(内務卿)을 맡아 일본의 내각제 발족 이전에 일본국 정부(太政官)의 사실상 실질적인 최초 내각총리대신이었다. 1877년 세이난(西南)전쟁이 일어났을 때, 스스로 총재가 되어 교토에서 정부군을 지휘했다. 1878년 마차를 타고 황거로 가던 중 치요다구(千代田区) 기오이쵸(紀尾井町)에서 6명의 불평사족에 의해 살해되었다.

으로 연구하셨지요. 저는 일본인으로서 '왜 이렇게 나쁜 짓을 하게 되었는가. 왜 식민지배를 한 것인가' 하는, 소위 '국가권력이 조선인에게 무슨 짓을 했는가' 하는 문제에 관심을 가졌어요. 그런데 이런 문제를 연구하는 일본인은 거의 없었어요. 그래서 역시 일본인으로서 이러한 연구를 해야겠다고 생각했어요.

그런데 제가 가장 관심을 가진 것은 경찰입니다. 경찰은 당시에 모든 일에 관여했는데요. 전후에 있었던 일입니다만. 어느 재일조선인이 대학에 입학하면, 방금 시골에서 도시로 온 사람인데, 입학하자마자 하숙집이나 숙소에 경찰이 오고, 대학에도 가서 조사하고, 고향의 친척까지 모두 조사하고 가지요. 재일조선인은 모두 자유롭게 생활하고 있다고 생각했겠지만 절대로 그럴 수 없었다고 저는 생각했어요.

면담자: 전후의 일이지요?

히구치 유이치: 현재의 일입니다. 저는 결코 재일조선인들이 자유롭게 사는 것이 아니라고 생각해요. 지금도 경찰의 관리 아래에 있지요. 이전처럼 그렇게 노골적으로 하지는 않지만, 외사과(外事課)라는 것이 있어서 외사 제2과의 형사가 있어요. 제가 아는 한, 서너 번 정도 비밀리에 현사편찬실에 와서 조사하지요. 저는 일본인이니까 공무원이 될 때 전력(前歷)을 감추고 취직한 것입니다. 제가 근무했던 정사에는 현경본부(県警本部)도 있었어요. 지금은 달라졌지만요. 양복 정장을 입고 체격도 좋은 두 사람이 한 7~8년 정도 왔었어요.

제가 최초로 쓴 논문이 총련 소속 조선신보사에 있었던 건설통신(建設通信)이라는 책을 읽고 쓴 것인데요, 북한의 통신사였으니까요. 그걸 보러 다녔던 것을 도쿄도의 어느 우수한 경찰관이 조사해서 알고 있었던 거예요.

그 가나가와현 경찰서에서는 제가 취직했을 때, 몰랐던 듯 해요. 그러다가 제 전력을 조사하면서 알고서 경찰관 2명이 왔어요. 이러저러한 것을 말 한 사람이 있을지도 모르겠지만요. 그래서 제가 그 경찰 두 사람의 모습을 본 것입니다.

그래서 조선인이 언제나 경찰의 감시 아래 놓여 있었고, 지금도 그렇다는 것을 이상하게 여기고 경찰 관계를 연구하기 시작한 것입니다.

조선인 군인·군속의 실태를 찾아

면담자: 그렇군요. 그런데 선생님, 특히 강제동원 가운데에서 징용보다 징병이나 군인동원에 먼저 관심을 갖게 되신 이유가 있을지요.

히구치 유이치: 하나는 역시 직접적인 것인데요. 조선인은 징병 후 사망자가 가장 많은 것이 아닌가 하는 생각 때문입니다. 물론 탄광에서 강제동원된 노무자 사망자도 있지만 군인 군속 사망자가 많다고 생각했어요. 신문기사에 사이판섬에서 1,500명의 조선인 군속이 전사했다는 기사가 있었어요. 그 인원이 사실이라 생각하고, 그렇다면 그 외 조선인 희생자에 대해 궁금하게 여긴 것이지요.

면담자: 선생님이 보신 신문은 전전의 신문인가요?

히구치 유이치: 당시의 신문입니다. 또 하나는 이전에 징병을 공부할 때 아직 군인 경험자가 살아계셨어요. 높은 계급을 가진 분이셨는데요. 세종문화회관 부근에 군인 동창회 같은 그런 것이 있어서 인터뷰하러 간 적이 있어요. 한국군의 대장이 된 사람이었어요. 저는 하룻강아지 범 무서운 줄 모르고 그분을 만나러 찾아갔어요. 그분은 '징병생활은 어땠는지, 징병에 왜 응했는지' 등에 대한 내 질문에는 한마디도 답변하지 않고 자신이 인도네시아에서 어떻게 싸웠는가 하는 전공(戰功), 공적만을 이야기했어요.

면담자: 한국인이었나요?

히구치 유이치: 한국인으로 훌륭한 분이었는데요. 제가 일부러 인터

뷰하기 위해 한국에 왔었어요. 한국인 대장이 있다고 해서요. 그분은 재향군인회의 탑 클라스였다고 생각해요. 그래서 “저는 일본인인데, 징병당한 분들에 대해 조사하고 싶은데, 이야기를 들려달라”고 했더니 허락해 주어서 군인회관 비슷한 곳에서 만났지요. 세종문화회관 위에 엘리베이터를 타고 가서요. 20년 전의 노트를 살펴보면 잘 알 수 있을 텐데, 그 노트를 찾을 수 없네요.

그 인터뷰는 그렇게 자신이 일본군에서 어떻게 싸웠는가 하는 자기 자랑만 하다가 마쳤는데, 당시 희생자가 얼마나 있었는가, 어디의 누가 군인으로 있었는가 하는 이야기는 듣지 못했어요. 그래서 책의 본문에 인터뷰 내용을 담지 않았어요.

면담자: 인터뷰한 분은 누구였습니까. 기억하고 계신가요?

히구치 유이치: 아니요. 인도네시아에서 전투한 그런 분인데, 지원병이었어요. 인도네시아에는 지원병이 많았어요. 거의 지원병. 1938년에 최초의 지원병이 있었지요. 그러니까 1938~1940년인지 정확히 알 수 없지만 지원병이 간 곳은 인도네시아였지요. 그때 조선인의 주력이 된 것은 그들입니다.

면담자: 그러면, 선생님이 듣고 싶었던 이야기는 왜 일본이 조선인을 징병했는지를 그분에게, 그분의 입으로 듣고 싶었지만 자기 자랑만 해서 듣지 못하고 돌아오신 거네요. 그래서 선생님 스스로가 징병에 대해 조사를 시작하신 것인가요.

히구치 유이치: 아니요. 거기까지는 생각하지 않았어요. 저는 그분에게 같은 동료의 조선인이니까 이야기를 들을 수 있지 않을까 생각한 것이지요. 같이 있었던 사람들의 일이라거나, 사망한 조선인 이야기라거나. 인도네시아에서 전사한 조선인이 많았습니다. 그런 이야기를 조선인과 같이 있었으니까 알고 있을 것이므로 들어보려고 한 것이지요.

인도네시아에서 그런 일이 있었는데도 그분이 이야기하지 못했던 것은 아마 그런 이야기를 하는 것이 한국 내에서는 어렵지 않았나 그렇게 생각해요. 일본군 병사였다는 것이 알려지면 불리하다는 식으로 생각했다고 여겼어요. 그분 입장에서는 가능하면 이야기하고 싶지 않았으니까 자기 자랑으로 끝난 것이 아닌가 그렇게 생각합니다.

그 외에 일본군 대좌(대령)를 지낸 사람을 찾은 적이 있어요. 한국 육군의 시설이 여러 군데 있잖아요? 그 가운데 하나의 부대가 있던 곳에 가서 이야기를 들으러 갔는데요. 그분도 지금은 잘 생각나지 않은데요. 그분 이야기의 중심은 학도병의 반란 이야기였다고 생각합니다.

면담자: 그러면 먼저 선생님이 징병에서 강제동원을 연구하기 시작한 것은, 이전에 보셨던 신문기사에서 1,500명이 희생자였다는 것이 계기가 되었네요. 가장 희생이 큰 일본의 군인이나 군속이 된 사람을 알고 조사하고 싶어서 시작했다고 이해해도 되나요?

히구치 유이치: 계기가 된 것은 다양했다고 생각해요. 그 정도에서 결심했던 것은 아니고요. 처음 이 책을 출판하기 전에 재일조선인의 징병에 대해 쓰고 있었어요. 『황군병사가 된 조선인』입니다. 제목이 별로 마음에 들지 않았는데요. 사회평론사의 마쓰다(松田)씨가 그것이 좋다고 해서 제목을 그렇게 했어요. 저는 재일조선인사의 흐름으로서 조선인 징병을 생각하려 했어요. 그랬더니 그 전 재일조선인에 대해서는 해군 군인에 대해서만 쓰고 있다는 비판이 있었어요. 관서지역의 최(崔) 뭐라고 하는 재일 조선인인데, 히다 유이치(飛田雄一) 씨 등과 함께 무슨 무슨 문고를 창설한 사람인데 유명한 사람이지요.

면담자: 무궁화회?

히구치 유이치: 네. 맞아요. 그런 비판문을 쓰셨기에 재일조선인만을 취급하면 불충분하다고 판단하여 그러면 조선에서는 어떻게 했는가를 연구해서 쓴 것이지요. 제 연구의 첫 번째가 '황군병사가 된 재일조선인'이었는데, 그것만 가지고는 안 되지요.

사쿠라모토 함대(桜本艦隊). 조선인의 징병에 대해 쓴 것은 가와사키(川崎)의 징병 문제가 계기였어요. 사쿠라모토 함대[26]라는 것이 있었어요. 그 사쿠라모토함대에 있었던 사람이 대량으로 전사했던 사이판에 군속으로 갔었던 거예요. 그 사람이 사이판에서 전사하지 않고 하와이의 포로수용소에 수용되었어요. 그 하와이 포로수용소에서 갖고 있었던 자료를 소장하고 있었던 것입니다. 그래서 그것을 본 기억도 있는데요. 내가 갔을 때는 부인이 생존해 있었어요. 그때 남편은 사망한 상태였어요. 그 사람의 집은 아직 있습니다. 아들들은 그런 이야기를 듣고 별다른 이야기를 하지 않았어요. 포로수용소의 명부를 발견해서.

면담자: 국가기록원에 명부가 있습니다.

히구치 유이치: 그건지 어떤지는 모르겠지만. 가나가와(神奈川)신문 기자가 쓴 그 사람의 증언이 있어서 그것을 읽었지요. 가와사키에서 재일조선인은 토목노동자니까요. 본인도 썼지만. 보통 해군에는 새로운 기지가 생기면 기지 건설을 해야 하지요. 그것을 위해서 재일조선인 토목 경험자를 전국에서 모았어요. 해군기지에 몇백 명, 몇천 명이 있었어요.

면담자: 설영대[27] 같은 거네요.

히구치 유이치: 공병대가 없으니까 급하게 재일조선인을 모아서 데리고 온 겁니다. 그 가운데 한 사람이 가와사키에 살았던 거지요. 재일

---

26) 가나가와현(神奈川縣) 가와사키시(川崎市) 사쿠라모토에는 패전 후 토목건설업 등에 종사했던 조선인들이 모여 살며 조선인 마을을 형성하였는데, 항구에 입항하는 선박에서 나오는 폐품이나 인근 철강회사에서 배출되는 폐철 등을 수집하는 일로 생계를 꾸렸다. 이들을 가리켜 일명 사쿠라모토 함대라고 불렀다. 선생님은 사쿠라모토 함대를 가나가와신문 기자의 연재를 읽고 알게되었다고 한다.

27) 설영대는 남방파견해군설영대의 약칭이다. 태평양전쟁기 활주로 건설로 대표되는 비행기지 축성을 중심으로 다양한 군사시설 건설을 담당했던 일종의 건축부대, 해군건축부대의 상징으로 인식되는 존재이다. 일본은 1941년 12월 7일 진주만 공습 직전부터 일본 패전까지 약 237개의 설영부대를 편성했다. 심재욱은『구일본해군조선인군속 관련자료(2009)』분석을 통해 조선인은 약 41개 설영대에 약 4천 6백 명의 군속을 투입했다고 파악했다. 그 외 군인도 17개 설영대에 약 4천여 명을 투입했다. 상세한 내용은 심재욱,「태평양전쟁기 일본 특설해군설영대의 조선인 군속 동원」(『한국민족운동사연구』106, 2021년) 참조

조선인사에서 중요하다고 생각했고, 재일조선인 징병에 대한 연구가 없었으니까 제가 연구를 하게 된 하나의 요인이 아니었나 생각합니다.

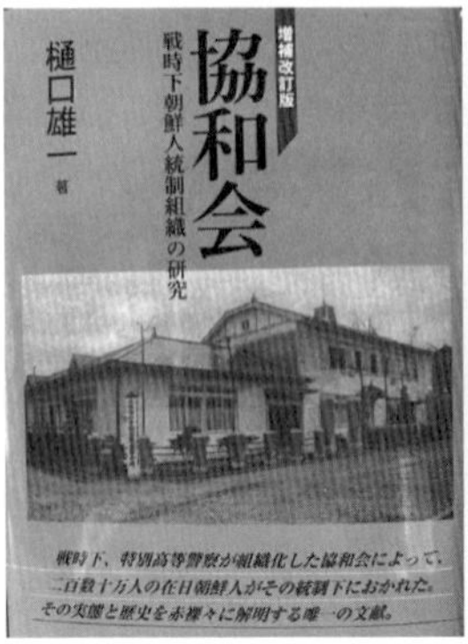

2023년에 출간한 개정 증보판

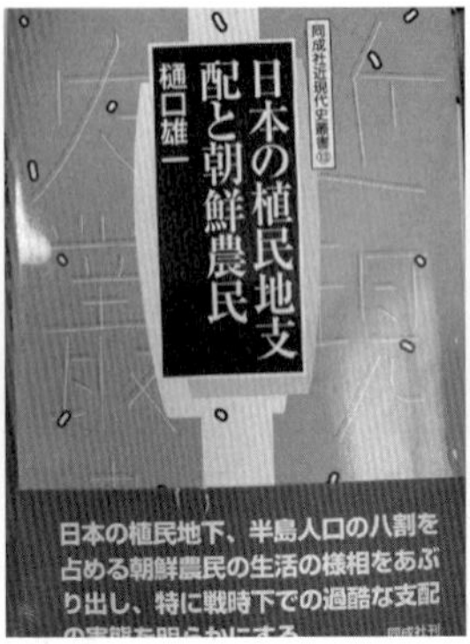

조선농민에 대한 지속적인 연구성과(2010)

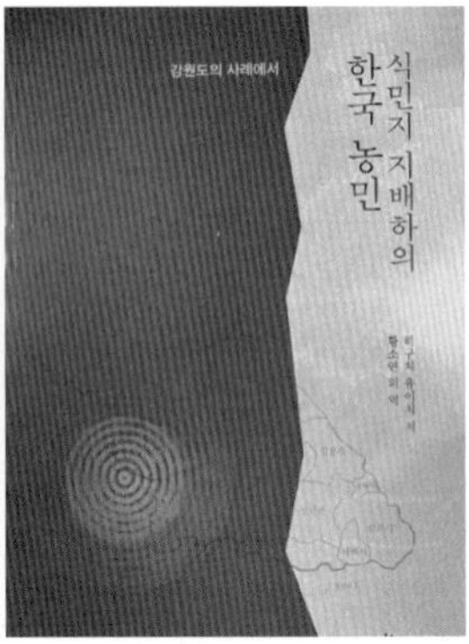

2020년 출간된 강원도 사례연구 번역서

여전히 밝혀지지 않은 일본의 조선 식민지배의 실태

면담자: 선생님이 내신 협화회 연구서는 최근에 다시 개정판을 내셨고, 저희에게도 책을 주셨는데요. 『조선 민중과 징병』의 개정판을 내실 예정은 없으신가요. 만약 개정판을 내신다면 추가하실 부분은 어떤 내용일지요?

히구치 유이치: 당연히 개정판을 내고 싶지요. 그런데 지금은 집필 중인 원고가 있어서요. 일본이 국가로서 전쟁범죄를 저질렀는데 마지막 1년간은 농민 수탈이 가장 가혹했고, 조선인 징용도 1944년에는 33만 명으로 가장 심했으며 인원수도 많았고 일본 국내의 재일조선인 처분도 심했어요. 그런데 여전히 일본사 연구에서 그 실태 연구가 없고, 조선사 연구자는 거의 없어요.

지난번에 제가 이야기한 아베 노부유키(阿部信行) 총독[28]이 가나자와(金沢) 출신인데, 존재에 대해 아무도 모릅니다. 가나자와 사람들도 아베 노부유키가 누구냐 하는 식이예요. 너희들 고향에서 조선 총독이 배출됐다고 하면 정말 그런가 하는 식이예요. 조선사연구회가 편집한 『조선사연구입문』이라는 책이 있지요. 그곳에 단 한 줄도 아베의 이름이 실려 있지 않아요. 아베가 조선인에게 가장 가혹한 짓을 했던 시기의 역사에 대해 일본인들은 아무것도 모릅니다.

가령 조선에서 일본으로 1백만 명 동원이라고 한다면, 1백만 명에 대해서도 50만 명으로 주장하는 사람도 있을지 모르지만. 아무튼 그런 게 가능할 정도로 매우 심각한 상황에서 그러한 체제를 유지하기 위해 총독부는 내부에서 무엇을 하고 있었는가를 일본인이 인식하는 것이 필요합니다. 식민지배라는 문제를 생각할 때, 결국에는 조선인을 연구해야 한다고 생각합니다.

특히 저는 이전부터 전시하 조선인 사회가 가혹했다는 점과 함께 패전 1년 전에는 조선인들이 일본인의 지배를 무시하고 있지 않았나 생각합니다. 당시에는 라디오가 보급되었는데요. 라디오도 조작하면, 단파방송을 들을 수 있었어요. 그래서 단파방송을 들은 사람이 많이 있지요. 강원도의 사례를 말씀드리면, 일본 패전과 동시에 강원도 도립병원의 의사가 8월 15일에 자기 방에 와봤더니 자기 책상이 사라지고, 그동안 조수를 했던 소아과 의사가 “오늘부터 이 자리는 제 자리”라는 식

28) 아베 노부유키(1875~1953): 일본 육군 군인, 정치가. 육군사관학교와 육군대학교를 졸업하고 육군대장으로 예편한 후 내각총리대신, 외무대신(겸직), 익찬정치회 총재, 귀족원 의원을 거쳐 1944년에 조선 총독에 부임해 패전을 맞았다. 1945년 9월 9일 조선총독으로서 항복조인식에 출석한 후 9월 12일 해임되어 9월 19일 일본에 귀국한 후 A급전범 용의자로 체포되었으나 도쿄재판(극동국제군사재판) 개정 직전에 갑자기 기소예정자 명단에서 제외되어 수수께끼로 남았다. 이후 공직 추방자가 되었으나 1952년 해제되었다. 秦郁彦, 「阿部編隊帰投せず―ニコバル沖の体当り」, 『第二次大戦航空史話(中)』, 中央公論社 中公文庫, 1996年, 273쪽; 上田正昭·津田秀夫·永原慶二·藤井松一·藤原彰, 『コンサイス日本人名辞典(第5版)』株式会社 三省堂, 2009年, 48쪽

으로 말했다는 일도 있는데요. 다른 사례도 인용했지만요. 8월 15일 이전에 패전이라는 것이 농후해졌고, 이미 조선 민중들은 일본 패전 이전에 태극기를 준비해서 8월 15일부터 흔들었지요. 어떻게 8월 15일에 맞춰서 태극기를 흔들 수 있었을까요? 벌써 준비가 돼 있었던 거지요. 조선인 사회에 큰 변화가 벌써 일어나고 있었다고 생각해요. 그것을 폭력으로 진압하면 희생자가 나오니까 하지 못했다고 추정하는데요. 아직 일본의 군대는 무기를 갖고 있었으니까요.

큰 희생 없이 태극기를 확보할 수 있었던 것은 민중의 힘입니다. 모두 해방을 지도한 한국의 지도자만 평가받고 있지만. 보통의 민중들이 변화했던 것도 가장 중요한 것입니다. 그래서 지속적으로 이 점에 대해 생각하면서 연구해야 한다고 생각합니다. 저는 이제 명(命)이 얼마 남지 않았으니까.

일제강제동원&평화연구회의 역할과 과제는

면담자: 선생님이 말씀하신 연구 방향은 우리의 과제라고 생각하고 있습니다. 우리가 지금 활동하고 있는 것이 일제강제동원&평화연구회인데요. 한국에서 재일조선인운동사연구회와 한일민족문제학회가 합동 연구회를 열었던 해에 연구회의 창립회가 있어서 선생님을 포함한 여러 선생님들이 오셨습니다만. 이제 연구회가 12년이 되었습니다.

그 사이에 여러 책을 냈는데, 그간 연구회 활동에 대한 선생님의 평가를 듣고 싶습니다. 질문은 두 가지입니다만. 첫 번째 질문은 우리의 활동에 관해서 선생님은 어떻게 생각하시는지 평가나 감상을, 두 번째 질문은 향후 연구회가 어떤 방향으로 나아가면 좋을지 하는 것입니다.

히구치 유이치: 저는 노인이고, 내용도 잘 몰라서 어떤 평가를 내릴 수는 없지요. 그리고 그것은 간단히 이야기할 수 없는 어려운 문제입니

다. 그러나 정말 진지하게 생각하는 것은, 여러분들은 강제동원 연구뿐만 아니라 일본사 연구로서도 최대의 보물을 만들었다는 것입니다.

한국의 정부 조사기관, 강제동원위원회

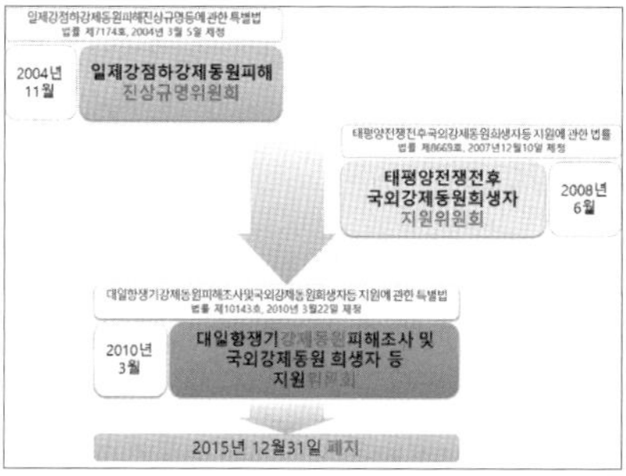

위원회의 변천

위원회 피해조사기록

면담자: 한국의 정부 기관인 강제동원위원회가 있어서 강제동원에 대해 조사나 진상규명 등 활동을 했습니다만 위원회의 의미나 평가, 또는 감상을 들려주시면 고맙겠습니다.

히구치 유이치: 일본인 측 입장에서 말한다면 매우 귀중한 활동이었다고 생각합니다. 누가 뭐라든 저는 그런 평가를 내릴 수 있는데요.

위원회도 많은 성과를 냈는데요. 이것을 어떻게 훌륭하게 보급할 것인지, 구술을 어떻게 활용할 것인가 그것이 가장 큰 과제라고 생각합니다. 일부러 구술해주신 분들의 발언 내용을 어떻게 현대사회에 반영할 것인가.

여기에서 일본인들이 뭘 배울 것인지는 번역서(구술기록집)도 많이 있으니까 읽고서 토론도 해야겠지요. 그런데 현재 이용하기 어려운 책이기도 해요. 알기 쉬운 대화체로 책이 되어 있는데 이를 정리해서 있었던 사실을 이론화시킬 필요가 있어요. 한국인 입장에서 그리고 일본인 입장에서 무엇을 말할 수 있는지, 정리하는 작업은 여러분이 아니면 안 됩니다. 당시 조사했던 담당자와 함께 총력을 다해 강제동원에 대한 한국인의 인식은 어떤지, 향후 한국 사회에 던지는 문제는 무엇인지 등에 대해 다시 한번 새롭게 각자가 총정리하는 것이 필요합니다. 현재는 체험자 구술들이 서로 따로따로 되어 있는데요, 이를 방향을 잡아 하나로 정리해서 강제동원이 민중들에게 어떻게 행해졌는지 민중들은 어떻게 느꼈는지, 현재의 생각은 어떤지 등을 정리하는 작업이 필요합니다.

물론 일본인이 말씀드릴 자격은 없습니다만. 사실 그런 일(위원회가 한 일)은 일본인이 했어야 하는 일이었다고 생각합니다. 그런 의미에서 일본인은 커다란 자극을 받아야 한다고 생각합니다. 그런데 그렇게 자극을 받을 정도로 지금의 일본 사회는 조선 인식이 사라져서, 과거사에 대해서는 언급하지 말라는 것이 일반적인 상식이 되고 있습니다. 이와 같은 상황에서 벗어나지 않으면 새로운 일본은 없다고 제언하고 싶습니다.

어려운 문제이지요. 그것은 여러분이 하는 수밖에 없으니까요. 특히 한국인의 감정을 이해해야 하니까 여러분이 해야 한다고 생각합니다.

열화(劣化)상태에 빠진 일본 시민운동

일본인은 가볍게 반성하거나 하는데요. 필요한 것은 일본인들이 식민지 사회에 대한 인식을 어떻게 새롭게 할 것인지이며, 그것이 일본인의 과제라고 봅니다. 어떻게 이해할 것인가를 간단하게 반성하는 것은 가능하지만 더 필요한 것은 식민지 사회를 어떻게 운영했는가 하는 인식을 새롭게 하는 것이 일본인의 과제입니다. 물론 한국인과 일본인의 과제가 있으니 통일된 형태로 실현한다면 좋은데, 이는 좀 더 서로 이야기를 나눠보지 않으면 안 된다고 생각합니다. 그래서 몇 편이던 글을 선택해서 그 글을 같이 읽고서 '그럼 지금 무엇이 필요한가' 라든가 하는 점을 서로 이야기하지 않으면 안됩니다.

지금은 다들 제각기 책을 읽고 서로 다른 감상을 늘어놓고 있으니까요. 구술 속에서 무슨 말을 하려고 하는지 모르는 부분도 있잖아요. 보통 일본의 독자들이라면 말입니다. 그러니까 일본인으로서 좀 더 알기 쉽게 자세히 적어야 할 것입니다. 그런데 그렇게 할 수 있을 정도의 지식을 갖고 있는 강제노동의 연구자는 그다지 없어서요. 그래서 마치 크리스천이 회개하는 마음으로 하고 있어요.

일본인들이 어떤 식으로 생각해야 한다는 것에 대해서는 일본인 중에서도 동요가 확산되고 있습니다. 평가는 별개로 하더라도 이러한 운동에 대해서는 다시 한번 생각할 필요가 있지 않은가 하는 의견도 있습니다. 일본인으로서 어떻게 생각할 것인가 하는 것을 같이 제기하지 않으면 안 되니까요.

그런 의미에서 일부이지만 일본의 운동은 정답을 끼워맞추고 있다는 식으로 느끼는 것입니다. 법정의 말로 하면 완전히 누락되어 있다거나 하는 것이 있는데요. 그것을 넘어설 정도의 구술 활용 방안이 필요하겠지요. 일본인의 대응을 비판하는 것이야말로……, 한국의 위원회에서 이렇게까지 구술집을 발간해서 일본에 무료로 배포했는데 이에 대해 일본인들은 도대체 어떻게 생각하느냐 좀 더 강하게 지적하는 편이 좋지 않을까 생각합니다. 그것은 사탕발림처럼 부드럽게 추궁하는 것이 아니라 대단히 매섭게 표현해도 좋지 않을까 생각해요. 물론 토론하기 쉽도록 방법을 고민해야겠지만, 그것은 앞의 두 분(정혜경, 허광무) 같은 사람이 많이 있어야 할 것입니다. 한 때 위원회에는 40명이 넘는 조사원이 있었는데, 지금은 각자 다른 일들을 하고 있지요? 다시 한번 그들을 불러 모아서 '그동안 우리들이 해왔던 것들을 한국 사회에서 어떻게 결실을 맺게 해야 하는지' 고민하면 좋겠어요.

물론 일본인들은 일본인으로서 그 조사를 유용하게 활용하기 위해서는 어떡해야 할지를 생각해야겠지요. 이 점은 우리 일본 사회가 생각해야 할 과제입니다. 일본의 운동은 막다른 길에 접어들어 열화(劣化)상태에 빠져있습니다. 단순하게 사도광산에서 이런 일이 있었고 비참한 역사가 있었다고 고백한들 움직이지 않습니다. 따라서 이를 고발함과 동시에 그 사람들(조선인 광부)이 어떻게 살아왔는지에 대한 것까지도 포함하여 다시 한번 근대사를 돌아보지 않으면 안 된다고 생각합니다. 일본 정부가 사도광산을 언급하니까 갑자기 관심을 보이는 것으로는 많이 부족합니다.

내게 남은 연구과제: 제국주의 지배, 일본 천황제

역시 일본제국만이 아니라 미국제국에 대해서도 그렇지요. 제국의 지배가 어떤 것인지에 대해 생각하는 계기를 제공해 주고 있으니까, 전시 중 일제 지배라는 것이, 지금의 세계에 대해서도 현재 미국 제국주의적인 정책의 면도 평가하지 않으면 안 되는 문제라고 생각합니다. 베트남 전쟁 때 한국이 했던 일에 대해 다시 한번 재검토할 필요가 있을지는 모르겠지만, 한국이 베트남에서 무엇을 했는가 하는 관점에서 현대사회를 인식한다는 것은 인류 공통의 문제이자 역사에서 가장 필요한 것이 아닌가 생각합니다. 일본에서도 공통의 과제이지만. 무엇이 역사에서 가장 중요한 것인가 하는 점, 그렇지 않은 사회란 무엇인가 하는 것을 민족적인 경험을 통해 밝혀야 한다고 생각해요.

그리고 일본인이 앞으로 생각하지 않으면 안 되는 것은, 메이지(明治) 이후의 역사에서 일본이 무엇을 했는지, 제국주의로서 야만적인 행동을 하기도 했지만, 근대일본국가의 시스템이 잘못된 것이었지요. 그 시스템은 역시 천황제이지요. 천황제 지배가 가장 문제였다고 생각하지만,

그런 걸 글로 쓰면 주위에서 말려요. 그렇지만 조선 총독 아베가 천황에게 올린 상주문(상소문)을 통해 보고한 내용을 다시 한번 재검토하여, 상소가 조선 사회에 어떤 영향을 미쳤는지 등에 대해 말해야 한다고 생각합니다. 천황제 지배하 근대 일본, 근대 조선을 재검토할 필요가 있습니다.[29)]

재일조선인운동사연구회·한일민족문제학회 합동세미나 사가미하라 답사에서 설명하는 히구치 선생님. 왼쪽 맨 끝부터 정혜경, 호리우치(堀内稔), 고 쓰카사키(塚崎昌之) 선생님의 모습(2019년 7월 28일 허광무 촬영)

저는 지금 엔도[30)]에 대한 연구를 하고 있는데요. 이러한 연구를 통해

29) 히구치 유이치는 최근에 아베 총독이 천황에게 올린 상주문을 분석한 연구서『戦時末朝鮮の農政転換 最後の朝鮮総督 − 阿部信行と上奏文』(社會評論社, 2024年)를 출간했다.

30) 엔도 류사쿠(遠藤柳作, 1886~1963). 사이타마현 출신으로 정치가이자 변호사이다. 1945년 일본 패전 당시 정무총감을 지냈고, 1952년 일본 무사시노 은행을 설립했다. 엔도 정무총감은 1945년 8월 15일 조선의 독립운동가였던 여운형을 관저로 불러 치안

근대 일본 사회의 천황제에 대해 생각하지 않으면 안 된다고 생각합니다. 기본적으로는 일본의 천황을 중심으로 한 지배체제가 얼마나 좋지 않았는가 하는 것을 연구해보려 합니다만. 열심히 하겠습니다.

면담자: 3시간에 걸쳐서 많은 경험을 들려주셔서 정말 고맙습니다. 앞으로도 지속적인 연구 활동을 이어나가시기를 기원합니다. 연구회도 열심히 역할을 하도록 하겠습니다.

유지 협조를 부탁한 인물이기도 하다.

부록

징병 관계 자료

1 조선청년특별연성령 1942년 10월 1일 공포(朝鮮青年特別錬成令 1942년 10월 1일 공포)

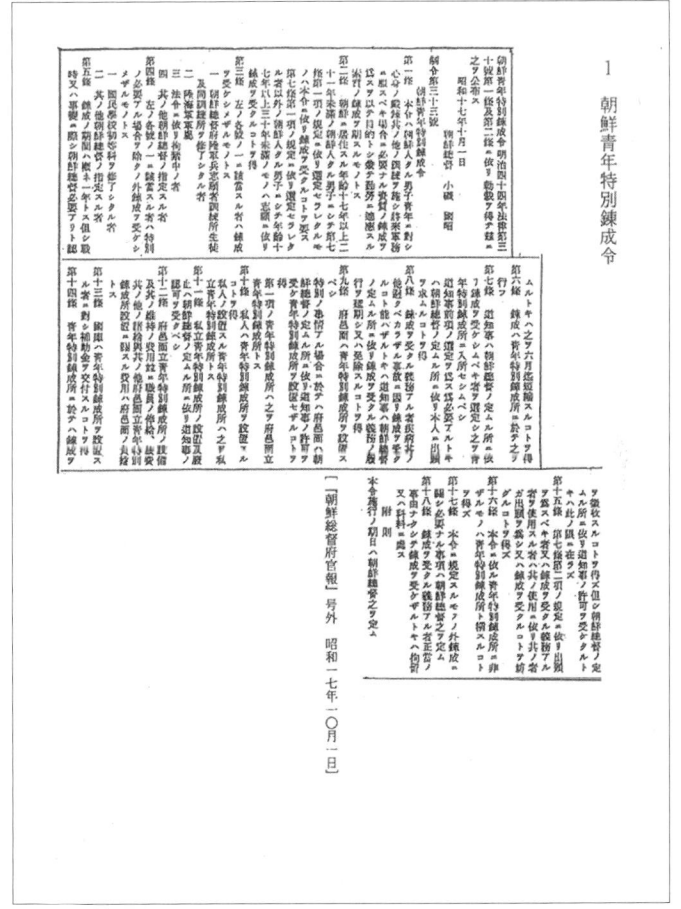

1 朝鮮青年特別錬成令

朝鮮青年特別錬成令明治四十四年法律第三十號第一條及第二條ニ依リ勅裁ヲ得テ茲ニ之ヲ公布ス

昭和十七年十月一日 朝鮮総督 小磯國昭

制令第三十三號

朝鮮青年特別錬成令

第一條 本令ハ朝鮮人タル男子青年ニ對シ心身ノ鍛錬其ノ他ノ訓練ヲ施シ將來軍務ニ服スベキ場合ニ必要ナル資質ノ錬成ヲ爲スヲ以テ目的トシ兼テ勤務ニ適應スル素質ノ錬成ヲ期スルモノトス

第二條 朝鮮ニ居住スル年齢十七年以上二十一年未滿ノ朝鮮人タル男子ニシテ第七條第一項ノ規定ニ依リ選定セラレタルモノハ本令ニ依リ錬成ヲ受クルコトヲ要ス

第七條第一項ノ規定ニ依リ選定セラレタル者以外ノ朝鮮人タル男子ニシテ年齢十七年以上三十年未滿ノモノハ志願ニ依リ錬成ヲ受クルコトヲ得

第三條 左ノ各號ノ一ニ該當スル者ハ錬成ヲ受ケシメザルモノトス

一 朝鮮総督府陸軍兵志願者訓練所生徒及同訓練所ヲ修了シタル者

二 陸海軍軍屬

三 法令ニ依リ拘禁中ノ者

四 其ノ他朝鮮総督ノ指定スル者

第四條 左ノ各號ノ一ニ該當スル者ハ特別ノ必要アル場合ヲ除クノ外錬成ヲ受ケシメザルモノトス

一 國民學校初等科ヲ修了シタル者

二 其ノ他朝鮮総督ノ指定スル者

第五條 錬成ノ期間ハ概ネ一年トス但シ戰時又ハ事變ニ際シ朝鮮総督必要アリト認ムルトキハ之ヲ六月迄短縮スルコトヲ得

第六條 錬成ハ青年特別錬成所ニ於テ之ヲ行フ

第七條 道知事ハ朝鮮総督ノ定ムル所ニ依リ錬成ヲ受ケシムベキ者ヲ選定シ之ヲ青年特別錬成所ニ入所セシムベシ

道知事前項ノ選定ヲ爲ス爲必要アルトキハ朝鮮総督ノ定ムル所ニ依リ本人ニ出頭ヲ求ムルコトヲ得

第八條 錬成ヲ受クル義務アル者疾病其ノ他避クベカラザル事故ニ因リ錬成ヲ受クルコト能ハザルトキハ道知事ハ朝鮮総督ノ定ムル所ニ依リ錬成ヲ受クル義務ノ履行ヲ延期シ又ハ免除スルコトヲ得

第九條 府邑面ハ青年特別錬成所ヲ設置スベシ

特別ノ事情アル場合ニ於テハ府邑面ハ朝鮮総督ノ定ムル所ニ依リ道知事ノ許可ヲ受ケ青年特別錬成所ヲ設置セザルコトヲ得

第一項ノ青年特別錬成所ハ之ヲ府邑面立青年特別錬成所トス

第十條 私人ハ青年特別錬成所ヲ設置スルコトヲ得

私人ノ設置スル青年特別錬成所ハ之ヲ私立青年特別錬成所トス

第十一條 私立青年特別錬成所ノ設置及廢止ハ朝鮮総督ノ定ムル所ニ依リ道知事ノ認可ヲ受クベシ

第十二條 府邑面立青年特別錬成所ノ設備及其ノ維持ノ費用並ニ職員ノ俸給、旅費其ノ他ノ給與其ノ他府邑面立青年特別錬成所設置ニ關スル費用ハ府邑面ノ負擔トス

第十三條 國庫ハ青年特別錬成所ヲ設置スル者ニ對シ補助金ヲ交付スルコトヲ得

第十四條 青年特別錬成所ニ於テハ錬成ヲ受クル者ヨリ授業料ヲ徵收スルコトヲ得ズ但シ朝鮮総督ノ定ムル所ニ依リ道知事ノ許可ヲ受ケタルトキハ此ノ限ニ在ラズ

第十五條 第七條第二項ノ規定ニ依リ出頭ヲ爲スベキ者又ハ錬成ヲ受クル義務アル者ヲ使用スル者ハ其ノ使用ニ依リ其ノ者ガ出頭ヲ爲シ又ハ錬成ヲ受クルコトヲ妨グルコトヲ得ズ

第十六條 本令ニ依ル青年特別錬成所ニ非ザルモノハ青年特別錬成所ト稱スルコトヲ得ズ

第十七條 本令ニ規定スルモノノ外錬成ニ關シ必要ナル事項ハ朝鮮総督之ヲ定ム

第十八條 錬成ヲ受クル義務アル者正當ノ事由ナクシテ錬成ヲ受ケザルトキハ拘留又ハ科料ニ處ス

附 則

本令施行ノ期日ハ朝鮮総督之ヲ定ム

[「朝鮮総督府官報」 号外 昭和一七年一〇月一日]

2 조선청년특별연성령 시행규칙 1942년 10월 26일 시행(朝鮮青年特別錬成令施行規則 1942년 10월 26일 시행)

2 朝鮮青年特別錬成令施行規則

●朝鮮總督府令第二百六十八號
朝鮮青年特別錬成令ハ昭和十七年十一月三日ヨリ之ヲ施行ス
昭和十七年十月二十六日　朝鮮總督　小磯國昭

●朝鮮總督府令第二百六十九號
朝鮮青年特別錬成令施行規則左ノ通定ム
昭和十七年十月二十六日　朝鮮總督　小磯國昭

朝鮮青年特別錬成令施行規則

第一條　青年特別錬成所ニ於ケル錬成項目ハ訓育、學科、教練及勤勞作業トス
訓育ハ教育ニ關スル勅語ノ趣旨ニ基キ國體ノ本義ヲ明徴ニシ皇國臣民タルノ自覺ニ徹セシメ之ヲ實踐躬行ニ導クヲ以テ要旨トス
學科ハ皇國臣民トシテ必要ナル日常ノ國語及知識ヲ習得セシムルヲ以テ要旨トス
教練ハ軍事的基礎訓練ヲ施シ團體的動作及紀律ヲ徹底セシムルヲ以テ要旨トス
勤勞作業ハ勤勞尊重ノ觀念ヲ涵養スルト共ニ勤勞生活ノ國家的意義ヲ體得セシムルヲ以テ要旨トス
錬成ハ各錬成項目相互ノ聯絡ヲ密接ニシ且各事項ノ綜合ニ留意シテ之ヲ爲スベシ

第二條　青年特別錬成所ニ於ケル錬成時數ハ六百時以上トシ左ノ標準ニ依リ土地ノ情況ニ應ジ之ヲ定ムベシ但シ朝鮮青年特別錬成令(以下單ニ令ト稱ス)第五條但書ノ規定ニ依リ錬成ノ期間ヲ短縮シタル場合ニ於ケル錬成時數ニ關シテハ其ノ都度朝鮮總督之ヲ定ム

錬成項目	錬成時數
訓育及學科	四〇〇時
教練及勤勞作業	二〇〇

特別ノ事情ニ依リ前項ノ錬成時數ニ依リ難キトキハ道知事ノ認可ヲ受ケ錬成時數ヲ短縮スルコトヲ得

第三條　青年特別錬成所ノ入所期ハ毎年四月トス但シ令第五條但書ノ規定ニ依リ錬成ノ期間ヲ短縮シタル場合ニ在リテハ其ノ都度朝鮮總督之ヲ定ム
特別ノ事情アル者ハ前項ノ規定ニ拘ラズ中途之ヲ入所セシムルコトヲ得

第四條　青年特別錬成所ノ錬成ハ土地ノ情況ニ應ジ適當ナル時刻及季節ニ於テ之ヲ行フベシ

第五條　府尹、邑面長ハ其ノ府邑面內ニ居住スル朝鮮人タル男子ニシテ其ノ年四月一日ニ於テ年齡十七年以上ニシテ且翌年三月三十一日迄ニ年齡二十一年ニ達セザルモノヲ調査シ毎年一月三十一日迄ニ第一號樣式ニ依リ青年特別錬成適齡者名簿(以下單ニ適齡者名簿ト稱ス)ヲ調製スベシ但シ青年特別錬成所ニ入所中ノ者、錬成ヲ修了シタル者及令第三條各號ノ一ニ該當スル者ニ付テハ此ノ限ニ在ラズ

第六條　府尹、邑面長ハ適齡者名簿調製後其ノ年三月三十一日迄ニ前條ノ年齡ニ在ル者ニシテ令第三條各號ノ一ニ該當スルモノ之ニ該當セザルニ至リタルトキ又ハ適齡者名簿ニ登載セラルベキ者其ノ府邑面ニ來住シタルトキハ遲滯ナク之ヲ適齡者名簿ニ登載スベシ
府尹、邑面長ハ適齡者名簿ニ登載シタル者其ノ年三月三十一日迄ニ左ノ各號ノ一ニ該當スルニ至リタルトキハ遲滯ナク之ヲ抹消スベシ但シ第二號ニ該當スルニ至リタル者ニ付テハ府尹、邑面長ハ之ヲ抹消スルト共ニ適齡者名簿ノ謄本ヲ其ノ轉住地ノ府尹、邑面長ニ送付スベシ
一　死亡シタルトキ
二　府邑面外ニ轉住シタルトキ
三　令第三條各號ノ一ニ該當スルニ至リタルトキ

第七條　令第七條第一項ノ規定ニ依リ道知事ノ選定スベキ錬成ヲ受ケシムベキ者ノ員數ハ朝鮮總督之ヲ各道ニ配賦ス

第八條　錬成ヲ受ケシムベキ者ノ選定ハ適齡者名簿ニ登載セラルベキ者ノ中ヨリ之ヲ爲スベシ

第九條　道知事錬成ヲ受ケシムベキ者ヲ選定スル爲必要アリト認ムルトキハ本人ニ出頭ヲ求メ又ハ府尹、郡守若ハ島司ヲシテ本人ニ出頭ヲ求メシムルコトヲ得

第十條　道知事令第七條第一項ノ規定ニ依リ選定ヲ爲シタルトキハ第二號樣式ニ依ル入所命令書ヲ發スベシ
前項ノ入所命令書ハ府尹、邑面長ヲシテ本人ニ交付セシムベシ

第十一條　入所命令書ノ交付ヲ受ケタル者疾病其ノ他避クベカラザル事故ニ因リ指定ノ日時ニ青年特別錬成所ニ入所シ難キトキハ遲滯ナク入所スベキ青年特別錬成所ノ所長ヲ經テ其ノ旨道知事ニ届出ヅベシ
前項ノ届出アリタル場合ニ於テ道知事必要アリト認ムルトキハ錬成ヲ受クル義務ノ履行ヲ免除シ、選定ヲ取消シ又ハ一月以內入所ヲ延期スルコトヲ得

第十二條　前條第一項ノ届出ハ左ノ區分ニ從ヒ其ノ事由ヲ證明スベキ書類ヲ添附シテ之ヲ爲スベシ
一　疾病其ノ他身體又ハ精神ノ異常ニ關スル事故ニ付テハ醫師ノ診斷書(已ムヲ得ザル事情ニ依リ醫師ノ診斷書ヲ得ルコト能ハザルトキハ警察官吏ノ證明書)
二　其ノ他ノ事故ニ付テハ府尹、邑面長又ハ警察官吏ノ證明書

第十三條　青年特別錬成所ニ入所中ノ者疾病其ノ他避クベカラザル事故ニ因リ錬成ヲ受クルコト能ハザルトキハ其ノ事由ヲ具シ錬成ヲ受クル義務ノ履行ノ延期又ハ免除ヲ青年特別錬成所長ヲ經テ道知事ニ申請スルコトヲ得
前條ノ規定ハ前項ノ申請ニ付之ヲ準用ス

第十四條　道知事前條第一項ノ申請アリタル場合ニ於テ事情已ムヲ得ザルモノト認ムルトキハ錬成ヲ受クル義務ノ履行ノ延期又ハ免除ヲ爲スコトヲ得前條第一項ノ規定ニ依ル申請ナキ場合ト雖モ必要アリト認ムルトキ亦同ジ

第十五條　一ノ青年特別錬成所ニ入所ヲ命ゼラレタル者又ハ入所中ノ者住所ノ變更其ノ他特別ノ事情アルトキハ道知事ノ許可ヲ受ケ他ノ青年特別錬成所ニ入所又ハ轉所スルコトヲ得

第十六條　志願ニ依リ錬成ヲ受ケントスル者ハ左ノ事項ヲ具シ毎年一月三十一日迄ニ道知事ニ願出ヅベシ
一　本籍、住所、氏名及出生ノ年月日
二　經歷ノ大要
三　入所セントスル青年特別錬成所

第十七條　道知事錬成ノ修了ヲ認ムルニハ本人ノ錬成ヲ受ケタル時數其ノ他平素ノ服修狀況ヲ標準トシテ之ヲ爲スベシ
道知事錬成ヲ修了セリト認メタル者ニハ

青年特別錬成所長ヲシテ修了證ヲ授與セシムベシ
第十八條　府邑面立青年特別錬成所ノ數及位置ハ道知事府邑面ノ意見ヲ聽キ之ヲ定ムベシ
第十九條　府邑面令第九條第二項ノ規定ニ依リ道知事ノ許可ヲ受ケントスルトキハ左ニ揭グル事項ヲ記載シタル申請書ヲ提出スベシ
一　錬成者名簿ニ登載セラルベキ者ノ年齡別概數
二　青年特別錬成所ヲ設置セザル理由
三　第一號ニ揭グル者ノ錬成ニ關スル措置
四　他ノ府邑面又ハ私人ノ設置スル青年特別錬成所ニ於テ第一號ニ揭グル者ノ錬成ヲ爲ス場合ニ於ケル經費ノ負擔方法
第二十條　府邑面立青年特別錬成所ニ在リテハ道知事ノ認可ヲ受ケ名稱及所則ヲ定ムベシ
前項ノ名稱ヲ變更セントスルトキハ道知事ノ認可ヲ受クベシ
第二十一條　私立青年特別錬成所ノ設置ノ認可ヲ受ケントスル者ハ左ニ揭グル事項ヲ記載シタル申請書ヲ提出スベシ
一　名稱
二　位置
三　所則
四　錬成ヲ受クル者ノ概數
五　開所年月日
六　經費及維持方法
前項第一號、第二號若ハ第五號ニ揭グル事項又ハ設立者ノ變更ハ道知事ノ認可ヲ受クベシ
第一項ノ申請書及前項ノ規定ニ依ル位置ノ變更ノ認可申請書ニハ土地及建物ノ配置圖竝ニ附近ノ狀況ヲ記載シタル圖面ヲ添附スベシ
第二十二條　私立青年特別錬成所ノ廢止ノ認可ヲ受ケントスル者ハ其ノ事由、錬成ヲ受クル者ノ處分方法及廢止ノ期日ヲ記載シタル申請書ヲ提出スベシ
第二十三條　青年特別錬成所ノ所則ニハ左ニ揭グル事項ヲ規定スベシ
一　錬成項目及錬成時數ニ關スル事項
二　錬成ノ期間、時期及時刻ニ關スル事項
三　休日ニ關スル事項
四　其ノ他必要ナル事項
前項第一號ニ揭グル事項ノ變更ハ道知事ノ認可ヲ受ケ第二號乃至第四號ニ揭グル事項ノ變更ハ道知事ニ屆出ヅベシ
第二十四條　青年特別錬成所ニ於テハ第三號樣式ニ依リ錬成ヲ受クル者ノ在籍簿ヲ備附クベシ
第二十五條　青年特別錬成所ニハ所長及錬成ヲ擔任スル職員ヲ置クベシ
所長ハ道知事ノ監督ヲ承ケ所務ヲ掌理シ職員ヲ指揮監督スベシ
府邑面立青年特別錬成所ノ所長及錬成ヲ擔任スル職員ハ道知事之ヲ囑託シ私立青年特別錬成所ノ所長及錬成ヲ擔任スル職員ハ設立者ニ於テ道知事ノ認可ヲ受ケ之ヲ定ムベシ
第二十六條　特別ノ事情アルトキハ青年特別錬成所ニ分所ヲ設置スルコトヲ得
分所ヲ設置シ又ハ廢止セントスルトキハ設立者ニ於テ道知事ノ認可ヲ受クベシ
第二十七條　令第十四條但書ノ規定ニ依リ道知事ノ許可ヲ受ケントスル者ハ左ニ揭グル事項ヲ記載シタル申請書ヲ提出スベシ
一　錬成ヲ受クル者ヨリ徵收セントスル費用ノ種目及其ノ額
二　許可申請ノ理由

附則

本令ハ朝鮮青年特別錬成令施行ノ日ヨリ之ヲ施行ス
第五條ノ規定ニ依ル錬成者名簿ハ昭和十七年ニ在リテハ昭和十六年十二月一日ヨリ昭和十七年十一月三十日迄ノ間ニ於テ年齡十八年ニ達スル者ヲ調査シテ昭和十七年十一月十日迄ニ之ヲ調製シ昭和十八年ニ在リテハ昭和十七年十二月一日ヨリ昭和十八年十一月三十日迄ノ間ニ於テ年齡十九年ニ達スル者ヲ調査シテ昭和十八年五月三十一日迄ニ之ヲ調製スベシ
第六條中其ノ年三月三十一日トアルハ昭和十七年ニ在リテハ十一月三十日トシ昭和十八年ニ在リテハ七月三十一日トス
第十六條中翌年一月三十一日トアルハ昭和十七年ニ在リテハ十一月十五日トシ昭和十八年ニ在リテハ五月三十一日トス

第一號樣式

昭和　年度青年特別錬成所錬成者名簿　昭和　年　月　日調製

氏名及生年月日	本籍及居住ノ場所		學歷	備考
年　月　日生	本籍		何學校（在學 中途 修了（卒業））	
	居住ノ場所			
年　月　日生	本籍		何學校（在學 中途 修了（卒業））	
	居住ノ場所			

備考　一　二以上ノ學歷ヲ有スル者ノ學歷欄記載ニ付テハ最上級ノ學歷ニ付記入スルコト
二　學歷欄ニハ在學、中途又ハ修了（卒業）ノ別ヲ明ニスルコト

第二號樣式
（表面）

第　號

入所命令書

本籍
居住ノ場所
氏名
年　月　日生

右ノ者朝鮮青年特別錬成令第七條第一項ノ規定ニ依リ錬成ノ爲左ノ通入所ヲ命ズ
一　入所スベキ青年特別錬成所
二　入所スベキ日時
昭和　年　月　日
道知事

受領書

一　入所命令書（昭和　年　月　日發付第　號）
右受領ス
昭和　年　月　日
本籍
居住ノ場所
氏名　印
道知事殿

（裏面）

本命令書ノ交付ヲ受ケタル者ノ心得
一　本命令書ノ交付ヲ受ケタル者ハ本命令書ニ添附シタル受領證ニ受領年月日ヲ記入シ捺印ノ上直ニ之ヲ返付スベシ

二 本命令書ノ交付ヲ受ケタル者ハ本命令書ヲ携ヘ指定ノ日時ニ入所スベキ青年特別錬成所ニ出頭スベシ

三 本命令書ノ交付ヲ受ケタル者疾病ニ因リ指定ノ日時ニ入所スベキ青年特別錬成所ニ入所シ難キ場合ニ在リテハ醫師ノ診斷書（已ムヲ得ザル事情ニ依リ醫師ノ診斷書ヲ得ルコト能ハザルトキハ警察官吏ノ證明書）ヲ添ヘ遲滯ナク入所スベキ青年特別錬成所ノ所長ヲ經テ道知事ニ届出ヅベシ

四 本命令書ノ交付ヲ受ケタル者天災其ノ他避クベカラザル事故ニ因リ指定ノ日時ニ青年特別錬成所ニ入所シ難キ場合ニ在リテハ府尹、邑面長又ハ警察官吏ノ證明書ヲ添ヘ遲滯ナク入所スベキ青年特別錬成所ノ所長ヲ經テ道知事ニ届出ヅベシ

第三號様式

氏名	年月日生
規定又ハ志願ノ別	
入所年月日	
入所前ノ學歷	
修了ノ年月日	
本籍	
居住ノ場所	

錬成項目	訓育	學科	教練	勤勞作業	計
錬成ヲ受ケタル時數					
成績評價					
出席日數					
缺席日數 病氣					
缺席日數 事故					
差引日數					
出席及缺席ニ對スル評價					

性行 概評	資質ノ狀況及其ノ所見	錬成ノ勝越又ハ期間ノ免除ニ關スル事項

［「朝鮮総督府官報」第四七二三号 昭和一七年一〇月二六日］

3 청년특별연성소 요지 및 요목 제정에 관한 건(경상북도) 1942년 12월 9일

(青年特別錬成所要旨及要目制定ニ関スル件(경상북도) 1942년 12월 9일)

3　青年特別錬成所要旨及要目制定ニ関スル件

○青年特別錬成所錬成要旨及要目制定ニ關スル件（昭和一七、一二、九 道通牒第百五十七號）

首題ノ件ニ關シ別紙ノ通本府ニ於テ制定セラレダルニ付本要旨及要目ニ基キ青年特別錬成制度ノ目的達成ニ萬遺憾ナキヲ期セシメラレダシ

追テ一月以降ニ於ケル錬成細目ハ道ニ於テ作製ノ上送付致スベキ見込ニ付了知相成度

（別紙）

㈠ 訓 育 要 旨 及 要 目

第一 訓 育 要 旨

一 訓育ハ敎育ニ關スル勅語ノ旨趣ヲ奉ジテ我ガ國體ノ本義ヲ闡明シ國體ノ尊嚴ナル所以ヲ會得セシメ皇國ノ道ノ修練ヲ旨トシ皇國臣民タルノ信念ヲ鞏固ナラシメンコトヲ力ムベシ

二 皇軍ノ本質ヲ把握シ兵役ノ崇高ナル責務ト光榮アル使命トヲ理解セシメ盡忠報國ノ精神ヲ涵養センコトヲ力ムベシ

三 規律ヲ恪守遵行シ命令ニ絕對服從スルノ氣風ヲ振起センコトヲ力ムベシ

四 國民禮法ノ精神ノ會得ト之レガ慣熟トヲ期シ終生ノ素地タラシメンコトヲ力ムベシ

五 保健衛生思想ヲ涵養シ身體、衣服、環境ノ淸潔ニ力ムベシ

第二 訓 育 要 目

一 天 皇 陛 下

宮城遙拜ノ作法、最敬禮ノ作法ニ習熟セシメ進ミテハ御聖德ニツキ知ラシムベシ

二 勅 語、詔 書

勅語、詔書奉讀ノ際ニ於ケル作法ヲ授ケ進ミテハ敎育ニ關スル勅語ノ旨趣ノ大要ヲ會得セシメ日常生

活ノ最高規範トシテ實踐躬行セシメンコトヲ力ムベシ

三　皇大神宮、神社、神祠

拜神ノ作法、社前通過ノ際ニ於ケル作法等ヲ授ケ進ミテハ皇祖ト皇室トノ關係、神宮神社ト國民トノ關係、各戶ニ大麻ヲ奉祀スベキ所以等ヲ闡明シ敬神崇祖ノ念ノ涵養ニ力ムベシ

四　祝日、祭日、大詔奉戴日

祝日、祭日、大詔奉戴日ニ於ケル作法ヲ授ケ進ミテハ其ノ意義ニツキテ知ラシムベシ

五　國　旗

國旗ノ揭揚法及國旗ニ對スル作法ヲ授ケ國旗ノ尊重ノ念ヲ涵養シ進ミテハ國旗ノ意義ヲ明ナラシムベシ

六「君　が　代」

「君が代」ノ歌詞、歌曲ヲ授ケ進ミテハ歌詞ノ意義ヲ理解セシメ國民的信念ノ昂揚ニ力ムベシ

七　軍人ニ賜リタル勅諭ノ五ヶ條

軍人ニ賜リタル勅諭ノ旨趣ヲ奉體シ盡忠報國ノ志念ノ昂揚ニ力ムベシ

八　皇國民臣ノ誓詞

皇國臣民ノ誓詞ノ唱ヘ方ヲ授ケ進ミテハ皇國ニ生ヲ享ケタルコトノ幸福ヲ知ラシメ皇運扶翼ノ大道ニ挺身邁進スルノ氣魄ヲ養フベシ

九　國民道德一般

錬成敎本中ノ修身、公民敎材ニヨルハ固ヨリ國民學校初等科國民科修身敎科用圖書中適當ナル敎材ヲ取捨選擇シ國民道德ノ實踐體得ニ力ムベシ

○　皇　國

時局講話等ニヨリ皇國ノ地位ト使命トヲ自覺セシメ臣道實踐ノ本義ヲ明カニスベシ

第三 指導上ノ注意事項

一 常住坐臥生活ノ一切ハ訓育ナルコトニ深ク留意シ凡テノ錬成ヲ通ジ訓育ノ實踐的指導ニ力ムベシ

二 修練ハ國語力ニ併行セシメ反覆練習シテ其ノ徹底ヲ期スベシ

三 繪畫、實物、模型、動作等ニヨリ理解ヲ容易ナラシメンコトヲ工夫スベシ

四 抽象的、羅列的說明ニ陷ルコトナク常ニ具體的說明、具體的事實ニ基キ理解ノ徹底ヲ期スベシ

五 常ニ生活並心理ノ實際ニ卽シ確固タル信念ト實踐力トヲ養フベシ

(二) 學科要旨及要目

第一 學科要旨

一 國體ノ本義ヲ明徵ニシ、國民精神ヲ涵養シ、眞ニ皇國臣民タルノ自覺ニ徹セシメ特ニ兵役服務ニ當リテ必要ナル資質ノ錬成ニ力ムベシ

二 國語ノ修練ニ重點ヲ置キ皇國臣民トシテノ日常必須ナル知識ヲ習得セシムルコトニ力ムベシ

第二 學科要目

一 國語

國語ハ簡單ナル言語ヨリ始メ日常會話ヲ主體トシ漸次國民ノ生活諸相ヲ內容トセル日常必須ノ言語文字ヲ授ケ近易ナル國語生活ニ馴致セシメ國民的性格ノ錬成ヲ旨トスベシ

二 日常必須ナル知識

(イ) 修身、公民敎材

修身、公民敎材ハ敎育ニ關スル勅語ノ旨趣ニ基キ訓育ト相俟チテ國民道德ヲ涵養シ、忠良ナル皇國臣民タルノ德性ヲ養ヒ、皇國ノ道義的使命ヲ自覺セシメ、特ニ作法躾等生活ノ實踐指導、兵役服務ニ對シ必要ナル德性ノ涵養ニ留意スベシ

(ロ) 國史敎材

國史ハ肇國ノ宏遠、皇統ノ無窮、天皇ノ聖德、國民ノ忠誠等ノ史實ノ主要事項ヲ選ビ國體ノ尊嚴ナ

ル所以ト皇國發展ノ跡ヲ知ラシメ東亞及世界ニ於ケル皇國ノ使命ト國民ノ責務トヲ自覺セシムルコトヲ期スベシ

(ハ) 地理敎材

地理ハ我ガ國土國勢ノ大要ヲ知ラシメ進ミテ我ガ國土ヲ中心トスル東亞ヲ正シク認識セシメ更ニ世界ノ狀勢ニ及ビ國土愛護ノ精神、涵養、皇國ノ使命ノ自覺シ留意スベシ

(二) 算數敎材

算數ハ日常ノ簡易ナル計算ヲ主トシ方位圖形等ニ關スル觀念ヲ賦與セシムルコトニ留意スベシ

第三 指導上ノ注意事項

一 靑年期ノ特性ニ鑑ミテ向上ノ精神ト濶達ナル氣風トヲ助長シ情操ヲ豊ニシ特ニ其ノ境遇ニ留意シ健全ナル實際生活ノ實踐指導ニ力ムベシ

二 各敎材ハ相互ノ關聯ヲ密接ナラシメ常ニ具體的ニシテ生活ノ實際ニ即セシメ興味ヲ喚起スルト共ニ理解ノ徹底ヲ期スベシ

三 各敎材ノ敎授指導ニ當リテハ常ニ時勢ノ推移ニ關聯セシメ時局認識ノ徹底ニ留意スベシ

(三) 敎練及勤勞作業要旨及要目

第一 敎練及勤勞作業要旨

一 敎練ハ至誠盡忠ノ精神ヲ培養スルヲ根本トシ心身一體ノ實踐鍛錬ヲ行ヒ其ノ資質ヲ向上セシメ堅實ナル皇國臣民ノ錬成ヲ圖ルベシ

二 勤勞作業ハ嚴格ナル規律統制ノ下ニ作業ニ服セシメ勤勞尊重ノ觀念ヲ涵養シ忍苦持久ノ體力ヲ錬磨シ勤勞生活ノ國家的意義ヲ體得セシムベシ

第二 敎練及勤務作業要目

題目	各個敎練 基本 徒手	部隊敎練 密集 分(小)隊	禮式	傳令
要項	一、不動ノ姿勢 二、休メ 三、停止間ニ於ケル右(左)向、半右(左)向、後向 四、速歩行進 五、速歩行進間ノ諸動作停止 六、駈歩行進 七、駈歩行進間ノ諸動作停止	一、整頓 二、行進停止 三、隊形變換 四、方向變換 五、集合解散	一、各個ノ敬禮 二、部隊ノ敬禮 三、閱兵分列	傳令
進度	基礎的動作ハ其ノ要領ヲ完全ニ修得セシム	基礎的動作ハ其ノ要領ヲ完全ニ修得セシム	基礎動作ハ其ノ要領ヲ完全ニ修得セシム	簡單ナル語句ノ傳達 文書ノ傳達
時間配當基準	15%	6%	5%	3%
摘要	靑年學校敎練敎科書ニ準ジ其ノ基礎的動作ヲ實施スルモノトス	一、靑年學校敎練敎科書ニ準ジ其ノ基礎的動作ヲ實施スルモノトス 二、各個敎練ニ於テ修得セル基礎事項ヲ整正嚴格ニ實施シ得ルヲ要ス	一、靑年學校敎科書ニ準ジ其ノ基礎的動作ヲ實施スルモノトス 二、敬禮ノ精神的要素ノ充實ニ留意シ特ニ整正嚴格ニ實施スルヲ要ス	簡單ナル用語ヲ以テ實施シ復命、復唱ヲ正確ナラシムルヲ要ス

體操競技	體操競技		一、基本體操 二、應用體操 三、競技	基本體操應用體操及競技ヲ實施セシム	6%	一、特ニ職業ニ依ル固癖ノ矯正ニ留意スルヲ要ス 二、體操ノ教材ハ主トシテ體操教範ニ依ルモ國民體操其ノ他ノ教材ヲ適宜選擇シテ之ヲ課スルヲ得
勤勞作業			一、神社、官公署、學校、道路等ノ淸掃修理作業ノ奉仕 二、農業、工業、鑛業、水產業等ノ實務ニヨル作業	作業ノ性質ニ應ジ其ノ基礎的動作ノ要領ヲ敎育シ團體作業ハ其ノ要領ヲ略完全ニ修得セシム	65%	計上セル時間外ニ於テモ適宜實施スルモノトス

備考

一 勅諭、勅語及訓練ニ必要ナル學科ハ特ニ時間ヲ計上セザルモ適宜實施スベシ

二 本表ノ時間ハ總時間ニ對スル百分比ヲ以テ其ノ基準ヲ示シ要求進度ニ對スル關係竝ニ重點ノ存スル所ヲ明ニセリ

三 本表ニ示ス進度ハ最後ノ到達目標ヲ示スモノトス

四 本要目中ノ「完全」「略完全」トアルハ夫々訓練要求ノ程度ヲ示スモノトス

第三 指導上ノ注意事項

一 各個ノ訓練ニ於テハ先ヅ各自ノ責務ヲ完遂スベキ基礎事項ヲ體得セシメ部隊ノ訓練ニ於テハ指導者ヲ中心トシテ團體ノ目的達成ニ協力一致スベキ演練ニ力メ特ニ命令服從ノ關係ヲ體得セシムベシ

二 身體ノ情況ヲ考慮シ鍛錬ト養護トノ一體的指導ニ就キ注意スベシ

三 敎練ト勤勞作業トハ特ニ彼此互ニ緊密ナル連繫ヲ保チテ實施スベシ

[「慶尙北道報」第八一九号 昭和一七年二月一八日]

4 청년특별연성 진도 과정 표준에 관한 건(경상북도) 1943년 7월 1일(青年特別錬成進度課程標準ニ関スル件(경상북도) 1943년 7월 1일)

4 青年特別錬成進度課程標準ニ関スル件

○青年特別錬成進度課程標準ニ關スル件（昭和一八、七、一 道通牒第九十四號）

首題ノ件ニ關シ錬成進度課程ノ標準別紙ノ通リ決定セラレタルニ付貴管內青年特別錬成所ニ於テハ之ガ活用ニ務メ錬成進度ノ齊一ヲ計ルト共ニ錬成所期ノ目的達成ニ萬遺漏ナキヲ期セシメラレ度シ

一　方　針

昭和十八年四月九日附「青年特別錬成所教練及勤勞作業要目中改正ニ關スル件」通牒ニ準據シ錬成期間內ニ於ケル進展ノ標準ヲ明カニスルト共ニ錬成實施ノ確實徹底ヲ期ス

二　要　旨

(一) 教練ヲ行フニハ所生ヲシテ其ノ目的及精神ヲ會得セシメ之ヲ實施ノ上ニ現サシムルコト緊要ナリ

(二) 教育ノ要ハ功妙ニアラズシテ熟練ニ在リ熟練ハ教育ノ懇篤適切ナルト反復練習ヲ厭ハザルトニ依リテ得ラルルモノナリ特ニ青年特別錬成所教練ノ題目要項ハ軍事教育ノ基礎トモナルベキモノニシテ反復練習ヲ厭ハザルノ精神ニヨリテ始メテ其ノ目的ヲ遂シ得ラルルモノナリ

(三) 錬成教育ノ實施ニ方リテハ常ニ教練諸制式諸法則ノ研鑚ヲ深ムルト共ニ懇篤適切ナル指導要領ヲ腹案シ實施シテ常ニ其ノ目的ニ添ハシムル如ク指導スルヲ要ス

(四) 本基準ハ最低時數一四〇時ヲ各月平均ニ計畫セルモコレ以上ノ時數ヲ配當スル場合ニ於テ進度ヲ變更シ又ハ土地ノ狀況其他錬成ノ都合ニヨリ各月ノ時數ヲ變更スル場合ハソレニヨル進度ノ標準ヲ本表ニ準ジ作製シ置クヲ要ス

(五) 錬成成果ノ擧揚ト實施ノ確實ヲ期スル爲本細目ニ從ヒ指導計畫ヲ作製スベシ

(六) 昭和十七年度設立青年特別錬成所ニ於テハ六月末迄ニ新課目ノ課程ヲ完了シ七、八月ヲ反復錬成期九月ヲ完成期トス

青年特別錬成所教練進度課程標準

慶尙北道

月別	時間	各個教練 基本徒手	部隊教練 密集分(小)隊	禮式	傳令	體操競技 體操・競技
四月	一二時間	不動ノ姿勢休メ停止間ニ於ケル右(左)向後向（六時間）	集合解散整頓（二時間）	各個ノ敬禮部隊ノ敬禮（二時間）		基本體操（二時間）
五月	同	同上速歩行進速歩行進間ニ於ケル諸動作停止（一〇時間）				基本體操（二時間）
六月	同	駈歩行進駈歩行進間ニ於ケル諸動作停止（八時間）				競技（二時間）
七月	同	速歩駈歩行進ノ轉移停止（六時間）	行進停止方向變換（四時間）			國民體操（二時間）
八月	同	同上綜合不備ノ矯正（五時間）	行進停止方向變換隊形變換（三時間）	閲兵分列（二時間）		國民體操（二時間）
九月	同			各個ノ敬禮部隊ノ敬禮閲兵分列（六時間）	簡單ナル語句ノ傳達（四時間）	基本體操國民體操（二時間）
十月	同		集合解散整頓行進停止隊形變換方向變換（五時間）	同上（二時間）	簡單ナル文書ノ傳達（三時間）	應用體操（二時間）
計	84	35時間	14時間	14時間	7時間	14時間
		30%	12%	10%	6%	12%
年計	140	60時間	24時間	20時間	12時間	24時間

備考 進度課目ハ十月末迄ニ於テ完了スル如ク配當シ爾後ニ於テハ之ガ反復演練ニヨッテ其ノ深度ヲ深メル事ニ重點ヲ置ク
二月三月ノ完成期ニ於テハ教練及勤勞作業要目ニ示セル進度ヲ完成スルモノトス

[『慶尚北道報』 第八四八号 昭和一八年七月九日]

5 청년연성소 별과 설치에 관한 건(경상북도) 1944년 2월 5일(青年錬成所別課設置ニ関スル件(경상북도) 1944년 2월 5일)

5 青年訓練所別科設置ニ関スル件

○青年訓練所別科設置ニ關スル件 （昭和一九、二、五 道通牒第十四號）

兵役法ノ改正ニ伴ヒ昭和十九年朝鮮人ニシテ徵兵檢査ヲ受クベキ者ノ中國民學校初等科未修了者ハ朝鮮青年特別錬成令ノ定ムル所ニ依リ既ニ所定ノ錬成ヲ了シ又ハ目下錬成中ニシテ概ネ所期ノ成果ヲ擧ゲツツアルモ國民學校初等科修了後單ニ一般青年團員トシテ稀薄ナル訓練ヲ受クルニ止マリ其他何等ノ教養ノ機會ニ浴セザリシ壯丁ハ國民學校修了（卒業）後既ニ相當ノ年月ヲ經過シ心身共ニ皇軍要員タルノ資質十分ナラザル狀態ニ在ル者多ク隨テ入營後或ハ皇軍傳統ノ素質ヲ傷ヅケ全半島感激ヲ以テ迎ヘタル榮譽ヲ汚瀆スルガ如キ場合ナキヲ保シ難キヲ以テ今回別紙要項ニ依リ新ニ青年訓練所又ハ青年特別錬成所ニ別科ヲ設置シ入營豫想者ヲ收容シテ必要ナル軍務豫備訓練ヲ施シ以テ將來皇軍要員タルノ資質ヲ錬成スルコトトナリタルニ付左記事項ヲ參酌シ速急手配ノ全該當者ヲ入所セシメ別科設置目的ノ達成ヲ期セラレ度依命通牒ス

追テ入所狀況別表第五號樣式ニ依リ二月二十日迄ニ報告相成度

記

一 準備事項

1 府尹、邑面長ハ其府邑面內ニ居住スル朝鮮人タル男子ニシテ二月十日現在自大正十二年十二月二日至大正十三年十二月一日間出生者ヲ調査シ二月十二日迄ニ別表第一號樣式ニ依リ青年訓練所別科入所該當者名簿ヲ調製スルコト但別紙要項ノ「二、入所者」各號ノ一、ニ該當スル者ヲ除外ス

邑面長前項ノ名簿ヲ調製シタルトキハ二月十五日迄ニ其ノ一部ヲ所轄ノ郡守又ハ島司ニ提出スルコト

第一項名簿ニ登載セラルベキ者又ハ登載セラレタル者中異動アリタルトキハ其都度名簿ヲ整理スルコト

2 收容計畫、教授及訓練ノ日時、豫定其ノ他必要ナル事項ニ付至急事前ニ準備ヲ爲シ置クコト

二 入所者選定標準

入所セシムベキ者ハ前項第一號ノ名簿登載者ニシテ擧ニ施行セル昭和十八年度壯丁豫備身體檢査ノ結果其體格等位ニ於テ「不可」ノ者ヲ除ク人員トス

三　別科設置ノ場所

各公立青年訓練所全部ニ設置スルコトトシ公立青年訓練所設置ナキ面ニ在リテハ取敢ヘズ公立青年特別錬成所一個所ヲ選ビ設置ス

私立青年訓練所ニ在リテモ必要アルモノハ之ヲ設置セシムルコト

四　設置期日

入所該當者ハ既ニ昭和十八年六月二十二日附道通牒第八十七號「朝鮮青年特別錬成令第四條該當者ニ對スル徵兵準備敎育實施ニ關スル件」通牒ニ依リ概ネ入所中ナルヲ以テ本要項ニ依ル別科ハ昭和十九年一月一日ニ遡リ之ヲ設置シタルモノト看做シテ處理シ入所該當者中ノ未入所者ハ二月十六日迄ニ最寄ノ青年訓練所又ハ青年特別錬成所ニ全員入所セシムル樣手配スルコト

五　敎授及訓練ノ期間

一月ヨリ十二月ニ至ル一年トス

六　指導員

青年訓練所、青年特別錬成所共別科生徒訓練上必要ナルモノニ在リテハ現在ノ指導員ノ外兼任指導員二人（敎練科及學科各一人）ヲ青年訓練所ニ在リテハ主事、青年特別錬成所ニ在リテハ所長、本件ニ限リ人選ノ上府尹、郡守又ハ島司ヲ通ジ內申セシムルコト

七　經費

別科設置ニ要スル本年度內一個所當所要經費ハ概ネ別表一ノ通道費補助セラル見込ニ付同補助額ニテ尙不足スル場合ハ府邑面ヨリ支出スルコト

八　入所セザル者ニ對スル處置

本要項ニ依リ入所選定通知書ヲ交付セラレタル者ニシテ入所セザル者アルトキハ朝鮮青年特別錬成令第四

條ノ適用ヨリ除外シ青年特別錬成所ニ入所セシムルニ至ルベク目下考慮中ニ付併セテ諒承ノコト

（別紙一）

青年訓練所別科設置要項

一 趣旨

兵役法ノ改正ニ伴ヒ昭和十九年朝鮮人ニシテ徴兵檢査ヲ受クベキ者ノ中國民學校初等科修了（又ハ尋常小學校卒業）後單ニ一般青年團員トシテ稀薄ナル訓練ヲ受クルニ止マリ其他何等ノ教養ノ機會ニ浴セザル壯丁ハ概シテ心身共ニ皇軍要員タルノ資質ニ適セザル憾アリ入營後爲メニ或ハ皇軍傳統ノ素質ヲ傷ヅケ全半島ノ感激ヲ以テ迎ヘタル榮譽ヲ汚瀆スルガ如キ場合ナキヲ保シ難キヲ以テ新ニ青年訓練所又ハ青年特別錬成所ニ別科ヲ設置シテ入營豫想者ヲ收容シ嚴格ナル規律ノ下ニ入營準備其他必要ナル訓練ヲ施シ以テ將來皇軍要員タルノ資質ヲ錬成セントス

二 入所者

昭和十九年青年訓練所又ハ青年特別錬成所別科ニ入所スベキ者ハ國民學校初等科ヲ修了（又ハ尋常小學校ヲ卒業）シ昭和十八年十二月一日ヨリ昭和十九年十一月三十日迄ノ間ニ於テ年齢二十年ニ達スル者即チ大正十二年十二月二日ヨリ大正十三年十二月一日迄ノ出生者中左ノ各號ノ一ニ該當セザル者ノ中ヨリ道知事名ニ於テ府尹、郡守又ハ島司ノ選定シタル者トス

1 中等學校（中等程度各種學校ヲ含ム）實修學校ノ生徒及卒業者
2 陸、海軍兵志願者訓練所生徒及卒業者
3 青年訓練所生徒及卒業者

三 入所者ノ選定

1 府尹、郡守又ハ島司ハ道知事ノ名ニ於テ青年訓練所別科入所該當名簿ニ登載セラレタル者ニ付「二、入所選定標準」ニ依リ別科ニ入所セシムベキ者ヲ選定シ第二號様式ニ依ル青年訓練所（青年特別錬成所）別科入所選定通知書ヲ發スルコト

前項入所選定通知書ハ府ニ在リテハ府尹之ガ交付ニ方リ郡島ニ在リテハ邑面長ヲシテ之ヲ交付セシムルコト

2 前號入所選定通知書ノ交付ヲ受ケタル者ノ中疾病其他避クベカラザル事故ニ依リ指定ノ日時ニ入所シ難キモノアルトキハ左ノ區分ニ從ヒ其ノ事實ヲ證明スベキ書類ヲ添附シ本人ヲシテ遲滯ナク入所スベキ青年訓練所主事又ハ青年特別錬成所長ヲ經テ府尹、郡守又ハ島司ニ屆出デシムルコト

(イ) 疾病其他身體又ハ精神ノ異狀ニ關スル事故ニ付テハ醫師ノ診斷書已ムヲ得ザル事情ニ依リ醫師ノ診斷書ヲ得ルコト能ハザルトキハ警察官吏ノ證明書

(ロ) 其他ノ事故ニ付テハ府尹、邑面長又ハ警察官吏ノ證明書

3 前號ノ屆出アリタル場合ニ於テ府尹、郡守又ハ島司必要アリト認ムルトキハ道知事ノ名ヲ以テ其ノ選定ヲ取消シ又ハ入所ヲ延期スルコトヲ得（別表第三、第四號樣式）

4 入所ヲ選定シタル者ノ中通所距離其他ノ交通關係等ニ依リ入所シ難キモノアルトキハ可成勞務斡旋其他ノ方法ニ依リ他地方工場、事業場等ニ就勞セシメ其ノ他所在ノ別科ニ入所セシムルコト

5 第一號ノ選定ヨリ除外セラレタル者ニシテ入所ヲ志望スルモノアルトキハ其ノ所ノ事情ニ應ジ之ヲ入所セシムルコトヲ得

6 第一號ノ選定ヨリ除外セラレタル者ニシテ徵兵檢査ノ結果入營ヲ豫想セラルル者アルトキハ之ヲ中途入所セシムルコト

7 昭和十八年六月二十三日附道通牒第八十七號「朝鮮青年特別錬成令第四條該當者ニ對スル徵兵準備敎育實施ニ關スル件」通牒ニ依リ現ニ入所セシメタル者ハ本件ニ依リ入所セシメタルモノト同樣ニ取扱フコト

四 別科設置

別科ハ各邑面一箇所（府ニ在リテハ公立青年訓練所三箇所、公立青年特別錬成所七箇所）ヲ標準トシ設置ス但私立青年訓練所ニ在リテモ其ノ設立者ニ於テ別科入所該當者ヲ使備スル場合ハ之ヲ設置スルコトヲ得現ニ青年訓練所ノ設設ナキ面ニ在リテハ青年特別錬成所ニ設置シ青年訓練所別科ニ代フルモノトス

五 敎授及訓練ノ期間

一月ヨリ十二月ニ至ル一年トス但シ戰時又ハ事變ニ際シ必要アリト認ムルトキハ別ニ期間ヲ定メ之ヲ六月ニ短縮スルコトヲ得

前項ノ期間內ニ別ニ定ムル方法ニ依リ夏期概ネ一月間合同合宿訓練ヲ行フモノトス

六 敎授及訓練ノ科目及時數

修身及公民科竝ニ普通學科	一五〇時
敎 練 科	一五〇時
計	三〇〇時

第五項但書ニ依リ敎授及訓練ノ期間ヲ短縮シタル場合ニ於ケル時數ハ其ノ都度之ヲ定ム

敎授及訓練ノ日及時刻ハ土地ノ情況ニ應ジ靑年訓練所別科ニ在リテハ靑年訓練所敎授及訓練日時ニ靑年特別錬成所別科ニ在リテハ靑年特別錬成所錬成日時ニ準ジ主事又ハ所長之ヲ定ム

合同合宿訓練ニ於ケル敎授及訓練ノ時數ハ本項ニ定ムル時數外トス

七 敎授及訓練ノ要旨及課程

敎授及訓練ノ要旨ハ靑年訓練所規程ノ定ムル所ニ依リ其ノ課程ハ本科ノ課程ヲ參酌シ本期間中ニ本科第三年次迄ノ課程ヲ履修スル如ク各靑年訓練所又ハ各靑年特別錬成所ニ於テ之ヲ定ム

八 指 導 員

別科ノ敎授及訓練ヲ擔當スル指導員ハ靑年訓練所又ハ靑年特別錬成所ノ現在ノ指導員ノ外概ネ僉任指導員二人（敎練科及學科各一人）ヲ增置スルモノトス

九 經 費

1 別科ノ設置竝ニ維持經營ニ要スル經費ハ設立者ノ負擔トス但シ公立靑年訓練所又ハ公立靑年特別錬成所ニ設置セルモノノ右經費中其ノ大部分ヲ道費ヨリ補助スル見込トス

2 靑年訓練所又ハ靑年特別錬成所ニ於テハ其ノ別科ニ於テ訓練ヲ受クル者ヨリ費用ヲ徵收セザルモノト

ス

十 其 他

1 別科ノ設置竝ニ經費ハ當分法制的措置ニ依ラズ專ラ本要項ニ依リ實施スルモノトス
2 別科用敎科書ハ當分別ニ編纂セズ但シ適宜靑年敎本、錬成敎本等ヲ使用スルヲ妨ゲズ
3 本要項其他別科ニ關シ別ニ定メナキ事項ニ付テハ靑年訓練所規程ヲ準用ス

(別表第一號樣式)

(極 秘)

靑年訓練所別科入所該當者名簿

番號	氏名 生年月日	資格等位	通所距離	本籍及現住所	職業及勤務先	保護者 氏名	保護者 本人トノ續柄	保護者 現住所	備考
	年 月 日生			本籍 現住所					
	年 月 日生			本籍 現住所					
	年 月 日生			本籍 現住所					

(別表第二號樣式)

第　　號

靑年(訓練／特別錬成)所別科入所選定通知書

本籍

現住所

氏　　名

年　月　日生

右者本年徵兵適齡ニシテ體格優良ナルニ因リ入營準備訓練ノ爲青年訓練所（青年特別錬成所）別科生徒トシテ選定シタルニ付左ノ通入所セラレタシ

一 入所スベキ青年訓練（特別錬成）所

二 入所スベキ日時 昭和　年　月　日午前/午後　時

昭和　年　月　日

朝鮮總督府慶尙北道知事　氏　名　印

（別表第三號樣式）

第　號

本籍

現住所

氏　名　年　月　日生

右者ニ對スル昭和　年　月　日附第　號青年訓練（特別錬成）所別科入所選定通知書ハ之ヲ取消ス

昭和　年　月　日

朝鮮總督府慶尙北道知事　氏　名　印

（別表第四號樣式）

第　號

本籍

現住所

氏　名　年　月　日生

右者ニ對スル昭和　年　月　日附第　號青年訓練（特別錬成）所別科入所選定通知書中入所スベキ日時ヲ左ノ通變更ス

昭和　年　月　日

朝鮮總督府慶尙北道知事　氏　名　印

一 昭和　年　月　日午前/午後　時

(別表第五號樣式)

青年訓練所別科(青年特別錬成所別科)生入所狀況調

府郡島名

青年訓練所名又ハ錬成所名	入所該當者數	入所選定者數	既ニ本科ニ入所シアリタル數	選定取消數	入所延期者數	入所者數	摘要
計							

(別表一)

公立ノ青年訓練所又ハ青年特別錬成所別科一箇所當リ所要經費及國庫補助額調(二、三月ノ二箇月分トス)

區分	算出額	補助割合	補助額	府邑面負擔	備考
廳費	三四	五割	一七	一七	
內國旅費	二四	—	二一	三	
雜給及雜費	三六	—	三五	一	
給與	三四	全額	三四	—	
雜費	二	五割	一	一	
計	九四		七三	二一	

[「慶尙北道報」第八七九号 昭和一九年二月一一日]

6 경상북도 여자 청년 연성 지도원 양성소 규정 1944년 2월 22일(慶尙北道女子青年錬成指導員養成所規定 1944년 2월 22일)

6　慶尚北道女子青年錬成指導員養成所規定

○朝鮮總督府慶尙北道令第七號
慶尙北道女子靑年錬成指導員養成所規程左ノ通定ム
昭和十九年二月二十二日　　朝鮮總督府慶尙北道知事　武　永　憲　樹

慶尙北道女子靑年錬成指導員養成所規程

第一條　慶尙北道女子靑年錬成指導員養成所ハ皇國ノ道ニ則リ皇國婦道ヲ錬磨シ女子靑年錬成指導員タルベキ者ヲ敎育錬成スルヲ以テ目的トス

第二條　本養成所ニ左ノ職員ヲ置ク

所　長
副所長　二　名
講　師　若干名
寮　監　若干名
幹　事　若干名
書　記　若干名

第三條　所長ハ慶尙北道內務部長ノ職ニ在ル者ヲ以テ之ニ充ツ
副所長ノ中一名ハ慶尙北道學務課長ノ職ニ在ル者ヲ以テ之ニ充テ他ノ一名ハ慶尙北道及同所屬官署（公立諸學校ヲ含ム以下同ジ）ノ職員又ハ學識經驗アル者ノ中ヨリ道知事之ヲ命ジ又ハ委囑ス

第四條　所長ハ所務ヲ掌理ス
副所長ハ所長ヲ補佐シ所長事故アルトキハ其ノ職務ヲ代理ス

第五條　講師寮監幹事及書記ハ慶尙北道及同所屬官署ノ職員又ハ學識經驗アル者ノ中ヨリ道知事之ヲ命ジ又ハ委囑ス
講師ハ所長ノ命ヲ承ケ敎育錬成ヲ掌ル
寮監ハ所長ノ命ヲ承ケ寮務ヲ掌ル
幹事ハ所長ノ命ヲ承ケ事務ヲ掌ル

書記ハ上司ノ命ヲ承ケ庶務ニ從事ス

第六條　本養成所ニ於テ履修セシムル科目概ネ左ノ如シ

道義、國語、家政、職業、國防、體操、藝能、教育

第七條　養成期間ハ概ネ三ケ月トス但シ必要ニ應ジ之ヲ伸縮スルコトヲ得

第八條　所生ノ定員ハ一回概ネ五十名トス但シ必要ニ應ジ增減スルコトヲ得

第九條　所生ハ左ノ各號ニ該當スル者ノ中ヨリ出身女學校長若クハ府尹、郡守又ハ島司ノ推薦ニ依リ所長之ヲ銓衡ノ上入所決定ス

一　高等女學校ヲ卒業シタル者（其ノ年三月卒業見込ノ者ヲ含ム）又ハ之ト同等以上ノ素養アル者

二　志操堅實身體强健ニシテ女子錬成所ノ勤務ニ堪フル者

三　家事ニ著シキ煩累ナク職務ニ專念シ得ル者

前項ノ資格ヲ有スル者募集定員ニ充タザルトキハ其ノ他ノ者ヲ入所セシムルコトヲ得

第十條　所生ノ入所手續ニ關スル事項ハ所長別ニ之ヲ定ム

第十一條　入所ヲ許可セラレタル者ハ入所ノ際保證人連署ノ上誓約書（第一號樣式）ヲ所長ニ提出スベシ

保證人ハ咸鏡北道內ニ於テ獨立ノ生計ヲ營ム成年ノ男子ニ限ル

第十二條　所生ハ之ヲ所內又ハ一定ノ場所ニ合宿セシム

第十三條　所生ニハ入所中ノ手當及食費ヲ給與ス

第十四條　所生左ノ各號ノ一ニ該當スト認メタルトキハ退所ヲ命ス

一　疾病ニ罹リ錬成ニ堪ヘザル者

二　學力劣等ニシテ成業ノ見込ナキ者

三　性行不良ニシテ女子青年錬成所指導員タルニ不適當ナル者

第十五條　所生ハ自己ノ便宜ニ依リ退所スルコトヲ得ズ

第十六條　本養成所ノ課程ヲ修了シタル者ニハ修了證書（第二號樣式）ヲ授與ス

第十七條　第十四條第二號及第三號ノ規定ニ依リ退所ヲ命ゼラレタル者ニハ給與シタル手當及食費ノ全部又ハ一部ヲ償還セシムルコトアルベシ

第十八條　本養成所修了者ハ一ケ年間慶尙北道內公立女子靑年鍊成所ニ奉職スル義務ヲ負フ

修了者特別ノ事情ニ因リ前項ノ義務ヲ履行スルコト能ハザルトキハ其ノ事由ヲ具シ義務ノ猶豫又ハ免除ヲ願出ヅルコトヲ得

第十九條　修了者左ノ各號ノ一ニ該當スルトキハ給與シタル手當及食費ヲ償還セシム但シ情狀ニ依リ其ノ一部ノ償還ヲ免除スルコトアルベシ

一　第十八條第一項ノ義務ヲ履行セザルトキ

二　第十八條第二項ノ規定ニ依リ其ノ義務ヲ免除セラレタルトキ

第二十條　本令ニ定ムルモノヲ除クノ外必要ナル事項ハ所長別ニ之ヲ定ム

附　則

本令ハ公布ノ日ヨリ之ヲ施行ス

第一號樣式

誓　約　書

本　籍

現住所

戶主（氏名）トノ續柄

氏　名

年　月　日生

私儀今般貴養成所生トシテ入所御許可相成候ニ付テハ所規命令ヲ遵守スルハ勿論若シ所定ノ所規命令ニ違反シタルトキハ本人及保證人連帶シテ其ノ責ニ任ズベク連署ヲ以テ誓約書差出候也

昭和　年　月　日　　右　氏　　名㊞

右保證人

本籍

現住所　　本人トノ關係

氏　　名㊞

年　月　日生

慶尙北道女子靑年鍊成指導員養成所長　殿

第二號樣式

修丁證書

本籍　都府縣道

氏　　名

年　月　日生

右者本養成所ノ課程ヲ修了セリ仍テ之ヲ證ス

年　月　日

慶尙北道女子靑年鍊成指導員養成所長　勳位　氏　　名㊞

[『慶尙北道報』第八八二号　昭和一九年三月三日]

7 여자 청년연성소 설치에 관한 건 1944년 3월 4일(女子青年錬成所設置ニ関スル件 1944년 3월 4일)

7 女子青年錬成所設置ニ関スル件

女子青年錬成所設置ニ關スル件 (昭和一九、三、四 道通牒第二十五號)

首題ノ件ニ關シテハ二月九日附慶北秘第四號ヲ以テ設置準備方ヲ通牒シ二月二十四日附ヲ以テ設置要項ヲ示シ兼ネテ準備措置方通牒シタル處二月十日附朝鮮總督府令第三十五號ヲ以テ朝鮮女子青年錬成所規程公布セラレタルニ付テハ同規程竝ニ別紙女子青年錬成所設置準備要項ヲ參酌シ四月一日一齊ニ開所シ得ル樣萬全ノ措置ヲ講ジ遺憾ナキヲ期セラレタシ

追テ私立女子青年錬成所ヲ設置セシムルヲ適當ト認ムル私人ニ對シテハ公立同樣成ルベク四月一日開所セシムルヤウ適宜指導相成度

女子青年錬成所設置準備要項

一 設置數

公立、大邱府 六箇所

各邑面 一箇所

計 二五七箇所

設置豫定計畫別表(一)ノ通

二 公立女子青年錬成所ノ機構

(一) 甲 類

兼任所長一名(國民學校長兼務)

專任指導員一名(女子專門學校臨時女子青年錬成指導員養成科修了者)

兼任指導員一名（國民學校女教員又ハ男訓導）
㈡ 乙　類
兼任所長一名（國民學校長兼務）
專任指導員一名（道女子青年錬成指導員養成所修了者）
兼任指導員一名（國民學校教員又ハ男訓導）
㈢ 丙　類
兼任所長一名（國民學校長兼務）
兼任指導員二名（國民學校女教員又ハ男訓導其ノ他適當ト認ムル者）
三　設 置 手 續
（認可申請樣式別表㈡ノ通）
四　名　稱
府ニアリテハ設置場所タル國民學校ト同名稱ヲ冠シ邑面ニアリテハ邑面ノ名稱ヲ冠シ何公立女子青年錬成所（何私立女子青年錬成所）ト稱ス但シ西面北面南面玉山面等ニアリテハ學校名ヲ冠スルコト
五　所　則
別紙㈢準則ヲ參酌シ制定スルコト
六　開 所 ノ 時
入所式ハ府郡島内各種ノ事情ニ應ジ成ルベク四月五日以内ニ行フコト
七　入所者ノ選定
㈠ 府尹邑面長ハ其ノ府邑面内ニ居住スル朝鮮人タル女子ニシテ其ノ年ノ四月一日現在ニ於テ年齢十六年以上十七年未滿ニシテ國民學校初等科未修了者（國民學校簡易學校在學者ヲ除キ簡易學校卒業者ヲ含ム）ニ付左ノ樣式ニ依リ女子青年錬成所入所該當者名簿ヲ調製スルコト

氏名 生年月日	通所距離	本籍及現住所	既婚未婚ノ別	敎育程度	職業	保護者 氏名	保護者 本人トノ續柄	保護者 現住所
		本籍 現住所						
		本籍 現住所						

(二) 前項ノ名簿登載者ヨリ既婚者ヲ除外シ其ノ他ノ者ニ付本人及家庭ノ事情ヲ勘案シ收容豫定數（收容力指導力等ヲ考慮シ定ムルモ概ネ五十名トス）ヲ參酌シテ入所者ヲ選定スルコト
選定ハ所長（設置場所ノ國民學校長、私立ニ在リテハ所長トナルベキモノ）之ヲナス

(三) 收容豫定數ガ前項ノ入所者ニ對シ餘裕アル場合ハ十七年以上ノ者、又ハ既婚者其ノ他名簿登載者以外ノ者ニ付入所者ヲ選定シ收容豫定數ヲ充タスコト

八 設置場所
公立女子靑年錬成所ハ府ニアリテハ府第二部特別經濟立ノ國民學校邑面ニアリテハ郡島學校費立國民學校ニ設置スルコト

九 經　費　省略

一〇 機關別府邑面設置豫定計畫表
別表(四)ノ通

一一 職員囑託申請
專任指導員ハ別途道ニ於テ發令配置ノ見込

別表(一) 省略
別表(二)
昭和　年　月　日
設置者　府　邑　面(私立ニアリテハ工場會社ノ經營者)ノ長
慶尙北道知事　殿
公(私)立女子靑年錬成所設置認可申請ノ件
公(私)立女子靑年錬成所ヲ設置シ度ニ付認可相成度左記事項ヲ具シ土地建物ノ配置圖並附近ノ狀況ヲ記載シタル圖面添附ノ上此ノ段申請ス

記

一　名　稱　何公(私)立女子靑年錬成所
二　位　置　慶尙北道　府郡島　町邑面　丁目町洞里　番地
何公立國民學校內(何工場內)
三　所　則　別紙ノ通
四　錬成ヲ受クル者ノ概數　名
五　開所年月日　昭和　年　月　日
六　經營及維持方法
1　所長並兼任指導員ハ國民學校職員ヲ以テ之ニ充ツ(所長並指導員ハ當工場ノ何々ヲ以テ之ヲ充ツ)
2　維持方法

經費　　圓

內譯　道費補助　　圓

設置者負擔　　圓（內授業料　　圓）

其ノ他　　圓

別表(四)　省略

別紙(三)

何公立（又ハ私立）女子靑年鍊成所所則（準則）

第一章　總則

第一條　本鍊成所ハ朝鮮女子靑年鍊成所規程ニ依リ朝鮮人タル女子靑年ニ對シ心身ノ鍛錬其ノ他ノ訓練ヲ施シ皇國女性タルノ資質ヲ向上セシムルヲ目的トス

第二條　本鍊成所ハ慶尙北道何府（郡又ハ島）何邑（又ハ面）何國民學校（又ハ何會社何工場等）內ニ置ク

第三條　本鍊成所ハ何公立（又ハ私立）女子靑年鍊成所ト稱ス

第二章　鍊成項目及鍊成時數

第四條　鍊成項目ハ修練、國語、家事及職業トス

第五條　鍊成ハ修練及國語ヲ主トシ家事及職業ヲ課スル外簡易ナル國史、地理及算數竝ニ體操等ヲ授クルモノトス

鍊成ハ各鍊成項目相互ノ聯絡ヲ密接ニシ且各事項ノ綜合ニ留意シテ之ヲ爲スモノトス

第六條　鍊成時數ハ左ノ時數ヲ下ラザルモノトス但シ地方ノ情況ニ應ジ相互ニ之ヲ融通スルコトアルベシ

錬成項目	錬成時數
修練	五〇
國語	三五〇
家事	五〇
職業	一五〇
計	六〇〇

第三章 入所期、錬成ノ期間、時期及時刻

第七條 入所期ハ毎年四月トス但シ特別ノ事情アル者ハ中途之ヲ入所セシムルコトアルベシ

第八條 錬成期間ハ一年トシ毎年四月一日ニ始マリ翌年三月三十一日ニ終ル

第九條 錬成ノ時期及始終時刻ハ左ノ如シ但シ特別ノ事情アルトキハ之ヲ變更スルコトアルベシ

錬成日	時期及始終時刻 四月	五月	六月	七月	八月	九月	十月	十一月	十二月	一月	二月	三月
日	自 時 至 時	時 時										
月	自 時 至 時	時 時										
火	自 時 至 時	時 時										

水	自　時　時	至　時　時									
木	自　時　時	至　時　時									
金	自　時　時	至　時　時									
土	自　時　時	至　時　時									

第十條　休日ハ左ノ如シ但シ特別ノ事情アルトキハ臨時休業ヲ爲スコトアルベシ
一　一月一日並ニ昭和二年勅令第二十五號ニ依リ休日タル祭日及祝日
二　日曜日
三　朝鮮總督府始政記念日
四　其ノ他道知事ノ定ムル日
第十一條　紀元節、天長節、明治節及一月一日ニ於テハ職員及所生錬成所ニ參集シテ祝賀ノ式ヲ行フモノトス

第五章　雜　則

第十二條　所生ハ居住ノ場所、職業其ノ他身上ニ異動ヲ生ジタルトキハ其ノ都度之ヲ届出ヅルモノトス
第十三條　本則ハ昭和何年何月何日ヨリ之ヲ施行ス
本則施行ニ關スル細則ハ所長別ニ之ヲ定ム
別表㈤　省　略

[「慶尚北道報」第八八三号　昭和一九年三月一〇日]

8 군무예비훈련소(가칭) 설치에 관한 건 1944년 4월 6일(軍務予備訓練所(仮称)設置ニ関スル件 1944년 4월 6일)

8 軍務予備訓練所（仮称）設置ニ関スル件

○軍務豫備訓練所（假稱）設置ニ關スル件

（昭和一九、四、六 道通牒第四十九號）

徴兵適齢者中國民學校教育不修了者ニ對シテハ青年特別錬成所ニ於テ錬成ヲ施シツヽアル處之ヲ以テシテハ徴兵豫備訓練トシテハ完全トハ云ヒ難キヲ以テ今回本府ニ於テハ青年特別錬成所修了者中現役徴集見込ノ者及現役徴集者ヲ本年四月末廢止セラルベキ第一（京城）第二（平壤）陸軍兵志願者訓練所ヲ改編シ更ニ新ニ京畿道始興郡ニ建築中ノ廳舍ヲ加ヘ右三ケ所ニ別紙㈠要項ノ通リ軍務豫備訓練所ヲ設置シ之ニ收容ノ上訓練ヲ施シ以テ皇軍要員タル資質ヲ錬成スルコトヽナリタルニ付別紙㈠要綱ヲ參酌スル外左記ニ依リ該當者入所ニ關シ速急手配ノ上本訓練所設置ノ目的達成ニ遺憾ナキヲ期セラレ度右依命通牒ス

追而別紙㈠要綱ニ依ル第二部所生ノ選定及入所ニ付テハ更メテ通牒ス

記

一 入所者選定標準

1 青年特別錬成所修了者ニ付別紙㈡第一期所生收容割當人員竝銓衡割當人員表ニ基キ第一期ハ豫ニ實施セル壯丁豫備身體檢査ニ於ケル體格等位「優」該當者中資質優秀ナル者ヲ（府尹／邑面長ヲシテ）銓衡シ別紙第一號樣式ニ依ル入所者銓衡連名簿（府郡島ニ於テ集計）及第二號樣式ニ依ル身上調査書（用紙ハ別途送付）ヲ四月十日迄ニ道ニ提出（一部）スルコト

2 府尹、邑面長銓衡セルモノニ付道知事入所スベキ者ヲ選定ス

3 府尹、邑面長ハ青年特別錬成所長ノ意見ヲ徴シ銓衡ニ當ルコト

二 入所選定通知書交付

道知事前號ノ標準ニ依リ入所セシムベキ者ヲ選定シタルトキハ府尹、邑面長ヲシテ第三號樣式ニ依ル軍務豫備訓練所入所選定通知書ヲ本人ニ交付セシム

三　入所選定ノ取消又ハ入所ノ延期

前號ノ入所選定通知書ノ交付ヲ受ケタル者ノ中疾病其ノ他避クベカラザル事故ニ因リ指定ノ日時ニ入所シ難キ者アルトキハ左ノ區分ニ從ヒ其ノ事實ヲ證明スベキ書類ヲ添付シ本人ヲシテ遲滯ナク府尹、邑面長ヲ經テ道知事ニ屆出デシムルコト

(イ)　疾病其ノ他身體又ハ精神ノ異常ニ關スル事故ニ付テハ醫師ノ診斷書已ムヲ得ザル事情ニ依リ醫師ノ診斷書ヲ得ルコト能ハザルトキハ警察官吏ノ證明書

(ロ)　其ノ他ノ事故ニ付テハ府尹、邑面長又ハ警察官吏ノ證明書

前項ノ屆出アリタル場合ニ於テ道知事必要アリト認ムルトキハ入所選定ヲ取消シ又ハ入所ヲ延期スルト共ニ之ヲ補充選定ス

四　本道ヨリ入所セシムベキ訓練所

別紙(ロ)第一期所生收容割當人員竝銓衡割當人員表ニ定ムル訓練所トシ入所ニ當リテハ府郡島ニ於テ責任者ヲ定メ道迄引率セシムルコト道到着日時ハ追報ス

五　入 所 期 日

五月一日トス但シ入所セシムベキ時刻ハ決定次第追報ス

六　經　　費

所生ノ入退所ニ要スル旅費ハ別途之ヲ支給セラルヽ見込

七　入所者選定及入所者收容ニ付テノ協力處置

入所者選定及入所者收容ハ法制的處置ニ依ラザルモ本制度ノ目的ニ鑑ミ本要項ニ依リ警察署長ハ十分之ニ

協力シ該當者ハ必ズ漏レナク入所セシムルヤウ處置スルコト

八　入所者ノ履傭上ノ取扱

入所ノ爲解雇スルガ如キコト絶對ニ無カラシメ其ノ手當ニ付テハ召集ノ場合ニ準ゼシムル等極力其ノ處遇ニ協力セシムルコト

九　其　ノ　他

(イ)　第二期以降ハ可及的徴兵檢査ノ結果ニ基キ入所セシムルニ付徴兵檢査ノ體格等位（國民學校修了者、國民學校未修了者別）別府郡島人員數ヲ五月十日迄ノモノト五月二十日迄トノモノニ區分シ遲滯ナク府尹、郡守、島司ヨリ電報ニテ報告スルコト本件人員數ハ警察署長ト十分連絡ノ上ナスコト

(ロ)　第一期入所者ニシテ入所後徴兵檢査ノ爲出所セシムルヲ要スル者アルトキハ徴兵檢査修了後再入所セシムルコト、シ此ノ場合ハ必要ニ依リ次期一定ノ期間ニ亘リ訓練ヲ繼續セシムルコトアルモノトス

(ハ)　入所銓衡者及選定者ニ對シテハ豫メ濃厚ナル豫備訓練ヲ府郡島、邑面、靑年特別鍊成所等ニ於テ充分ニナシ置クモノトス

(ニ)　入所ニ當リテハ訓練服（國民服等）戰闘帽卷脚絆ヲ着用セシムルコト

別紙(一)

朝鮮總督府軍務豫備訓練所（假稱）設置要綱

一　目　的

朝鮮總督府軍務豫備訓練所ハ朝鮮總督ノ管理ニ屬シ朝鮮人ニシテ兵役法ノ定ムル所ニ依リ將來軍務ニ服スベキ者ニ對シ心身ノ鍛錬其ノ他ノ訓練ヲ施シ以テ皇軍要員タルノ資質ヲ鍊成スルヲ目的トス

二　所　生

訓練所ニ左ノ二部ヲ置ク

第一部
青年特別錬成所修了者
第二部
國民學校以上修了者ニシテ概ネ六ヶ月間訓練ヲ受クルモノトシテ特ニ入所ヲ志願シタル者
右ノ者ハ入所中第一部ノ訓練助手タラシムルト共ニ將來下士官志願ノ場合ヲ考慮シ訓練ヲ施スモノトス
三 訓練期間
第一部
本年ハ一期概ネ四十日トシ五月ヨリ十二月ニ至ル八ヶ月間ニ六回實施ノ見込（訓練期間ハ現役徵集人員數ノ如何ニヨリテハ變更スルコトアルモノトス）
第二部
一期六ヶ月トシ本年ハ七月ヨリ十二月ニ至ル六ヶ月間一回實施ノ見込
四 訓練項目
第一部
訓育（修身、公民）普通學科（國語ニ重點ヲ置キ外ニ簡易ナル歷史、地理、數學等ヲ授ク）術科（敎練體操、銃劍術）內務訓練
第二部
訓育（修身、公民）普通學科（國語、歷史、地理、數學、理科）術科（敎練、體操、武道）內務訓練
五 設置期日及場所
京城軍務豫備訓練所（假稱） 五月一日
京畿道楊州郡蘆海面孔德里

始興軍務豫備訓練所（假稱）　　四月一日（見込）
京畿道始興郡東面禿山里
平壤軍務豫備訓練所（假稱）　　五月一日
平安南道平壤府新陽町

六　收容人員

第一部
差當リ第一期ハ別紙通牒ノ通リトシ第二期以降ハ追テ定ム

第二部
年一、〇〇〇人ノ見込トシ各期別人員ハ追テ定ム

七　選定方法

第一部
當該生徵兵適齡者中靑年特別錬成所ヲ修了シ壯丁豫備身體檢査ニ於テ現役徵集ヲ豫想セラルヽ者、徵兵檢査施行後ハ該檢査ニ依ル體格等位ニ依リ選定ノ上入所セシム

第二部
當該生ニ於テ特ニ志願シタル者ノ中壯丁豫備身體檢査ニ於テ現役徵集ヲ豫想セラルヽ者、徵兵檢査施行後ハ該檢査ニ依ル體格等位ニ依リ選定ノ上入所セシム

八　給與
所生ニハ入所中ノ學資及糧食ヲ給與シ被服ヲ貸與ス

九　法制的處置
本訓練所ハ官制ニ依ルモノトス

第一號樣式

入所者銓衡連名簿　　府郡島名

番號	本籍地	住所	氏名 生年月日	銓衡順位

備考
1 府郡島邑面別ノ順序ニ依リ記載スルコト
2 本籍地及住所ハ番地迄記載スルコト
3 銓衡順位ハ府ニアリテハ錬成所ヲ單位トシ他ハ邑面ヲ單位トシテ附スルコト

第二號樣式

身上調査書　　朝鮮總督府軍務豫備訓練所

青年特別錬成所記入欄

本籍地	
住所	
氏名	(振假名ヲ附スベシ) 年 月 日生
學歷及職業	
家庭狀況	父　母 妻 子　人
生活狀況	(イ)極メテ貧困 (ロ)貧困 (ハ)普通 (ニ)裕福

※訓練所記入欄

人物	

成績			
訓育	學科	內務	敎練

錬成所成績	訓育	學科	教練	勤勞
評語				

國語ノ收得狀況	
會話力	(イ)稍々不自由 (ロ)自由 (ハ)充分
書寫力	(イ)片假名ハ可能 (ロ)平假名ハ可能 (ハ)多少漢字ヲ書ク
身體狀況	

身體	備考

道　府郡島　青年特別錬成所長 印
（警察署管內）

備考 ※ノ箇所ハ軍務豫備訓練所ニ於テ記入スルモノトス

第三號樣式

第　　號

朝鮮總督府軍務豫備訓練所入所選定通知書

本籍地

住所

氏名

年　月　日生

右者本年徵兵適齡ニシテ體格優良ナルニ因リ入營準備訓練ノ爲朝鮮總督府軍務豫備訓練所生トシテ選定シタルニ付左ノ通入所スベシ

一　入所スベキ軍務豫備訓練所　何々

二　入所スベキ日　昭和十九年五月一日

昭和　年　月　日

道知事 印

第一期所生收容割當人員並銓衡割當人員表

府郡島名	收容人員割：京城軍務豫備訓練所	收容人員割：始興軍務豫備訓練所	收容人員割：平壤軍務豫備訓練所	府郡島銓衡割當人員
大邱				二〇
達城				二〇
軍威				二五
義城				五〇
安東				二〇
青松				二五
英陽				二〇
盈德				四〇
迎日				七〇
慶州				七〇
永川				七〇
慶山				五〇
清道				五〇
高靈				二〇
星州				二〇
漆谷				二〇
金泉				七〇
善山				四〇
尙州				二〇
聞慶				二〇
醴泉				二〇
榮州				二〇
奉化				三〇
鬱陵島				五
合計	九三	四一〇		八一五

〔「慶尙北道報」第八八八号 昭和一九年四月一四日〕

9 표

9-1 소화18년도(1943) 조선 특별 지원병 각도별 병종별 채용 일람표(昭和18年度朝鮮特別志願兵各道別兵種別採用一覽表)

合計	補充兵							兵		
	計	馬	輜重兵	防空兵	山砲兵	野砲兵	歩兵	計	馬	輜重兵
541	226	75	8	27	14	12	90	315	5	2
226	85	28	6	8	5	4	34	141	3	6
360	153	58	7	15	8	9	56	207	3	3
358	158	59	3	24	12	9	51	200	1	2
618	248	98	17	25	17	12	79	370	13	6
569	225	81	7	24	12	10	91	344	13	5
619	222	86	11	25	1	8	86	397	6	1
421	168	47	14	10	11	9	77	253		2
382	162	60	12	15	8	5	62	220	3	3
388	134	54	5	13	10	6	46	254	5	2
328	140	52	6	21	9	7	45	188	3	2
186	65	25	1	7	3	4	25	121	3	2
334	144	57	3	16	5	5	58	190	2	4
5330	2130	780	100	230	120	100	800	3200	60	4

9-1 昭和一八年度朝鮮特別志願兵各道別兵種別採用一覧表

昭和十八年度朝鮮特別志願兵各道別兵種別採用一覧表

道別／兵種／役種	現役							
	歩兵	騎兵	野砲兵	山砲兵	野戦重砲兵	工兵	工兵	防空兵
京畿道	259	2	8	14	3	7	2	13
忠清北道	110	1	2	8	1	4		6
忠清南道	174	1	4	13	2		1	6
全羅北道	170	1	5	9	1	1	1	9
全羅南道	272	5	18	18	1	9	8	21
慶尚北道	259	1	13	15	4	13	3	18
慶尚南道	334	2	9	15	7	10	4	9
黄海道	217	2	7	11	2	3		9
江原道	189	1	7	10	2	8		9
平安北道	217	1	4	10	3	3		9
平安南道	154	1	5	10	2	3		8
咸鏡北道	148	1	3	7	1	1		5
咸鏡南道	154	1	5	10	2	3	1	8
計	2100	20	90	150	30	60	20	130

9-2 소화18년(1943) 채용 특별 지원병(현역병) 입대 기일표(昭和18年採用特別志願兵(現役兵)入隊期日表)

9—2 昭和一八年採用特別志願兵（現役兵）入隊期日表

昭和十八年採用特別志願兵(現役兵)入隊期日表

區分 / 軍師別	現役兵	入隊期日	摘要
一九師	450	18 10/12	
二〇師	420	18 20/12	
三〇師	160	18 25/12	
軍直部隊	150	18 1/12	
東部軍	210	18 1/12	
中部軍	150	19 10/3	
西部軍	150	18 1/12	
支派軍	730	18 1/12 19 1/1	
關東軍	780	19 10/1 18 12/2	
計	3200		

9-3 소화18년도(1943) 임시 채용 특별 지원병 도별 채용 일람표(학도병)(昭和18年度臨時採用特別志願兵道別採用一覽表(學徒兵))

受検者總計	不合格者	合計	計	補充兵				
				防空兵	輜重兵	工兵	野山砲兵	歩兵
220	16	(88) 204	(5) 26	(2) 3	5	2	2	(7) 14
426	29	(67) 397	(4) 38	(1) 5	(2) 9	0 1	4	(2) 19
306	16	(67) 290	(7) 40	17	(1) 11	2	4	(6) 12
388	25	(52) 363	(2) 52	(1) 6	7	3	7	(1) 29
262	16	(44) 246	(3) 33	4	7	1	(1) 1	(2) 20
524	50	(23) 474	(2) 61	25	(1) 8	2	(1) 3	23
106	10	(55) 96	(6) 11	(1) 7	(2) 5			(3) 5
83	4	(49) 79	(5) 10	1	3		(1)	6
181	18	(33) 163	(2) 17	(2)	4		2	11
204	17	(31) 187	(4) 19	3	(3) 11	1	3	(1) 1
222	16	(15) 206	(7) 23	(1) 8	(3) 4		5	(3) 6
232	16	(94) 216	(2) 28	(1) 5	8	1	(1) 3	15
212	16	(88) 196	(6) 24	4	(2) 3	1	(1) 2	(3) 14
3366	249	(706) 3117	(55) 382	(9) 76	(13) 87	14	(5) 36	(38) 173
		（ ）外数とす						

備考

（ ）ハ朝鮮軍管外ニ於ケル採用人員ヲ示ス

9-3 昭和一八年度臨時採用特別志願兵道別採用一覧表（学徒兵）

昭和十八年臨時採用特別志願兵道別採用一覧表（學徒兵）

兵種 / 區分	現役兵種: 歩兵	騎兵	工兵	野山砲兵	輜重兵	防空兵	計
咸北	(58) 102	3	(4) 8	(9) 18	(4) 31	(4) 16	(79) 178
咸南	(13) 217	4	(2) 13	(7) 24	(5) 69	(9) 32	(36) 359
平北	(35) 164	1	(2) 9	(9) 14	(8) 43	(6) 19	(60) 250
平南	(35) 191	7	(3) 11	(4) 14	(5) 60	(3) 28	(50) 311
黄海	(21) 122	5	(3) 4	(5) 19	(7) 38	(5) 25	(41) 213
京畿	(12) 238	10	(1) 24	(4) 31	(2) 54	(2) 58	(21) 413
江原	(31) 50	2	(1) 3	(5) 7	(7) 17	(5) 6	(49) 85
忠北	(12) 40	1	(1) 5	(2) 8	(1) 7	(2) 8	(18) 69
忠南	(21) 83	4	(2) 5	(3) 13	(2) 24	(3) 17	(31) 146
全北	(18) 97	5	(1) 8	(2) 17	(1) 31	(5) 10	(27) 168
全南	(62) 63	3	(8) 17	(10) 19	(14) 51	(14) 30	(108) 183
慶北	(54) 122	1	(3) 9	(7) 15	(16) 29	(12) 12	(92) 188
慶南	(47) 91	4	(5) 8	(7) 12	(8) 30	(15) 27	(82) 172
計	(442) 1580	50	(36) 124	(74) 211	(84) 484	(85) 238	(721) 2735
摘要	体格等位	甲、一乙、二乙トス					81% 現役トス

9-4 소화18년(1943) 임시 채용 특별 지원병 군 사단별 입대 인원표(조선내 채용분)(昭和18年臨時採用特別志願兵軍師團別入隊人員表(朝鮮内採用の分のみ)

合計	支那軍								西部軍				
	成五三五九	春二九八〇	祖四二七〇	予二三一五	造三五八〇	専七九九〇	閏七九八〇	衣六三五〇	防空集団	熊本師団	広島師団	久留米師団	善通寺師団
2730	50	60	60	200	60	200	200	200	742				
385									120				
3117	50	60	60	200	60	200	200	200	862				

9-4 昭和一八年臨時採用特別志願兵軍師団別入隊人員表

昭和十八年臨時採用特別志願兵軍師団別入隊人員表（鮮内採用の分のみ）

軍別	師団別＼兵種別	現役兵	補充兵	合計	摘要
朝鮮軍	羅南師団	127	22	149	
	京城師団	106	41	147	
	平壌師団	153	67	220	
	軍直部隊	37	20	57	
東部軍		55	22	77	
中部軍	大阪師団 名古屋師団 京都師団 姫路師団 防空兵団	482	93	575	

9-5 소화19년(1944) 조선인 현역병 및 제1 보충병 징집(채용) 구분표(昭和19年朝鮮人現役兵及第一補充兵徵集(採用)區分表)

輜重兵	一九七〇	六〇	
航技兵	一五〇		
兵技兵	一二〇		
海軍兵	一〇〇〇〇		
計	五一、七三七	三、一六〇	三

備考

一、本表人員は現役兵の員数を示す

二、朝鮮人の体格等位同一なる者の徴集順序は特に必要あるときは兵役法施行規則第百五十條の規定に依らざることを得

三、幹部候補生有資格者の配當要領は内地人に準ず

四、朝鮮人にして体格等位乙種以上となりたる者中現役兵として徴集する以外の全員は之を第一補充兵として徴集し此等の兵種別人員は概ね現役兵に準し各徴集軍司令官之を定むるものとす但し輜重兵の比率は之を大ならしめ飛行兵、戦車兵、航技兵、兵技兵は之を除くものとす

五、南方軍、第十四軍地区に残留する朝鮮人は本表に含まざるものとし体格等位甲種の者中全壮丁の三〇%を現役兵として夫々當該最高指揮官の定むる兵種に徴集するものとし第一補充兵の徴集に付ては前号に準ず

六、朝鮮以外に在留する朝鮮人の今次志願者は規則第三十八條に拘らず本籍地の兵事部長に於て採否を決定するものとす

9—5 昭和一九年朝鮮人現役兵及第一補充兵徵集（採用）区分表

昭一九朝鮮人現役兵及第一補充兵徵集(採用)區分表

區分 / 徵募管區 / 兵種	朝鮮人		
	朝鮮軍	關東軍	台灣軍
歩兵	二七〇五五	二三三〇	三
騎兵	四四五	三〇	
戰車兵	子一五	八〇	
野砲兵	一七六〇	一三〇	
山砲兵	一二八〇	一五〇	
野戰重砲兵	五六五	四五	
工兵	一四二七	六〇	
鉄道兵	一五〇	四五	
高射兵	四〇一〇	一八〇	
飛行兵	一九〇〇	一五〇	
船舶兵	一六〇〇		

9-6 소화20년(1945) 조선인 현역병 및 제1 보충병 징집 구분표(육군병)(昭和20年朝鮮人現役兵及第一補充兵徵集區分表(陸軍兵))

輜重兵	一九七〇	六〇	
航技兵	一五〇		
兵技兵	一二〇		
海軍兵	一〇〇〇		
計	五一、七三七	三、一六〇	三

備考

一、本表人員は現役兵の員数を示す

二、朝鮮人の体格等位同一なる者の徴集順序は特に必要あるときは兵役法施行規則第四十條の規定に依らざることを得

三、幹部候補生有資格者の配當要領は内地人に準ず

四、朝鮮人にして体格等位乙種以上となりたる者中現役兵として徴集する以外の全員は之を第一補充兵として徴集し此等の兵種別人員は概ね現役兵に準し各徴集軍司令官之を定むるものとす 但し輜重兵の比率は之を大ならしめ飛行兵、戦車兵、航技兵、兵技兵は之を除くものとす

五、南方軍、第十四軍地区に残留する朝鮮人は本表に含まざるものとし体格等位甲種の者中全壮丁の二〇%を現役兵として夫々當該最高指揮官の定むる兵種に徴集するものとし第一補充兵の徴集に付ては前号に準ず

六、朝鮮以外に在留する朝鮮人の全志願者は規則第三十八條に拘らず本籍地の兵事部長に於て採否を決定するものとす

9-6 昭和二〇年朝鮮人現役兵及第一補充兵徴集区分表（陸軍兵）

昭和二〇年朝鮮人現役兵及第一補充兵徴集区分表（陸軍兵）

区分 / 徴兵管区 / 兵種	朝鮮人		
	朝鮮軍	関東軍	計
歩兵	二七、五三〇	二、二五〇	二九、七八〇
騎兵	四四五	三〇	四七五
戦車兵	二〇〇	八〇	二八〇
野砲兵	一、九〇〇	一三〇	二、〇三〇
山砲兵	一、三五〇	一五〇	一、五〇〇
野戦重砲兵	六〇〇	四五	六四五
重砲兵	二〇〇	六〇	二六〇
工兵	一、四二〇	六〇	一、四八〇
鉄道兵	一五〇	五〇	二〇〇
輜重兵	七〇〇		七〇〇
通信兵	一〇〇	二〇	一二〇

9-7 소화20년(1945) 조선인 현역병 및 징집 구분표(해군병)(昭和20年朝鮮人現役兵及徵集區分表(海軍兵))

9—7 昭和二〇年朝鮮人現役兵及徴集区分表（海軍兵）

昭和二十年朝鮮人現役兵徴集区分表（海軍兵）

区分	徴集年	入団期日 \ 兵種	水兵	整備兵	機関兵	工作兵	衛生兵	主計兵	計
朝鮮人	朝鮮軍	昭和二十年十一月以降				五、〇〇〇			五、〇〇〇
		昭和二十年一月一日	一、六八〇	六〇〇	一八〇		一八〇	三六〇	三、〇〇〇
		昭和二十年五月一日	一、一二〇	四〇〇	一二〇		一二〇	二四〇	二、〇〇〇
		計	二、八〇〇	一、〇〇〇	三〇〇	五、〇〇〇	三〇〇	六〇〇	一〇、〇〇〇

備考 一、参着部隊は朝鮮人に在りては鎮海兵団とす
二、工作兵の入団期日は追て示す

9-8 조선 재적 구 육군 군인 군속 소속 부대 소재지 지역별 통계표 1962년 제작 후생성 원호국(朝鮮在籍舊陸軍軍人軍屬の所屬部隊所在地地域別統計表 1962年調製 厚生省援護局)

朝鮮在籍旧陸軍軍人軍

部隊所在地域別	軍人		
	復員	死亡	計
内地	16,324	55	16,379
朝鮮	43,780	108	43,888
千島樺太	372	23	395
満洲	8,751	57	8,808
中国	15,287	654	15,941
台湾	1,154	266	1,420
フィリッピン	951	2,156	3,107
ジャワ、スマトラ、ボルネオ、ニューギニヤ等	1,014	1,863	2,877
ビルマ	1,324	498	1,822
小笠原、沖縄、太平洋諸島	151	190	341
計	89,108	5,870	94,978

9-8 朝鮮在籍旧陸軍軍人軍属の所属部隊所在地地域別統計表

属の所属部隊所在地域別統計表　別紙第2

昭和37.2.28調製
厚生省援護局

軍属			計		
復員	死亡	計	復員	死亡	計
1,666	124	1,790	17,990	179	18,169
21,920	64	21,984	65,700	172	65,872
368	190	558	740	213	953
6,570	39	6,609	15,321	96	15,417
5,039	428	5,467	20,326	1,082	21,408
161	43	204	1,315	309	1,624
470	479	949	1,421	2,635	4,056
4,080	704	4,784	5,094	2,567	7,667
1,299	94	1,393	2,623	592	3,215
3,831	826	4,657	3,982	1,016	4,998
45,404	2,991	48,395	134,512	8,861	143,373

9-9 조선 재적 구 육해군 군인 군속 출신지별 통계표 1962년 제작 후생성 원호국(朝鮮在籍舊陸海軍軍人軍屬出身地別統計表 1962年調製 厚生省援護局)

朝鮮在籍旧陸海軍軍人

道別	陸軍								
	復員			死亡			計		
	軍人	軍属	計	軍人	軍属	計	軍人	軍属	計
慶尚南道	6,291	3,859	10,150	603	520	1,123	6,894	4,379	11,273
慶尚北道	7,822	5,943	13,765	682	708	1,390	8,504	6,651	15,155
全羅南道	7,918	4,229	12,147	771	531	1,302	8,689	4,760	13,449
全羅北道	4,589	2,023	6,612	386	117	503	4,975	2,140	7,115
忠清南道	5,998	2,639	8,637	352	96	448	6,350	2,735	9,085
忠清北道	4,186	1,552	5,738	325	77	402	4,511	1,629	6,140
京畿道	10,374	9,241	19,615	612	287	899	10,986	9,528	20,514
江原道	6,221	1,174	7,395	292	98	390	6,513	1,272	7,785
黃海道	6,593	1,987	8,580	480	252	732	7,073	2,239	9,312
平安南道	6,225	5,453	11,678	346	50	396	6,571	5,503	12,074
平安北道	7,120	2,142	9,262	405	86	491	7,525	2,228	9,753
咸鏡南道	8,982	2,073	11,055	291	88	379	9,273	2,161	11,434
咸鏡北道	6,789	2,099	8,888	325	81	406	7,114	2,180	9,294
計	89,108	45,404	134,512	5,870	2,991	8,861	94,978	48,395	143,373

軍属出身地別統計表

別紙第?
昭37.2.28調
厚生省援護局

海軍									合計		
復員			死亡			計			復員	死亡	計
軍人	軍属	計	軍人	軍属	計	軍人	軍属	計			
2,604	12,456	15,060	42	1,712	1,754	2,676	14,168	16,844	25,240	2,877	28,117
2,324	8,674	10,998	43	1,648	1,691	2,367	10,322	12,689	24,753	3,081	27,834
2,623	11,146	13,769	25	2,901	2,926	2,648	14,047	16,695	26,916	4,228	31,144
1,211	5,698	6,909	21	2,331	2,352	1,232	8,029	9,261	10,521	2,355	12,876
1,363	4,792	6,155	20	1,172	1,192	1,383	5,964	7,347	14,792	1,640	16,432
837	3,268	4,105	12	701	713	849	3,969	4,818	7,843	1,115	10,958
1,568	5,734	7,302	18	831	849	1,586	6,565	8,151	20,917	1,748	22,665
1,457	3,655	5,114	36	452	488	1,495	4,107	5,602	12,509	958	13,467
1,556	2,342	3,898	14	531	545	1,570	2,873	4,443	12,478	1,277	13,755
1,922	3,765	5,687	23	193	216	1,945	3,958	5,903	12,365	612	12,977
1,421	1,420	2,841	23	221	244	1,444	1,641	3,085	12,104	745	12,848
1,415	1,352	2,767	21	234	255	1,436	1,356	2,792	13,622	604	14,226
675	537	1,212	10	36	46	685	573	1,258	11,100	452	11,552
21,008	64,639	85,647	308	13,013	13,321	21,316	77,652	98,968	220,159	22,182	242,341

9-9 朝鮮在籍旧陸海軍軍人軍属出身地別統計表

참고문헌

저자	서지명	출판지	출판사	발간일	비고
朝鮮憲兵隊司令部	朝鮮の人の篤行美談集 第1集	京城	朝鮮憲兵隊	1938	
朝鮮憲兵隊司令部	朝鮮の人の篤行美談集 第2集	京城	朝鮮憲兵隊	1938	
朝鮮総督府	支那事変と半島同胞		朝鮮総督府	1938	미담집
朝鮮総督府	半島銃後の赤誠		朝鮮総督府	1938	총독부가 정리한 미담 개요
朝鮮連合青年団	皇国精神に燃えて一青年団と団員の汗の業績		朝鮮連合青年団	1939	도별 조선인 청년단 개인의 행동 미담집 156쪽
岡久雄	陸軍特別志願兵読本		帝国地方行政学会朝鮮本部	1940	
朝鮮軍司令部	愛国		朝鮮軍司令部	1940	일본인 미담과 함께 조선인의 군 협력 미담집, 246쪽
朝鮮軍事後援連盟	半島の銃後陣		朝鮮軍事後援連盟	1940	미담집
朝鮮金融組合連合会	時局日誌 第１輯(年表)		朝鮮金融組合連合会調査課	1940	1937~39년 10월까지 조선, 일본'본토', 만주 등 사항별
国民精神総動員朝鮮連盟	総動員1939年6月-1945年12月号		国民精神総動員朝鮮連盟 復刻版緑蔭書房	1940	1940년 11월호부터 국민총력과 해제
大野緑一郎	朝鮮同胞に対する徴兵制施行準備決定に伴う処置状況		国会図書館·大野文書	1942	大野文書1262 등
慶尚北道	慶尚北道報		大邱図書館蔵	1942	「青年特別錬成所錬成要旨及要目制定」
杉浦洋	朝鮮徴兵準備読本			1942	
京城商工会議所	朝鮮における物資配給統制機構-主として京城を中心として-		京城商工会議所	1942	품목마다 통제·유통 개요도 첨부됨

저자	서지명	출판지	출판사	발간일	비고
内務省編	公文類聚第66編 1942年1 司法省民事局1月23日、内地在住朝鮮人戸籍整備要綱他		1942		
朝鮮銀行京城総裁席調査課	朝鮮農村の再編成について		朝鮮銀行	1942	농촌 재편성의 목적 등에 대한 조사, 37쪽
朝鮮金融組合連合会	農村労働者の賃金に関する資料		朝鮮金融組合連合会	1942	각 도별 농업 노동자 임금 일람 등
杉浦洋著朝鮮軍報道部監修	朝鮮徴兵読本	京城	朝鮮図書出版	1943	
朝鮮総督府警務局	昭和17年版朝鮮不穏言論取締集計書		朝鮮総督府警務局	1943	1941년 12월~1943년 4월까지 각종 불온 언동을 정리한 자료
朝鮮総督府第一陸軍志願者訓練所	生徒諸調査表−昭和17年度後期生		志願兵訓練所	1943	梶村文庫382·2−k1
高等法院	高等法院判決録 昭和17年度 19巻		高等法院	1943	민사·형사 사건 판결 중심(남산도서관)
東洋経済新報社編	朝鮮産業の決戦再編成 昭和18年版		東洋経済新報社	1943	기업마다 결전체제 해설
朝鮮総督府·高等法院検事局思想部	思想彙報1~10巻、補刊		高麗書林復刻版	1943	보권은 1943년 간행. 1940년 12월~1943년 8월말까지의 치안유지법 위반 일람
京城陸軍兵事部他	昭和19年度徴兵検査のため受験壮丁並びに父兄の心得	京城		1944	
常設戦時経済懇話会	朝鮮経済統制問答		東洋経済新報社京城支局	1944	
陸軍教育総監部	朝鮮出身兵の教育参考資料 その一		精神教育資料70	1944	
陸軍教育総監部	朝鮮出身兵の教育参考資料 その二		精神教育資料71	1944	
朝鮮総督府法務局	朝鮮戸籍および寄留届書式集		朝鮮戸籍協会	1944	
高等法院検事局	朝鮮刑事政策資料昭和18年版		高等法院検事局	1944	검사의 관내 상황 보고를 포함함

저자	서지명	출판지	출판사	발간일	비고
国民総力朝鮮連盟	朝鮮民心の好転状況付美談挙集		国民総力朝鮮連盟	1944	경무국 보안과 조사자료 조선인 국채 소화률 향상, 미담 등
京城日報社	半島学徒出陣譜		京城日報社	1944	학도병 모집개요, 미담 등, 312쪽
寺本寛	海兵の揺籃	京城	大洋出版社	1944	조선총독부 해군 지원자훈련소 소장 吉岡清 추천문, 견문기 등
朝鮮総督府情報課	新しき朝鮮		朝鮮行政学会	1944	전시 하 조선 소개서
張赫宙	岩本志願兵		京城興亜文化出版	1944	
朝鮮軍報道部等推薦	小国民陸軍読本		朝鮮公民教育会	1944	조선인 소년용 육해군 병종 해설
朝鮮商工会議所	戦時産業経営講話		朝鮮商工会議所	1944	355쪽
渡辺克巳	小国民のための兵隊さんものがたり		国民総力朝鮮連盟	1944	그림 삽입. 군, 징병 소년병이 되기 위한 군대 독본. 소년용
外務省	終戦連絡委員会議事録書類		原資料	1945	외교기록 MF
国務省	「朝鮮人捕虜名簿」		国立国会図書館 SCAP文書	1945	조선인 포로명부 587인분. box1141·Film No 145
方面軍·軍管区	諸部隊通称号所在地一覧		第17方面軍·朝鮮軍管区	1945	방위연구소도서관 소장. 중앙·군사행정·편성 149
京城日報社	朝鮮年鑑		京城日報社	1945	군사 항목 있음
楠田敏郎	神風特別攻撃隊の精神	京城	大洋出版社	1945	조선인 특공병사 松井秀雄 오장, 靖国隊 출신의 소개문 있음
大石運平	神兵	京城	朝鮮教育出版	1945	조선 아동용 '신병' 이야기
朝鮮総督府	大戦下の半島経済		朝鮮総督府	1945	일부 1943년, 44년도 통계자료 사용
朝日新聞社	戦う朝鮮-報道写真		朝日新聞社	1945	사진 125쪽. 해설 포함
朴永朗	産業戦士の妻		朝鮮出版	1945	전라북도 근로의 용대에 보낸 고향 소식

저자	서지명	출판지	출판사	발간일	비고
元朝鮮軍徴兵主任参謀 吉田俊隈	朝鮮人志願兵·徴兵の梗概		防衛研究所図書館蔵	1946	분류, 만주·조선2
坪江仙二	在日本朝鮮人概況		巌南堂	1965	초판은 1953년 간행
朝鮮人強制連行調査団	第二次大戦時沖縄朝鮮人強制連行虐殺真相調査団報告書			1972	특설수상근무대 제101~104중대 기술 있음
本部町史編集委員会	本部町史資料編 1		本部町役場	1979	군부명부 게재
佐藤愛子	スニョンの一生		文芸春秋社	1984	타이완 다카사고(高砂)의용대 나카무라(中村) 일등병의 기록
宮田節子	朝鮮民衆と「皇民化」政策		未来社	1985	
金太華	特別海軍志願兵		ひまわり書房	1986	
海野福寿	恨−朝鮮人軍夫の沖縄戦−		河出書房新社	1987	
桐原久	特攻に散った朝鮮人		講談社	1988	
林鐘国	日本の朝鮮侵略史1·2		日月書閣	1988	
1·20学兵史記刊行会	1·20学兵史記第1巻~3巻	ソウル	1·20学兵史記刊行会	1990	
李鐘学	韓国軍事史序説		서라벌군사연구소	1990	
吉野直也	朝鮮軍司令部1904~1945		図書刊行会	1990	한국어판 있음
金成寿	傷痍軍人金成寿の戦争		社会評論社	1995	재판용으로 따로 제작된 「波乱万丈の足跡」이 있음. 지원병출신
李佳炯	怒りの河−ビルマ戦線狼山砲第二大隊朝鮮人学徒志願兵の記録		連合出版	1995	
林えいだい	証言集朝鮮人皇軍兵士−ニュギニア戦の特別志願兵−		拓植書房	1995	
江原道遺族訴訟を支える会	江原道遺族訴訟−暴かれた戦時下の植民地支配−		江原道遺族訴訟を支える会	1996	
金乙星	アボジの履歴書		神戸学生センター	1997	중국전선 조선병사의 모습 있음
姜徳相	朝鮮人学徒出陣−もう一つのわだつみのこえ−		岩波書店	1997	

저자	서지명	출판지	출판사	발간일	비고
崔由利	日帝末期植民地支配政策研究		国学資料院	1977	韓国史研究叢書5
新潟市	戦場としての新潟		新潟市	1998	조선인 선박병의 기록
변은진	日帝 戰時파시즘期(1937-45) 朝鮮民衆의 現實認識과 抵抗		박사논문	1998	참고문헌, 부록2 국내 비밀결사와 도서회 현황 등
金英達	日韓会議での朝鮮人軍人·軍属·被徴用労働者に関する論議		在日朝鮮人運動史研究会	1998	『在日朝鮮人史研究』제28호
竹国友康	ある日韓歴史の旅 鎮海の桜		朝日新聞	1999	해군기지의 개요와 해군지원병의 기록 있음
宮田節子解説	十五年戦争下の朝鮮統治·朝鮮総督府関係者録音記録		学習院	2000	東洋文化研究２号

이 외에도 한국 국가기록원 자료를 이용했다. 『경제치안주보』와 여기에 인용하지 않은 군 형법 위반 등 판결 원본 기록 등이 있다. 방위연구소 도서관 육해군 자료에서도 상당수 인용했으나 본문에 자료명을 기재하지 않았기에 여기에 밝히지 않았다. 비교적 입수하기 쉬운 간행물을 중심으로 소개했다. 그리고 수많은 전시 부대사 속에서도 조선인 병사를 찾아볼 수 있는데 여기에는 다 소개할 수가 없었다. 정기 간행물로는 신문을 많이 인용했으며 조선총독부의 각종 정기 간행물도 참고로 했다.

재일조선인 징병 관계자료는 아래 졸저에 게재되어 있다. 본서 간행의 전제가 되는 졸저·자료집 3개를 밝혀 둔다.

저자	서지명	출판지	출판사	발간일	비고
樋口雄一	皇軍兵士にされた朝鮮人		社会評論社	1991	재일조선인 징병을 내용으로 함
樋口雄一	戦時下朝鮮の農民生活誌		社会評論社	1998	
樋口雄一	戦時下朝鮮人労務動員基礎資料集1~5巻		緑蔭書房	2000	징병 배경이 되는 노동력 이동 관계 자료

연표

연도	월일	내용	
1938	02.23.	육군특별지원병령 공포. 4월 3일 시행. 이후 1943년 후기 태생까지 매년 실시.	
	07.07.	국민정신총동원 조선연맹 결성	
1941	01.30.	도조 히데키 수상이 중의원 예산위원회에서 조선인 징병을 검토중이라는 취지 답변.	
1942	01.	육군병무국장이 조선군에 조선인 청년의 체격, 국어보급에 대해 조회	
	03.01.	동일자부터 10일간 조선 전국에서 조선청년 체력검사를 실시	
	05.08.	조선에서의 징병제 실시를 각의결정함	
	09.26.	조선기류령 공포. 10월 15일 시행	
	10.01.	국민학교 미수료자를 중심으로 조선청년특별연성령 공포. 동월 26일 시행규칙	
	12.01.	조선청년특별연성소 개설	
1943	03.01.	호적 정비를 위해 조선 전국에서 호적 조사 실시	
	06.18.	조선총독부, '만주국' 내 호적정비를 위해 계원 7명 파견	3
	07.01.	동일자부터 호적기류 정비주간 실시	
	07.20.	해군특별지원병령 공포. 8월 1일 시행. 모집 개시	
	07.24.	고이소 조선총독, '만주국' 방문, 조선인 징병 대상자를 격려	3
	08.01.	제81 제국의회에서 개정 병역법 시행 결정 '만주국'에서 징병을 위해 조선인청년특별연성이 개시됨. 동일자부터 만주국협화회가 조선인 징병 기념주간. 집회 등을 개최.	3
	08.15.	'만주국' 각성에서 조선인 징병 대상자에게 갑종, 을종 연성이 개시됨	3
	10.01.	제1기 해군특별지원병 훈련소 입소, 1944년 4월 1일 해병단 입단	
	10.20.	육군특별지원병채용시행규칙 공포. 학도병 채용 결정	
	11.20.	학도병 모집 마감	
	12.01.	청년특별연성소 일제히 개설	
	12.11.	학도병 입영 검사 개시	1
	12.19.	전투 중 사망한 육군특별지원병 4명에 대해 2계급 특진이 추서되어 '殉忠無比'의 영광이라고 선전됨	1

연도	월일	내용	
1943	12.23.	징병 적령자 일부 불명, 노동이동이 원인, 신고한 사용자의 협력이 필요 라며 호소	1
1944	01.06.	부산부 병사과, 징병 적령자를 발견하여 통보한 자에게 '약간의 사례'를 줄 것임을 발표.	2
	01.11.	조선인 학도병 합격자 발표	
	01.20.	조선인 학도병 입영	
	01.	국민학교 졸업한 청년을 대상으로 청년훈련소 별과 합동훈련을 개시한다고 발표	
	02.05.	경상북도, 청년훈련소 별과 훈련규정 공포	
	02.08.	국가총동원법에 의거 공장 등에 국민징용령 발동. 일반징용은 8월부터.	1
	02.10.	조선 여자 청년훈련소 규정 제정. 4월부터 국민학교에서 실시	1
	03.20.	조선인특별지원병, 기무라(木村)병장, '적'을 섬멸하고 자폭 '산화'했다고 보도됨.	1
	03.23.	고이소 조선총독 제1기 해군지원병훈련소 졸업식에서 인사, 4월 1일부터 해병단에 입단	1
	03.25.	경기도, 여자청년훈련소를 250개 소 설치한다고 발표	1
	03.26.	황해도, 청년특별훈련소를 금년도에 178개 소 신설한다고 발표	1
	03.27.	조선인 개척민 안내소를 신경역내에 설치	1
	03.29.	육군특별조조종견습사관 모집 발표. 4월 20일까지 조선군사령관에 신청할 것	
	03.31.	군사생산책임제도 적용할 186 업자 지정	
	04.	제1회 징병검사 개시됨. 8일부터 제2차 현원징용 실시	
	04.01.	조선여자청년훈련소 훈련 개시	
	04.06.	군무예비훈련소 설치규정 공포	
	04.11.	1面1祠계획 발표	1
	04.15.	경성, 용산 모토마치(元町)국민학교에서 징병검사 개시	
	04.16.	제국(諸國)신사에 조선인 관련 53주 봉안됨. 병사, 군속, 통역 등	1
	04.17.	제2회 해군지원병 입소식 거행	
	04.21.	육군특별지원병훈련소 제13회 수료식, '개병'의 선구 역할 종료함 징병검사자 관계서류는 필히 읍면을 경유하도록 경성병사구에서 요청	1
	04.22.	조선총독부 군무예비훈련소 설치규칙, 훈련요강 공포. 양주(제1), 평양(제2), 시흥(제3, 5월부터) 각 훈련소에서 훈련 개시	
	05.05.	오가타(尾形) 시종, 무관군무예비훈련소, 징병검사장 등 시찰	
	05.06.	조선에서의 징병에 맞춰 육군대신으로부터 공적자 10인에게 상장과 기념품 하사됨	1
	05.10.	해군특별지원병령 개정. 해군지원자훈련소를 거치지 않고 해병단에 입단할 수 있게 됨	1

연도	월일	내용	
1944	05.11.	노무 알선 범위 확대. 17세~50세까지로 됨	1
	05.26.	'반도'소년 고사병에게 전기(戰技) 우수상 수여됨	1
	05.28.	제3군무예비훈련소 개소식	
	06.03.	해군 제1회 징모검사 개시(7월말까지 접수 연기됨)	
	06.06.~06.07.	40일간에 걸친 제1~제3군무예비훈련소 수료식 거행	1
	06.16.	학도지원병 광산창수(光山昌秀) 상등병 중국에서 전사. 학도지원병 중 처음으로 2계급 특진. 고이소 총독 조문	1
	06.22.	조선군보도부 제작 '병사(兵隊さん)' 개봉	1
	06.27.	조선인 학도병 최초 간부후보생, 보성전문학교생 광산륭이(廣山隆二)	1
	07.02.	도야마현(富山縣) 후지코시(不二越)로 경기도 여자정신대원 출발	1
	07.06.	청년훈련소와 별과 합동훈련소를 조선 전체 120개 소 개설. 갑종 합격자를 대상으로 29일간 훈련 실시	1
	07.11.	순직 선원 공공장 대법회, 반도 관련 00명의 제1회 공공장이 경성 히가시 본원사에서 총독부 히라모토(平本) 교통국장 참열하에 거행	1
	07.14.	국민총력조선연맹에서 "이제부터는 바다다. 반도의 젊은이여 선원이 되어 대동아건설에 정신하자"는 슬로건 포스터 제작. 평양출신 황보(皇甫) 이등병 전사. 학도병으로 중국전선에서 사망	1
	07.24.	조선총독부 총독으로 아베 노부유키(安部信行), 정무총감으로 엔도 류사쿠(遠藤柳作) 취임	1
	07.28.	황해도에서 서당 흡수, 4만명 편입에 성공	1
	08.01.	징병을 기념하여 조선 전역에서 총후봉공회 설립됨	1
	08.06.	우스이(碓井) 황해도 지사, 청년훈련소 별과 개소식에서 인사	1
	08.10.	마지막 해군지원병훈련소생, 해병단에 입단	1
	08.14.	만주국 국립중앙청년특별훈련소에서 '재만 반도 장정' 연성	1
	08.15.	경기도 군무예비훈련소 제4차 훈련생 전형 개시	1
	08.17.	조선인 학도병, 부산출신 신본희길(新本熙吉) 대륙 전선에서 '전병사'	1
	08.19.	경성부에서는 일본어 불능자가 절반, 징병 대상자를 중심으로 130개 소에서 강습회 개최	
	08.20.	경성부 각 국민학교에서 군가 제창회 개최 징병검사 조선 전역에서 종료	1
	08.23.	여자근로정신령 조선에서도 공포. 학도근로령도 당일 실시	1
	08.25.	도쿄에서 제1회 재일조선인 징병자 장행회 개최	1
	09.01.	조선 각지에서 제1회 징병자 입영행사 거행됨	1
	09.03.	전시 농업요원 설치를 결정	1
	09.05.	경성부에서 응징사 장행회 개최	1
	09.07.	남녀 결전복장 실천을 일제히 장려	1

연도	월일	내용	
1944	09.10.	鄭人澤 저 『半島の荒鷲武山大尉』가 신 황민총서 2로 간행되었다고 광고됨	1
	09.12.	경기도에서는 "징용은 국가의 명령, 출석하지 않으면 엄벌에 처함"이라고 발표	1
	09.14.	해군지원병 검사 완료	1
	09.16.	전라남도에서 군무예비훈련소 견학을 감	1
	09.17.	광천 해군지원병 모집 검사 일정이 10월 2일~18일로 결정	1
	09.20.	아베 총독, 총독부 국장회의에서 징용과 물자배급은 절대 공정을 기하도록 지시	1
	09.22.	'전몰 군속 반도인'을 포함한 해군합동장례가 진해에서 거행됨	1
	09.23.	경기도 국민총력연맹 10월 실천지표는 '근로·군원 철저'	1
	09.27.	'반도 장정 연성소'를 30만엔으로 길림 明春에 건설하기로 결정	1
	10.08.	군무예비훈련소에서 부형 면회 금지	1
	10.14.	고라 도미코(高良富子) 조선을 방문하여 "반도 여자는 안방에만 있어서는 안 된다"고 연설	1
	10.19.	17세 이상 남자 전원에게 제2 국민병으로서 병적계를 제출하도록 결정. 목적은 병적계 완비를 위함. 실시는 11월 1일부터.	1
	10.22.	읍면장에게 주임 대우 정원 철폐, 획기적인 우대라고 발표	1
	10.24.	조선인 초년병 대상 병영내 초등 국어교실	1
	10.27.	『每日新報』에 군위안부 모집 광고 게재 '산화'한 남양 일본인에게 군인 신분 부여	1
	10.30.	『每日新報』에 후지코시 등 일본에 송출된 여자정신대 현지 보고 연재 시작됨	1
	11.05.	부산 출신 미야모토(宮本) 상등병 대륙 전선에서 '산화'	1
	11.06.	'내지 공장 징용자 체험 좌담회' 『每日新報』에 연재 해군시설병 신설이라고 발표	1
	11.09.	농업생산을 확보하기 위해 징용에서 제외하는 농업 요무원 영서를 발행하기로 결정	1
	11.10.	해군특별지원병 입단식의 모습을 보도	1
	11.16.	3인의 지원병 京漢작전에서 활약이라고 보도	1
	11.21.	근로조정령, 근로보국대령 개정, 조선에서도 적용	1
	11.22.	평양에서 입영자 가족 병영견학회 개최. 20, 21 이틀간	1
	11.23.	전시종교보국회 결성 준비회 개최	1
	11.27.	경상남도 부인회 병영견학회 실시 진해에서 조선인을 포함한 해군 군속 합동장례 시행	1
	11.28.	개성국민학교 학생 6명 여자정신대원을 지망 운남전선에서 기무라(木村) 지원병 분투중이라고 보도됨	1
	11.29.	해주에서 징병 적령자는 즉각 신고하라고 지시 다른 지역에서도 동일한 지도가 내려짐. 월말이 적령자 신고 마감일	1

연도	월일	내용	
1944	11.31.	1945년도 징병검사는 동년 4월말에 실시라고 발표. (실제 징병검사는 1945년 1월부터 실시)	1
	12.01.	특별공격대, 八紘隊員 조선인 시라이시(白石)소위는 평양의전 출신의 학도병	1
	12.07.	필리핀에서 수송기로 연합군 비행장에 충돌한 薫특별공격대원 지원병 출신의 조선인 가네하라(金原) 군조 사망 특별공격대 勤皇隊 출격, 대원인 조선인 하야시(林)군조 사망. 출격 전에 진급 조치(12.12.자)	1
	12.08.	전방에 있는 조선인 항공장교 소식으로 香川眞雄 대위, 金昌圭 중위, 佐野光男 소위가 소개됨	1
	12.16.	조선 전체의 청년훈련소 별과를 확충하고 징병 적령자는 전원 대상으로 한다는 것을 결정	1
	12.17.	조선총독부에서 18개 쌍의 조선인 신혼 만주 개척자 장행회를 개최	1
	12.18.	중국에서 사망한 학도병 德永 병장 '무언'의 '개선'	1
	12.19.	『每日新報』에 여자근로정신대 현지 시찰기 연재됨	1
	12.21.	고라 도미코 등 일본부인회 대표, 조선인 특공대원 가정을 조문	1
	12.22.	'특공대의 요람지' 요카렌(豫科練, 해군비행예과연습생)에 조선인 청년이 처음으로 입대	1
	12.23.	일본에 강제연행된 소녀, 여자근로정신대원에서 처음으로 순직 희생자 발생	1
	12.25.	조선인·대만 출신자에 대한 '획기적' 처우 개선책 발표됨	1
	12.28.	특별공격대로 '전사'한 松井秀雄 오장 소위로 특진	1
	12.31.	백금 강제 매입 실시. 거절하면 10년 이하 징역	1
1945	01.07.	『每日新報』 지면에 '우리 학도가 건투하는 매일'이 연재되어 동일자로 6회분이 종료됨	1
	01.11.	진해 진수부는 해군 특별지원병, 해군 공작병을 임시 모집	1
	01.12.	종군 간호부에 지원한 조선인 여성 4명을 발표 지원병 大山盛茂 이등병, 단신 적진에 돌격 '전사'	1
	01.14.	대전에서 개최된 도 군수 회의에서 징용기피자는 단호하게 엄벌할 것을 결정	1
	01.중순	조선 각지에서 제2회 징병검사 실시	1
	01.20.	상해 조선인 청년 현지 징병 지원 시행 진해 해병단 수료식 거행	1
	01.21.	16~40세 남자 및 여자 동원 강화를 위해 각도 내무부장회의를 개최	1
	01.22.	"갑종 합격을 목표"로 평양부 징병검사 개시	1
	01.24.	일본으로의 소녀 강제연행인 제2회 여자정신대원 모집 개시	1
	01.25.	미곡 공출이 군량미를 위한 것임을 자각하여 시행되고 있음을 보고(미곡공출현지보고 제5회 기사에 의함)	1
	01.26.	특별공격대원으로 '전사'한 勤皇隊 조선인 병사 임장수 오장을 소위로 진급시킴	1

연도	월일	내용	
1945	01.29.	朴村 상등병 '전사'를 '天聽上達'하여 '盡忠 皇軍의 귀감'이라고 보도. 朴村은 평안도 봉산면 출신으로 포탄을 안고 적진에 돌격했다고 보도됨	1
	02.01.	조선인 청년 '만주 개척 청년 의용대' 300명 모집	1
	02.03.	'만주' 쌀 생산의 9할은 재주 조선인에 의한 것이라고 발표	1
	02.09.	중등학교 이상 졸업자도 입영 전 연성할 것임을 결정	1
	02.15.	해주에서 갑종 합격 운동 실시	1
	02.17.	경성에서 제2회 징병검사 개시 농촌 노동력 확보를 위한 여자 지도원 제도 제정	1
	02.21.	해군 특별지원병 임시 모집 실시	1
	02.22.	조선 내 관계학교, 입영 연기 정지됨 조선인 특별공격대원으로 '전사'한 松井秀雄 소위 고별식 개성에서 개최됨	1
	02.25.	개성에서의 여자정신대 모집에 응모자 다수, 장행회 거행 조선 처우 개선으로 도항제한 폐지되었으나 노무수송에 만전을 기해 개별적인 막연한 도항은 금지한다고 보도	1
	02.26.	광주(전라남도)에서 후발 여자정신대 일본으로 다수 출발	1
	02.27.	입영 병사 전선으로 출발	1
	03.03.	'대망'의 일본 도항제한 폐지에 대해 경무국 답변이『每日新報』에 게재됨	1
	03.14.	필리핀 린가엔 항에서 '전사'한 조선인 지원병 木山군조의 '일생'이 게재됨	1
	03.15.	'만주·신경' 지구 갑종 합격자 입영	1
	03.22.	엔도(遠藤) 정무총감, 일본어 보급률 22%라고 발표	1
	03.23.	金村龍濟, 鄭人澤 조선인 징용 노동자를 위문	1
	03.25.	조선총독 부인, '전사'한 하야시(林) 소위댁을 조문, 영령에 공물	1
	03.27.	일본에 연행된 소녀, "증산에 매진"이라며 제2회 대원 인솔자 미야타(宮田) 훈도(訓導, 훈련지도원)가 말함	1
	03.31.	육군소집령 개정, 조선인 남자는 17세부터 징병 가능해 짐	1
	04.01.	청년훈련소를 개조하여 청년학교제도 실시 국민근로동원령 실시	1
	04.05.	처우 개선의 일환으로 칙선의원이 된 金田明, 伊東致昊, 朴澤相駿, 野田鍾憲 등이 포부를 밝힘. 국정참여의 大詔渙發이라고 보도	1
	04.08.	중서지역, 당일부터 징병검사 실시 (3월 28일자)	1
	04.10.	조선인 해군 군속 합동장례식, 진해에서 거행 조선인 학도병 林병장, 대륙에서 '전사'하여 8일 무언의 '개선'	1
	04.13.	조선인 특공대원 岩本군조, 적함에 "필살의 공격"이라고 보도	1
	04.15.	나하(那覇) 해상에서 扶搖특별공격대 조선인 대원 大河오장 '산화'라고 보도	1

연도	월일	내용	
1945	04.18.	개성에서 여자청년연성소 수용범위 확대	1
	04.20.	북경 재주 조선인 징병 대상자에게 예비훈련 실시	1
	04.24.	치안, 방위 강화를 위한 각도 경찰부장회의 개최	1
	05.01.	1일을 기해 조선 전역 240개 징병 준비(예비) 훈련소 개소	1
	05.03.	징병 대상자 입영 준비를 위해 3개월 간 합숙훈련	1
	05.20.	백의는 포격 대상이 된다고 보도	1
	05.21.	매일신보사, 조선인 만주 개척민에 국어 교본을 기증	1
	05.27.	목재 조기 공출을 위해 각도에 독려반 설치	1
	06.06.	각도에서 식량 자급·자전(自戰)체제 추진	1
	06.07.	조선인 소녀 강제연행자가 일본 국내에서 '격찬'받고 있다고 보도	1
	06.08.	조선언론보국회 발족	1
	06.10.	중국 서주(徐州) 재주 조선인, 조선인 군인의 위안회 개최	1
	06.11.	특별공격대 天劍隊 조선인 '神鷲' 淸原오장 '필살'의 출격	1
	06.14.	특별공격대로 전사한 '神鷲' 岩本군조, 소위로 특별 진급	1
	06.22.	징용 기피 방지를 위해 취체지도요항을 결정	1
	06.23.	총독부 농무국장, 전환기 농업정책으로서 우선 이농경향을 방지하기 위해 현 배급량을 확보하겠다고 언명	1
	07.04.	암시장 적발로 500명 검거. 즉결 심판·체형 언도	1
	07.08.	7일에 국민 의용대 총지령부 발족, 사령으로 엔도(遠藤)정무총감	1
	07.14.	재 남경 반도출신 징병자, 환송을 받으며 제1선으로	1
	07.15.	부평에서 징용기피자 자수를 촉진하는 운동 개최 神風특공대 후속대 조선지부를 설치	1
	07.19.	내년 3월부터 경성, 인천, 평양, 부산의 국민학교 수업정지를 결정. 연고 소개(緣故疏開) 실시를 발표	1
	08.	조선 각도에서 국민의용대 결성	1
	08.15.	조선인 병사의 경우, 패전과 거의 동시에 군에서 제대, 현지 해산이 실시됨. 각지에서 조선인 병사의 귀국이 시작됨. 하와이 포로수용소 등 조선인 2,450명이 우라가(浦賀)를 거쳐 인천으로 귀국한 것은 1946년 1월 5일. 중국 재주자 등은 분산 귀국함. 일본 국내에 있던 군인은 분산 귀국했으며, 군 공장에 집단 동원된 노동자들은 빠른 시기에 집단으로 송환됨.	

출전: 1은 『每日新報』, 2는 『釜山日報』, 3은 『滿州日日新聞』

주: 달리 번호가 없는 경우에는 『京城日報』, 『朝鮮總督府官報』, 『各道道報』, 『京城彙報』 등에 의함

찾아보기

【ㄱ】

가격통제령 192
가나가와현(神奈川縣) 261, 264, 267, 269
가나가와(神奈川) 273
가나자와(金沢) 275
가라후토(樺太) 114, 131
가미카제 특공대 121
가오루(薫)특별공격대 121
가와사키(川崎) 256, 273
가지무라(梶村秀樹) 252, 258
갑종 합격자 86
갑(甲)위원회 225
강덕상 256
강원도 275
강제노동 279
강제동원 84, 270, 272, 277, 278
강제동원위원회 277
건설통신 269
경무국 92
경부 94
경부보 94
경성제국대학 20, 252
경성직업소개소 163, 173
경시 94
『경제치안주보(經濟治安週報)』 142, 192
경제통제 141, 147
경찰체제 98
고원(雇員) 155, 164, 167, 169, 171, 173, 177
고이소 65
고즈키 요시오(上月良夫) 96
고탄다(五反田) 252
고텐바(御殿場) 238, 244
공립보통학교 154, 157, 162
공원 145, 177
과잉인구 207
곽귀훈 121
관동군 240
관동대지진(関東大震災) 262, 266
광산창수(光山昌秀) 119
교육 보급률 140
국가기록원 127
국가총동원체제 139

국민징용령 170, 174
국민총력연맹 186
국민총력조선연맹 99, 213, 218
국민학교 139, 157, 163, 172, 173
국방헌금 181, 183
국어교본 64
국채(國債) 184
국회도서관 261, 268
군무예비훈련소 22, 85
군무훈련소 69
군법회의 198
군부(軍夫) 163, 164, 223
군사 교련 56
군사적 동원 151, 167, 168, 169, 174, 175
군사적 요원 167
군속 152, 154, 163, 164, 167, 169, 170, 171, 172, 174, 178, 273
군속 공원 172, 173
군속(軍屬) 179
군수공장 145
군요원 167
군인동원 270
군인칙유 63
군 직할 공장 176
궁성요배 63
권중혁(權重赫) 185
「근로동원사망자명부」 127
근로병 137
『근로자』 250
근무대원 104
근무대(勤務隊) 137, 160
금병동 262
기담 85
기류계 44
기류제도 41
기류(寄留) 227
기모토 켄스케(木元賢輔) 257
긴바라 사몬(金原左門) 266
김광지(金廣志) 254
김옥균 262
김원룡(金元龍) 196

【ㄴ】

나가노현(長野県) 244
나라(奈良)박물관 267
남광면업(南光綿業) 182
남방군정(南方軍政) 169
남선상회(南鮮商會) 184
내선일체 203
노동 동원 87, 94
『노동신문』 250
노동요원 160
노무자원조사 205, 207

니가타(新潟) 105
니와 구니오(丹羽邦男 267
니혼(日本)강관 212
닝안(寧安) 133

【ㄷ】

다나베(田邊)해병단 131
다나카 요시오 34
다카사키 소지(高崎宗司) 258
다케우치 리조(竹内理三) 267
다히라(平) 239
대리인 84
데라오 고로(寺尾五郎) 250, 253, 254
도나리구미(隣組) 81
도요(東洋)대학 264
도조 히데키 23
도쿄 241, 242, 243, 244, 247, 248, 262, 265
도쿄대학 265
도쿄도립대학(東京都立大學) 256
도쿄 세타가야구(世田谷区) 241
도쿄신학대학(東京神学大学) 245
도쿄여자대학 242
도항 증명 78

【ㄹ】

류타오거우(柳条溝) 181
릿쿄(立教)대학 260

【ㅁ】

마수(馬手) 167
마키노시마(牧の島)조선사 186
만주 237, 240, 248, 253, 260, 261
만철조사부(満鉄調査部) 260
메이지대학 256
메이지학원대학(明治学院大学) 245
메이지(明治) 학원 243
메이지(明治)학원대학 244
모리(森) 키요시 263
모지(門司) 176
무관부(武官府) 183
무기헌납 181
미나미 지로 19, 150
미나토구(港区) 244
미담 85
미야모토 겐지 253, 257
미야케 시카노스케(三宅鹿之助) 250, 252
미야타 세쓰코(宮田節子) 32, 252
미이케(三池) 245, 247
민생위원 242

민적법 41

【ㅂ】

박경식(朴慶植) 249, 254, 255, 256, 257, 268
박성화(朴性和) 196
병사구 77
병사(兵事) 151
병역법 41
병역법시행령 78
병영견학회(兵營見學會) 188, 218
병학교 58
보충대 103
보충병 90, 102, 165
보통학교 140, 160, 164
봉천(奉天) 236, 238, 240, 261
부락연맹 99
북선조선(北鮮造船)공업조합 186
분촌(分村) 207
분향(分鄕) 207
비국민 80

【ㅅ】

사가미하라(相模原) 266
사계과(司計課) 167
사도광산 280
사이판 270, 273
사카타(酒田) 105
사쿠라모토 함대(桜本艦隊) 273
사쿠라이 히로시(桜井 浩) 252
사토 가쓰미 254
『生徒諸調査表』 156, 157
생명표 24
서당 83
선박병 106
선원 징용 176
설영대 273
『성충록(誠忠錄)』 114, 152
세타가야구 241
소년단 58
소련군 238, 240
소학교 161
『昭和17年後期現在 生徒諸調査表』 154
수검률 87
수기신호훈련 116
수송선 176
순사 93
시부야구(渋谷区) 243
시 · 정 · 촌 95
시종무관 81
시즈오카현(静岡県) 238
신병(神兵) 189
『실업상황월보』 146

심양(瀋陽) 236

【ㅇ】

아베 노부유키(阿部信行) 275
아오모리현(青森縣) 247
아오야마(青山)교회 243
애국반 25, 81, 148, 149
애국반장 192
애국부(愛國部) 182
애국작업단 114
애국(愛國) 182
야마다 258
야마베 겐타로(山辺健太郎) 262
야스쿠니(靖國)신사 110, 222
야하타(八幡)제철 212
에히메현(愛媛県) 257
여자연성령 208
여자연성소 71
여자청년연성소령(女子青年鍊成所令) 217
연성교본 64
오노 로쿠이치로 27
오무라 마사오(大村益夫) 257
오자와 유사쿠(小澤有作) 256
오카 히사오 29
오쿠보 도시카네(大久保利兼) 268
와카야마현(和歌山縣) 131
외사과(外事課) 269
요코하마(橫浜) 176, 265
용인(傭人) 164
우가키 세이시로 80
우에노(上野) 261
우에노(上野)고등학교 265
운노 후쿠주(海野福寿) 223
원폭피해자 121
위원회 277, 278, 279
유언비어 194
육군 군속 112
『육군전시명부』 110
육군조병창 266
육군지원병훈련소 20
육군특별지원병 115, 154
육군특별지원병제 19
육군형무소 253
육군 형법 36
이경순 257
이순애 258
이시이 아쓰시(石井 敦) 264
이오토(硫黃島) 110
이와키시 238, 239
이와키(いわき)탄광 238, 242
이재유 252
이타가키 세이시로(板垣征四郎) 27, 96
인도네시아 270, 271

일반징용 174, 175
일본공산당 248
일본도서관협회 261, 262, 263
일본어 교육 86
일본어 이해 86
일본어 통역 84
일본조선연구소 250, 252, 253, 254, 255, 256, 261, 263
『1 · 20 학병사기(學兵史記)』 196
일제강제동원&평화연구회 276
일조협회 248

【ㅈ】

작업애국단 170, 171
재일조선인 248, 249, 250, 257, 258, 259, 268, 269, 272, 273, 274
재일조선인운동사연구회 257, 276
재주 일본인 100
재향군인회 187, 271
전시농업요원(戰時農業要員) 209
전후보상문제 112
제1지원병훈련소 68
제2지원병훈련소 20
제3지원병훈련소 68
조병창 266
『조사월보(調査月報)』 206
조선군 20
조선군 개요 96
조선군사후원연맹 114, 152
조선기류령 46
조선농업계획요강(朝鮮農業計畫要綱) 206
조선대학교 249, 254, 262
『조선문화사』 253
조선민사령 42
『조선민족해방투쟁사』 248
조선사연구입문 275
조선사연구회 257, 258, 275
『조선신보』 257
조선여자청년연성령 71
『조선연구』 253
조선우선(朝鮮郵船) 176
조선육군특별지원병령 19
조선육군특별지원병제도 22
『조선인 강제연행의 기록』 249, 255
조선인 저항 202
조선임시보안령 37, 193, 194
조선청년 체력검사 24
조선청년특별연성령(朝鮮青年特別錬成令) 59, 208, 210
조선청년특별연성소 22, 162
조선청년특별연성제도 60
조선청년훈련소 56
조선총독부 225, 253, 268

『조선형사정책자료(朝鮮刑事政策資料)』 190
조선호적령 41
『조선(朝鮮)』 206
조중혹(曺重或) 184
죠반탄광 242
죠반(常磐)탄광 238
지원병 149, 154, 156, 164, 193, 271
지원병령(志願兵令) 182
지원병제도 22, 78
징병 223, 237, 270, 271, 272, 273, 274
징병검사 30, 77, 160, 165
징병검사반 82
징병관 82
징병구 77
징병 기피 202
징병 기피자 85
징병대상 149
징병대상자 148, 161, 162, 165, 177
징병령 237
징병률 93, 162, 165
징병사무 79
징병사무연구회 187
징병연령 159
징병영서 94, 100
징병자 149, 161, 162, 163, 164
징병자 수 101
징병적령 139
징병적령자 25, 148
징병제도 22, 86, 159, 160
징용 174, 270, 274

【ㅊ】

창씨개명 40
청년단 58
청년체력검사실시요강 27
청년학교 56
청년학교령 55
청년훈련소 56, 65
청년훈련소 별과 66
청련훈련소 187
청훈별과합동훈련 67
총검도회 187
총련 254, 257, 269
취학률 140
친일파 226

【ㅌ】

토건의용전투대 178
통제경제체제 143
특고 242, 245, 266
특공대(特攻隊) 199

특별공작대 178
특별지원병 108, 155, 157, 158, 159
특별지원병제도 113
특별지원병후원회 20
특설근무대 105
특설수상대 177
특설육상근무대 177

【ㅍ】

포로감시원 23, 114, 163, 169, 172

【ㅎ】

하야시 에이다이(林えいだい) 223
하와이 포로수용소 273
하자마(迫間)농장 182
하타다 253, 260
하타다 다카시(旗田巍) 250, 252
학도동원 266
학도병 108, 159, 164, 226, 272
학도지원병 118, 149, 195, 253
학령아동 157
학령인구 140
한일민족문제학회 276
한일우방협회(日韓友邦協会) 252
해군 군속 112
해군연료광업부(海軍燃料鑛業部) 182
해군진수부 97
해군특별지원병 116
해무국(海務局) 176
『해협』 256, 257
헌병대 97
현역병 90
현원징용 174, 175
협화회 130, 258, 268, 274
『협화회 연구』 268
호적계 49, 93
호적기류정비주간 50
호적제도 41
황국신민의 서사 63
황군 272
『황군병사가 된 조선인』 268, 272
황민화 148, 149, 150, 157, 165
황민화정책 34, 88, 148, 150, 224
후생성 복원국 111
후추형무소(府中刑務所) 253
후쿠다 고존(福田恒存) 265
후쿠시마 241, 242
후쿠시마현(福島県) 238, 240
훔볼트대학 252
휼병금(恤兵金) 183
히다 유이치(飛田雄一) 272
히라바야시 히사에(平林久枝) 258

저자소개

히구치 유이치樋口雄一

1940년 중국 심양(瀋陽, 당시 봉천奉天)에서 출생하여 1945년 11~12월경 일본 시즈오카현(静岡県)으로 귀환하였다. 1946년 2월 후쿠시마현(福島県) 이와키(いわき)시로 이주했다가 도쿄 세타가야구(世田谷区)에 정착하여 메이지(明治)학원대학 사회학부에서 수학했다. 일조협회 입사 후 일본도서관협회, 가나가와현(神奈川縣) 도서관, 가나가와현 공문서관을 거쳐 전 고려박물관장, 주오(中央)대학교 객원연구원을 역임하였고, 1998년부터 현재까지 재일조선인운동사연구회 관동부회 회장으로 재임 중이다. 1985년에 『協和会: 戦時下朝鮮人統制組織の研究』 출간을 시작으로 2024년까지 조선인 강제동원과 식민지 시기 조선 농민 생활과 관련한 단독 저서와 자료집 등 25권을 출간했다.

편역자소개

허광무許光茂

일본 히토쓰바시一橋대학에서 일본근현대사회경제사를 전공하여 석사와 박사학위를 받았다.
현재 일제강제동원&평화연구회 연구위원과 한국외국어대학교 일본연구소 초빙연구원으로 활동 중이다.

정혜경鄭惠瓊

한국학중앙연구원 한국학대학원에서 한국근대사를 전공해 오사카 지역의 재일한인을 주제로 석사와 박사학위를 받았다.
현재 일제강제동원&평화연구회 대표 연구위원과 일제전쟁유적네트워크 대표로 활동 중이다.

오일환吳日煥

일본 쓰쿠바筑波대학원에서 국제정치경제학 박사학위를 받았다.
현재 중앙대학교대학원 겸임교수이며 아르고(ARGO) 인문사회연구소 대표연구위원으로 활동 중이다.

심재욱沈在昱

동국대학교에서 한국근현대사를 전공하여 석사와 박사학위를 받았다.
현재 제주대학교 재일제주인센터 특별연구원 및 일제강제동원&평화연구회 연구위원으로 활동 중이다.

조 건曺 健

동국대학교에서 한국근대사를 전공하여 석사와 박사학위를 받았다.
일본군의 한반도 식민 지배와 침략전쟁, 그리고 일제 전쟁유적에 대해 연구 중이다.
현재 동국대학교 역사교육과 교수로 재직하고 있다.